中国农垦农场志丛

辽 宁
贾家店农场志

中国农垦农场志丛编纂委员会 组编
辽宁贾家店农场志编纂委员会 主编

中国农业出版社
北 京

图书在版编目（CIP）数据

辽宁贾家店农场志 / 中国农垦农场志丛编纂委员会
组编；辽宁贾家店农场志编纂委员会主编 . -- 北京：
中国农业出版社，2024.12. --（中国农垦农场志丛）.
ISBN 978-7-109-32687-3

Ⅰ. F324.1

中国国家版本馆 CIP 数据核字第 2024W2W997 号

出 版 人：刘天金
出版策划：郭　辉
丛书统筹：王庆宁　赵世元
审 稿 组：颜景辰　干锦春　薛　波
编 辑 组：杨金妹　王庆宁　周珊　李梅　刘昊阳　黄曦　吕睿　赵世元　刘佳玫
　　　　　李海锋　王玉水　李兴旺　蔡雪青　刘金华　耿韶磊　张潇逸　徐志平　常静
工 艺 组：毛志强　王宏　吴丽婷
设 计 组：姜欣　关晓迪　王晨　杨婧
发行宣传：王贺春　蔡鸣　李晶　雷云钊　曹建丽
技术支持：王芳芳　赵晓红　张瑶

辽宁贾家店农场志

LIAONING JIAJIADIAN NONGCHANG ZHI

中国农业出版社出版

地址：北京市朝阳区麦子店街 18 号楼
邮编：100125
责任编辑：刘佳玫
版式设计：王　晨　　责任校对：吴丽婷
印刷：北京通州皇家印刷厂
版次：2024 年 12 月第 1 版
印次：2024 年 12 月北京第 1 次印刷
发行：新华书店北京发行所
开本：889mm×1194mm　1/16
印张：19　　插页：8
字数：386 千字
定价：258.00 元

贾家店农场党委书记　张延东 ■

贾家店农场场长　孙大亮 ■

国营朝阳县贾家店农场领导班子与各站办所负责人合影（摄影：杜福生）

一排左起：王云明、商海东、程伟新、李光、鞠凤军、张延东、孙大亮、李新民、王树国、杭百音、邴占胜

二排左起：刘海惠、王国梅、李秀娥、马涣然、安秀梅、李科宏、王丽坤、白颖、郝淑丽、安丽、王丽娜

三排左起：尹金龙、孟未然、姜志龙、赵殿洲、张英杰、王玉斌、王志刚、姜增辉

国营朝阳县贾家店农场领导班子与农场志主编人员合影（摄影：杜福生）

一排左起：李光、刘喜鹏、张延东、高树彦、孙大亮、商海东

二排左起：邴占胜、鞠凤军、程伟新、李新民、郝淑丽、李科宏

三排左起：安丽、杭百音、王树国、王丽坤

北德立吉小学旧址

四分场马营子队长鲁成彩在田间给社员开会

贾家店"四有"学习班成员合影 ■

20世纪90年代四分场班子成员合影 ■

贾家店农场知青宣传队合影 ■

胜利二队女知青春节前穿着新的花棉袄合影 ■

辽西第一大井——头道湾子大井 ◼

治水改土现场 ◼

危房改造前　农场房屋旧貌（1）

危房改造前　农场房屋旧貌（2）

贾家店农场办公楼 ◾

贾家店生态旅游度假区 ◾

农场风貌（1）

农场风貌（2）

三分场休闲广场 ■

四分场采摘园（1）■

四分场采摘园（2）■

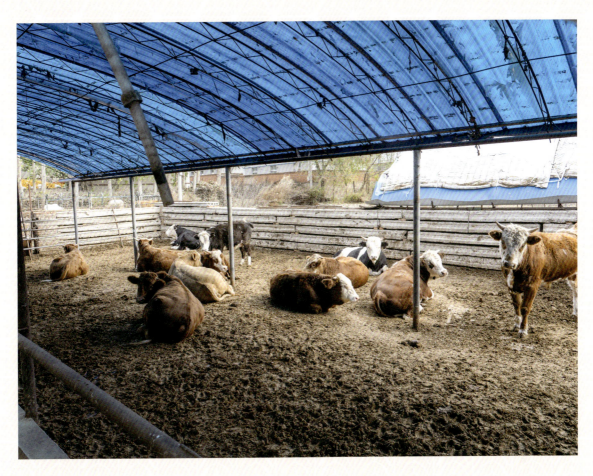

2019 年一分场胜利一组饲养的 80 多头牛 ◾

北德立吉古柳树广场 ◾

一分场朝阳县贾家店小流域国家级耕地水土流失综合治理工程（1）

一分场朝阳县贾家店小流域国家级耕地水土流失综合治理工程（2）

兴农种业公司 ◢

兴农种业公司晾晒场 ◢

玉米种子采摘现场

邀请退休老干部来场部座谈农场志编纂事宜

中国农垦农场志丛编纂委员会

主 任

张兴旺

副主任

左常升 李尚兰 刘天金 彭剑良 程景民 王润雷

成 员（按垦区排序）

肖辉利 毕国生 苗冰松 茹栋梅 赵永华 杜 鑫

陈 亮 王守聪 许如庆 姜建友 唐冬寿 王良贵

郭宋玉 兰永清 马常春 张金龙 李胜强 马艳青

黄文沐 张安明 王明魁 徐 斌 田李文 张元鑫

余 繁 林 木 王 韬 张懿笃 杨毅青 段志强

武洪斌 熊 斌 冯天华 朱云生 常 芳

中国农垦农场志丛编纂委员会办公室

主 任

王润雷

副主任

王 生 刘爱芳 武新宇 明 星

成 员

胡从九 刘琢琬 干锦春 王庆宁

中国农垦农场志

辽宁贾家店农场志编纂委员会

主　　任：张延东　孙大亮

副 主 任：李新民

成　　员：王树国　郝淑丽　于广泽　程谟超

　　　　　尹占贺　高雅君　高寒冰

辽宁贾家店农场志编纂人员

总 策 划：李洪存

主　　编：高树彦

执行主编：刘喜鹏

编　　辑：王树国　郝淑丽

校　　对：董群力

摄　　影：惠中波　杜福生　赵志华

封面设计：张维增

辽宁贾家店农场志编纂委员会顾问

慕殿久　中共朝阳县委党史研究室主任

王立权　中共朝阳县委党史研究室副主任

总　序

中国农垦农场志丛自 2017 年开始酝酿，历经几度春秋寒暑，终于在建党 100 周年之际，陆续面世。在此，谨向所有为修此志作出贡献、付出心血的同志表示诚挚的敬意和由衷的感谢！

中国共产党领导开创的农垦事业，为中华人民共和国的诞生和发展立下汗马功劳。八十余年来，农垦事业的发展与共和国的命运紧密相连，在使命履行中，农场成长为国有农业经济的骨干和代表，成为国家在关键时刻抓得住、用得上的重要力量。

如果将农垦比作大厦，那么农场就是砖瓦，是基本单位。在全国 31 个省（自治区、直辖市，港澳台除外），分布着 1800 多个农垦农场。这些星罗棋布的农场如一颗颗玉珠，明暗随农垦的历史进程而起伏；当其融汇在一起，则又映射出农垦事业波澜壮阔的历史画卷，绽放着"艰苦奋斗、勇于开拓"的精神光芒。

（一）

"农垦"概念源于历史悠久的"屯田"。早在秦汉时期就有了移民垦荒，至汉武帝时创立军屯，用于保障军粮供应。之后，历代沿袭屯田这一做法，充实国库，供养军队。

中国共产党借鉴历代屯田经验，发动群众垦荒造田。1933年2月，中华苏维埃共和国临时中央政府颁布《开垦荒地荒田办法》，规定"县区土地部、乡政府要马上调查统计本地所有荒田荒地，切实计划、发动群众去开荒"。到抗日战争时期，中国共产党大规模地发动军人进行农垦实践，肩负起支援抗战的特殊使命，农垦事业正式登上了历史舞台。

20世纪30年代末至40年代初，抗日战争进入相持阶段，在日军扫荡和国民党军事包围、经济封锁等多重压力下，陕甘宁边区生活日益困难。"我们曾经弄到几乎没有衣穿，没有油吃，没有纸、没有菜，战士没有鞋袜，工作人员在冬天没有被盖。"毛泽东同志曾这样讲道。

面对艰难处境，中共中央决定开展"自己动手，丰衣足食"的生产自救。1939年2月2日，毛泽东同志在延安生产动员大会上发出"自己动手"的号召。1940年2月10日，中共中央、中央军委发出《关于开展生产运动的指示》，要求各部队"一面战斗、一面生产、一面学习"。于是，陕甘宁边区掀起了一场轰轰烈烈的大生产运动。

这个时期，抗日根据地的第一个农场——光华农场诞生了。1939年冬，根据中共中央的决定，光华农场在延安筹办，生产牛奶、蔬菜等食物。同时，进行农业科学实验、技术推广，示范带动周边群众。这不同于古代屯田，开创了农垦示范带动的历史先河。

在大生产运动中，还有一面"旗帜"高高飘扬，让人肃然起敬，它就是举世闻名的南泥湾大生产运动。

1940年6—7月，为了解陕甘宁边区自然状况、促进边区建设事业发展，在中共中央财政经济部的支持下，边区政府建设厅的农林科学家乐天宇等一行6人，历时47天，全面考察了边区的森林自然状况，并完成了《陕甘宁边区森林考察团报告书》，报告建议垦殖南泥洼（即南泥湾）。之后，朱德总司令亲自前往南泥洼考察，谋划南泥洼的开发建设。

1941年春天，受中共中央的委托，王震将军率领三五九旅进驻南泥湾。那时，南泥湾俗称"烂泥湾","方圆百里山连山",战士们"只见梢林不见天",身边做伴的是满山窜的狼豹黄羊。在这种艰苦处境中,战士们攻坚克难,一手拿枪,一手拿镐,练兵开荒两不误,把"烂泥湾"变成了陕北的"好江南"。从1941年到1944年,仅仅几年时间,三五九旅的粮食产量由0.12万石猛增到3.7万石,上缴公粮1万石,达到了耕一余一。与此同时,工业、商业、运输业、畜牧业和建筑业也得到了迅速发展。

南泥湾大生产运动,作为中国共产党第一次大规模的军垦,被视为农垦事业的开端,南泥湾也成为农垦事业和农垦精神的发祥地。

进入解放战争时期,建立巩固的东北根据地成为中共中央全方位战略的重要组成部分。毛泽东同志在1945年12月28日为中共中央起草的《建立巩固的东北根据地》中,明确指出"我党现时在东北的任务,是建立根据地,是在东满、北满、西满建立巩固的军事政治的根据地",要求"除集中行动负有重大作战任务的野战兵团外,一切部队和机关,必须在战斗和工作之暇从事生产"。

紧接着,1947年,公营农场兴起的大幕拉开了。

这一年春天,中共中央东北局财经委员会召开会议,主持财经工作的陈云、李富春同志在分析时势后指出:东北行政委员会和各省都要"试办公营农场,进行机械化农业实验,以迎接解放后的农村建设"。

这一年夏天,在松江省政府的指导下,松江省省营第一农场(今宁安农场)创建。省政府主任秘书李在人为场长,他带领着一支18人的队伍,在今尚志市一面坡太平沟开犁生产,一身泥、一身汗地拉开了"北大荒第一犁"。

这一年冬天,原辽北军区司令部作训科科长周亚光带领人马,冒着严寒风雪,到通北县赵光区实地踏查,以日伪开拓团训练学校旧址为基础,建成了我国第一个公营机械化农场——通北机械农场。

之后,花园、永安、平阳等一批公营农场纷纷在战火的硝烟中诞生。与此同时,一部分身残志坚的荣誉军人和被解放的国民党军人,向东北荒原宣战,艰苦拓荒、艰辛创业,创建了一批荣军农场和解放团农场。

再将视线转向华北。这一时期，在河北省衡水湖的前身"千顷洼"所在地，华北人民政府农业部利用一批来自联合国善后救济总署的农业机械，建成了华北解放区第一个机械化公营农场——冀衡农场。

除了机械化农场，在那个主要靠人力耕种的年代，一些拖拉机站和机务人员培训班诞生在东北、华北大地上，推广农业机械化技术，成为新中国农机事业人才培养的"摇篮"。新中国的第一位女拖拉机手梁军正是优秀代表之一。

（二）

中华人民共和国成立后农垦事业步入了发展的"快车道"。

1949年10月1日，新中国成立了，百废待兴。新的历史阶段提出了新课题、新任务：恢复和发展生产，医治战争创伤，安置转业官兵，巩固国防，稳定新生的人民政权。

这没有硝烟的"新战场"，更需要垦荒生产的支持。

1949年12月5日，中央人民政府人民革命军事委员会发布《关于1950年军队参加生产建设工作的指示》，号召全军"除继续作战和服勤务者而外，应当负担一部分生产任务，使我人民解放军不仅是一支国防军，而且是一支生产军"。

1952年2月1日，毛泽东主席发布《人民革命军事委员会命令》："你们现在可以把战斗的武器保存起来，拿起生产建设的武器。"批准中国人民解放军31个师转为建设师，其中有15个师参加农业生产建设。

垦荒战鼓已擂响，刚跨进和平年代的解放军官兵们，又背起行囊，扑向荒原，将"作战地图变成生产地图"，把"炮兵的瞄准仪变成建设者的水平仪"，让"战马变成耕马"，在戈壁荒漠、三江平原、南国边疆安营扎寨，攻坚克难，辛苦耕耘，创造了农垦事业的一个又一个奇迹。

1. 将戈壁荒漠变成绿洲

1950年1月，王震将军向驻疆部队发布开展大生产运动的命令，动员11万余名官兵就地屯垦，创建军垦农场。

垦荒之战有多难，这些有着南泥湾精神的农垦战士就有多拼。

没有房子住，就搭草棚子、住地窝子；粮食不够吃，就用盐水煮麦粒；没有拖拉机和畜力，就多人拉犁开荒种地……

然而，戈壁滩缺水，缺"农业的命根子"，这是痛中之痛！

没有水，战士们就自己修渠，自伐木料，自制筐担，自搓绳索，自开块石。修渠中涌现了很多动人故事，据原新疆兵团农二师师长王德昌回忆，1951年冬天，一名来自湖南的女战士，面对磨断的绳子，情急之下，割下心爱的辫子，接上绳子背起了石头。

在战士们全力以赴的努力下，十八团渠、红星渠、和平渠、八一胜利渠等一条条大地的"新动脉"，奔涌在戈壁滩上。

1954年10月，经中共中央批准，新疆生产建设兵团成立，陶峙岳被任命为司令员，新疆维吾尔自治区党委书记王恩茂兼任第一政委，张仲瀚任第二政委。努力开荒生产的驻疆屯垦官兵终于有了正式的新身份，工作中心由武装斗争转为经济建设，新疆地区的屯垦进入了新的阶段。

之后，新疆生产建设兵团重点开发了北疆的准噶尔盆地、南疆的塔里木河流域及伊犁、博乐、塔城等边远地区。战士们鼓足干劲，兴修水利、垦荒造田、种粮种棉、修路架桥，一座座城市拔地而起，荒漠变绿洲。

2. 将荒原沼泽变成粮仓

在新疆屯垦热火朝天之时，北大荒也进入了波澜壮阔的开发阶段，三江平原成为"主战场"。

1954年8月，中共中央农村工作部同意并批转了农业部党组《关于开发东北荒地的农建二师移垦东北问题的报告》，同时上报中央军委批准。9月，第一批集体转业的"移民大军"——农建二师由山东开赴北大荒。这支8000多人的齐鲁官兵队伍以荒原为家，创建了二九〇、二九一和十一农场。

同年，王震将军视察黑龙江汤原后，萌发了开发北大荒的设想。领命的是第五师副师长余友清，他打头阵，率一支先遣队到密山、虎林一带踏查荒原，于1955年元旦，在虎林县（今虎林市）西岗创建了铁道兵第一个农场，以部队番号命名为"八五〇部农场"。

1955年，经中共中央同意，铁道兵9个师近两万人挺进北大荒，在密山、虎林、饶河一带开荒建场，拉开了向三江平原发起总攻的序幕，在八五〇部农场周围建起了一批八字头的农场。

1958年1月，中央军委发出《关于动员十万干部转业复员参加生产建设的指示》，要求全军复员转业官兵去开发北大荒。命令一下，十万转业官兵及家属，浩浩荡荡进军三江平原，支边青年、知识青年也前赴后继地进攻这片古老的荒原。

垦荒大军不惧苦、不畏难，鏖战多年，荒原变良田。1964年盛夏，国家副主席董必武来到北大荒视察，面对麦香千里即兴赋诗："斩棘披荆忆老兵，大荒已变大粮屯。"

3. 将荒郊野岭变成胶园

如果说农垦大军在戈壁滩、北大荒打赢了漂亮的要粮要棉战役，那么，在南国边疆，则打赢了一场在世界看来不可能胜利的翻身仗。

1950年，朝鲜战争爆发后，帝国主义对我国实行经济封锁，重要战略物资天然橡胶被禁运，我国国防和经济建设面临严重威胁。

当时世界公认天然橡胶的种植地域不能超过北纬17°，我国被国际上许多专家划为"植胶禁区"。

但命运应该掌握在自己手中，中共中央作出"一定要建立自己的橡胶基地"的战略决策。1951年8月，政务院通过《关于扩大培植橡胶树的决定》，由副总理兼财政经济委员会主任陈云亲自主持这项工作。同年11月，华南垦殖局成立，中共中央华南分局第一书记叶剑英兼任局长，开始探索橡胶种植。

1952年3月，两万名中国人民解放军临危受命，组建成林业工程第一师、第二师和一个独立团，开赴海南、湛江、合浦等地，住茅棚、战台风、斗猛兽，白手起家垦殖橡胶。

大规模垦殖橡胶，急需胶籽。"一粒胶籽，一两黄金"成为战斗口号，战士们不惜一切代价收集胶籽。有一位叫陈金照的小战士，运送胶籽时遇到山洪，被战友们找到时已没有了呼吸，而背上箩筐里的胶籽却一粒没丢……

正是有了千千万万个把橡胶看得重于生命的陈金照们，1957年春天，华南垦殖局种植的第一批橡胶树，流出了第一滴胶乳。

1960年以后，大批转业官兵加入海南岛植胶队伍，建成第一个橡胶生产基地，还大面积种植了剑麻、香茅、咖啡等多种热带作物。同时，又有数万名转业官兵和湖南移民汇聚云南边疆，用血汗浇灌出了我国第二个橡胶生产基地。

在新疆、东北和华南三大军垦战役打响之时，其他省份也开始试办农场。1952年，在政务院关于"各县在可能范围内尽量地办起和办好一两个国营农场"的要求下，全国各地农场如雨后春笋般发展起来。1956年，农垦部成立，王震将军被任命为部长，统一管理全国的军垦农场和地方农场。

随着农垦管理走向规范化，农垦事业也蓬勃发展起来。江西建成多个综合垦殖场，发展茶、果、桑、林等多种生产；北京市郊、天津市郊、上海崇明岛等地建起了主要为城市提供副食品的国营农场；陕西、安徽、河南、西藏等省区建立发展了农牧场群……

到1966年，全国建成国营农场1958个，拥有职工292.77万人，拥有耕地面积345457公顷，农垦成为我国农业战线一支引人瞩目的生力军。

（三）

前进的道路并不总是平坦的。"文化大革命"持续十年，使党、国家和各族人民遭到新中国成立以来时间最长、范围最广、损失最大的挫折，农垦系统也不能幸免。农场平均主义盛行，从1967年至1978年，农垦系统连续亏损12年。

"没有一个冬天不可逾越，没有一个春天不会来临。"1978年，党的十一届三中全会召开，如同一声春雷，唤醒了沉睡的中华大地。手握改革开放这一法宝，全党全社会朝着社会主义现代化建设方向大步前进。

在这种大形势下，农垦人深知，国营农场作为社会主义全民所有制企业，应当而且有条件走在农业现代化的前列，继续发挥带头和示范作用。

于是，农垦人自觉承担起推进实现农业现代化的重大使命，乘着改革开放的春风，开始进行一系列的上下求索。

1978 年 9 月，国务院召开了人民公社、国营农场试办农工商联合企业座谈会，决定在我国试办农工商联合企业，农垦系统积极响应。作为现代化大农业的尝试，机械化水平较高且具有一定工商业经验的农垦企业，在农工商综合经营改革中如鱼得水，打破了单一种粮的局面，开启了农垦一二三产业全面发展的大门。

农工商综合经营只是农垦改革的一部分，农垦改革的关键在于打破平均主义，调动生产积极性。

为调动企业积极性，1979 年 2 月，国务院批转了财政部、国家农垦总局《关于农垦企业实行财务包干的暂行规定》。自此，农垦开始实行财务大包干，突破了"千家花钱，一家（中央）平衡"的统收统支方式，解决了农垦企业吃国家"大锅饭"的问题。

为调动企业职工的积极性，从 1979 年根据财务包干的要求恢复"包、定、奖"生产责任制，到 1980 年后一些农场实行以"大包干"到户为主要形式的家庭联产承包责任制，再到 1983 年借鉴农村改革经验，全面兴办家庭农场，逐渐建立大农场套小农场的双层经营体制，形成"家家有场长，户户搞核算"的蓬勃发展气象。

为调动企业经营者的积极性，1984 年下半年，农垦系统在全国选择 100 多个企业试点推行场（厂）长、经理负责制，1988 年全国农垦有 60% 以上的企业实行了这项改革，继而又借鉴城市国有企业改革经验，全面推行多种形式承包经营责任制，进一步明确主管部门与企业的权责利关系。

以上这些改革主要是在企业层面，以单项改革为主，虽然触及了国家、企业和职工的最直接、最根本的利益关系，但还没有完全解决传统体制下影响农垦经济发展的深层次矛盾和困难。

"历史总是在不断解决问题中前进的。" 1992年，继邓小平南方谈话之后，党的十四大明确提出，要建立社会主义市场经济体制。市场经济为农垦改革进一步指明了方向，但农垦如何改革才能步入这个轨道，真正成为现代化农业的引领者？

关于国营大中型企业如何走向市场，早在1991年9月中共中央就召开工作会议，强调要转换企业经营机制。1992年7月，国务院发布《全民所有制工业企业转换经营机制条例》，明确提出企业转换经营机制的目标是："使企业适应市场的要求，成为依法自主经营、自负盈亏、自我发展、自我约束的商品生产和经营单位，成为独立享有民事权利和承担民事义务的企业法人。"

为转换农垦企业的经营机制，针对在干部制度上的"铁交椅"、用工制度上的"铁饭碗"和分配制度上的"大锅饭"问题，农垦实施了干部聘任制、全员劳动合同制以及劳动报酬与工效挂钩的三项制度改革，为农垦企业建立在用人、用工和收入分配上的竞争机制起到了重要促进作用。

1993年，十四届三中全会再次擂响战鼓，指出要进一步转换国有企业经营机制，建立适应市场经济要求，产权清晰、权责明确、政企分开、管理科学的现代企业制度。

农业部积极响应，1994年决定实施"三百工程"，即在全国农垦选择百家国有农场进行现代企业制度试点、组建发展百家企业集团、建设和做强百家良种企业，标志着农垦企业的改革开始深入到企业制度本身。

同年，针对有些农场仍为职工家庭农场，承包户垫付生产、生活费用这一问题，根据当年1月召开的全国农业工作会议要求，全国农垦系统开始实行"四到户"和"两自理"，即土地、核算、盈亏、风险到户，生产费、生活费由职工自理。这一举措彻底打破了"大锅饭"，开启了国有农场农业双层经营体制改革的新发展阶段。

然而，在推进市场经济进程中，以行政管理手段为主的垦区传统管理体制，逐渐成为束缚企业改革的桎梏。

垦区管理体制改革迫在眉睫。1995年，农业部在湖北省武汉市召开全国农垦经济体制改革工作会议，在总结各垦区实践的基础上，确立了农垦管理体制的改革思路：逐步弱化行政职能，加快实体化进程，积极向集团化、公司化过渡。以此会议为标志，垦区管理体制改革全面启动。北京、天津、黑龙江等17个垦区按照集团化方向推进。此时，出于实际需要，大部分垦区在推进集团化改革中仍保留了农垦管理部门牌子和部分行政管理职能。

"前途是光明的，道路是曲折的。"由于农垦自身存在的政企不分、产权不清、社会负担过重等深层次矛盾逐渐暴露，加之农产品价格低迷、激烈的市场竞争等外部因素叠加，从1997年开始，农垦企业开始步入长达5年的亏损徘徊期。

然而，农垦人不放弃、不妥协，终于在2002年"守得云开见月明"。这一年，中共十六大召开，农垦也在不断调整和改革中，告别"五连亏"，盈利13亿。

2002年后，集团化垦区按照"产业化、集团化、股份化"的要求，加快了对集团母公司、产业化专业公司的公司制改造和资源整合，逐步将国有优质资产集中到主导产业，进一步建立健全现代企业制度，形成了一批大公司、大集团，提升了农垦企业的核心竞争力。

与此同时，国有农场也在企业化、公司化改造方面进行了积极探索，综合考虑是否具备企业经营条件、能否剥离办社会职能等因素，因地制宜、分类指导。一是办社会职能可以移交的农场，按公司制等企业组织形式进行改革；办社会职能剥离需要过渡期的农场，逐步向公司制企业过渡。如广东、云南、上海、宁夏等集团化垦区，结合农场体制改革，打破传统农场界限，组建产业化专业公司，并以此为纽带，进一步将垦区内产业关联农场由子公司改为产业公司的生产基地（或基地分公司），建立了集团与加工企业、农场生产基地间新的运行体制。二是不具备企业经营条件的农场，改为乡、镇或行政区，向政权组织过渡。如2003年前后，一些垦区的部分农场连年严重亏损，有的甚至濒临破产。湖南、湖北、河北等垦区经省委、省政府批准，对农场管理体制进行革新，把农场管理权下放到市县，实行属地管理，一些农场建立农场管理区，赋予必要的政府职能，给予财税优惠政策。

这些改革离不开农垦职工的默默支持，农垦的改革也不会忽视职工的生活保障。1986年，根据《中共中央、国务院批转农牧渔业部〈关于农垦经济体制改革问题的报告〉的通知》要求，农垦系统突破职工住房由国家分配的制度，实行住房商品化，调动职工自己动手、改善住房的积极性。1992年，农垦系统根据国务院关于企业职工养老保险制度改革的精神，开始改变职工养老保险金由企业独自承担的局面，此后逐步建立并完善国家、企业、职工三方共同承担的社会保障制度，减轻农场养老负担的同时，也减少了农场职工的后顾之忧，保障了农场改革的顺利推进。

从1986年至十八大前夕，从努力打破传统高度集中封闭管理的计划经济体制，到坚定社会主义市场经济体制方向；从在企业层面改革，以单项改革和放权让利为主，到深入管理体制，以制度建设为核心、多项改革综合配套协调推进为主：农垦企业一步一个脚印，走上符合自身实际的改革道路，管理体制更加适应市场经济，企业经营机制更加灵活高效。

这一阶段，农垦系统一手抓改革，一手抓开放，积极跳出"封闭"死胡同，走向开放的康庄大道。从利用外资在经营等领域涉足并深入合作，大力发展"三资"企业和"三来一补"项目；到注重"引进来"，引进资金、技术设备和管理理念等；再到积极实施"走出去"战略，与中东、东盟、日本等地区和国家进行经贸合作出口商品，甚至扎根境外建基地、办企业、搞加工、拓市场：农垦改革开放风生水起逐浪高，逐步形成"两个市场、两种资源"的对外开放格局。

（四）

党的十八大以来，以习近平同志为核心的党中央迎难而上，作出全面深化改革的决定，农垦改革也进入全面深化和进一步完善阶段。

2015年11月，中共中央、国务院印发《关于进一步推进农垦改革发展的意见》（简称《意见》），吹响了新一轮农垦改革发展的号角。《意见》明确要求，新时期农垦改革发展要以推进垦区集团化、农场企业化改革为主线，努力把农垦建设成为保障国家粮食安全和重要农产品有效供给的国家队、中国特色新型农业现代化的示范区、农业对外合作的排头兵、安边固疆的稳定器。

2016年5月25日，习近平总书记在黑龙江省考察时指出，要深化国有农垦体制改革，以垦区集团化、农场企业化为主线，推动资源资产整合、产业优化升级，建设现代农业大基地、大企业、大产业，努力形成农业领域的航母。

2018年9月25日，习近平总书记再次来到黑龙江省进行考察，他强调，要深化农垦体制改革，全面增强农垦内生动力、发展活力、整体实力，更好发挥农垦在现代农业建设中的骨干作用。

农垦从来没有像今天这样更接近中华民族伟大复兴的梦想！农垦人更加振奋了，以壮士断腕的勇气、背水一战的决心继续农垦改革发展攻坚战。

1. 取得了累累硕果

——坚持集团化改革主导方向，形成和壮大了一批具有较强竞争力的现代农业企业集团。黑龙江北大荒去行政化改革、江苏农垦农业板块上市、北京首农食品资源整合……农垦深化体制机制改革多点开花、逐步深入。以资本为纽带的母子公司管理体制不断完善，现代公司治理体系进一步健全。市县管理农场的省份区域集团化改革稳步推进，已组建区域集团和产业公司超过300家，一大批农场注册成为公司制企业，成为真正的市场主体。

——创新和完善农垦农业双层经营体制，强化大农场的统一经营服务能力，提高适度规模经营水平。截至2020年，据不完全统计，全国农垦规模化经营土地面积5500多万亩，约占农垦耕地面积的70.5%，现代农业之路越走越宽。

——改革国有农场办社会职能，让农垦企业政企分开、社企分开，彻底甩掉历史包袱。截至2020年，全国农垦有改革任务的1500多个农场完成办社会职能改革，松绑后的步伐更加矫健有力。

——推动农垦国有土地使用权确权登记发证，唤醒沉睡已久的农垦土地资源。截至2020年，土地确权登记发证率达到96.3%，使土地也能变成金子注入农垦企业，为推进农垦土地资源资产化、资本化打下坚实基础。

——积极推进对外开放，农垦农业对外合作先行者和排头兵的地位更加突出。合作领域从粮食、天然橡胶行业扩展到油料、糖业、果菜等多种产业，从单个环节向全产业链延伸，对外合作范围不断拓展。截至 2020 年，全国共有 15 个垦区在 45 个国家和地区投资设立了 84 家农业企业，累计投资超过 370 亿元。

2. 在发展中改革，在改革中发展

农垦企业不仅有改革的硕果，更以改革创新为动力，在扶贫开发、产业发展、打造农业领域航母方面交出了漂亮的成绩单。

——聚力农垦扶贫开发，打赢农垦脱贫攻坚战。从 20 世纪 90 年代起，农垦系统开始扶贫开发。"十三五"时期，农垦系统针对 304 个重点贫困农场，绘制扶贫作战图，逐个建立扶贫档案，坚持"一场一卡一评价"。坚持产业扶贫，组织开展技术培训、现场观摩、产销对接，增强贫困农场自我"造血"能力。甘肃农垦永昌农场建成高原夏菜示范园区，江西宜丰黄冈山垦殖场大力发展旅游产业，广东农垦新华农场打造绿色生态茶园……贫困农场产业发展蒸蒸日上，全部如期脱贫摘帽，相对落后农场、边境农场和生态脆弱区农场等农垦"三场"踏上全面振兴之路。

——推动产业高质量发展，现代农业产业体系、生产体系、经营体系不断完善。初步建成一批稳定可靠的大型生产基地，保障粮食、天然橡胶、牛奶、肉类等重要农产品的供给；推广一批环境友好型种养新技术、种养循环新模式，提升产品质量的同时促进节本增效；制定发布一系列生鲜乳、稻米等农产品的团体标准，守护"舌尖上的安全"；相继成立种业、乳业、节水农业等产业技术联盟，形成共商共建共享的合力；逐渐形成"以中国农垦公共品牌为核心、农垦系统品牌联合舰队为依托"的品牌矩阵，品牌美誉度、影响力进一步扩大。

——打造形成农业领域航母，向培育具有国际竞争力的现代农业企业集团迈出坚实步伐。黑龙江北大荒、北京首农、上海光明三个集团资产和营收双超千亿元，在发展中乘风破浪：黑龙江北大荒农垦集团实现机械化全覆盖，连续多年粮食产量稳定在 400 亿斤以上，推动产业高端化、智能化、绿色化，全力打造"北大荒绿色智慧厨房"；北京首农集团坚持科技和品牌双轮驱动，不断提升完善"从田间到餐桌"的全产业链条；上海光明食品集团坚持品牌化经营、国际化发展道路，加快农业

"走出去"步伐，进行国际化供应链、产业链建设，海外营收占集团总营收20%左右，极大地增强了对全世界优质资源的获取能力和配置能力。

千淘万漉虽辛苦，吹尽狂沙始到金。迈入"十四五"，农垦改革目标基本完成，正式开启了高质量发展的新篇章，正在加快建设现代农业的大基地、大企业、大产业，全力打造农业领域航母。

（五）

八十多年来，从人畜拉犁到无人机械作业，从一产独大到三产融合，从单项经营到全产业链，从垦区"小社会"到农业"集团军"，农垦发生了翻天覆地的变化。然而，无论农垦怎样变，变中都有不变。

——不变的是一路始终听党话、跟党走的绝对忠诚。从抗战和解放战争时期垦荒供应军粮，到新中国成立初期发展生产、巩固国防，再到改革开放后逐步成为现代农业建设的"排头兵"，农垦始终坚持全面贯彻党的领导。而农垦从孕育诞生到发展壮大，更离不开党的坚强领导。毫不动摇地坚持贯彻党对农垦的领导，是农垦人奋力前行的坚强保障。

——不变的是服务国家核心利益的初心和使命。肩负历史赋予的保障供给、屯垦成边、示范引领的使命，农垦系统始终站在讲政治的高度，把完成国家战略任务放在首位。在三年困难时期、"非典"肆虐、汶川大地震、新冠疫情突发等关键时刻，农垦系统都能"调得动、顶得上、应得急"，为国家大局稳定作出突出贡献。

——不变的是"艰苦奋斗、勇于开拓"的农垦精神。从抗日战争时一手拿枪、一手拿镐的南泥湾大生产，到新中国成立后新疆、东北和华南的三大军垦战役，再到改革开放后艰难但从未退缩的改革创新、坚定且铿锵有力的发展步伐，"艰苦奋斗、勇于开拓"始终是农垦人不变的本色，始终是农垦人攻坚克难的"传家宝"。

农垦精神和文化生于农垦沃土，在红色文化、军旅文化、知青文化等文化中孕育，也在一代代人的传承下，不断被注入新的时代内涵，成为农垦事业发展的不竭动力。

"大力弘扬'艰苦奋斗、勇于开拓'的农垦精神，推进农垦文化建设，汇聚起推动农垦改革发展的强大精神力量。"中央农垦改革发展文件这样要求。在新时代、新征程中，记录、传承农垦精神，弘扬农垦文化是农垦人的职责所在。

(六)

随着垦区集团化、农场企业化改革的深入，农垦的企业属性越来越突出，加之有些农场的历史资料、文献文物不同程度遗失和损坏，不少老一辈农垦人也已年至期颐，农垦历史、人文、社会、文化等方面的保护传承需求也越来越迫切。

传承农垦历史文化，志书是十分重要的载体。然而，目前只有少数农场编写出版过农场史志类书籍。因此，为弘扬农垦精神和文化，完整记录展示农场发展改革历程，保存农垦系统重要历史资料，在农业农村部党组的坚强领导下，农垦局主动作为，牵头组织开展中国农垦农场志丛编纂工作。

工欲善其事，必先利其器。2019年，借全国第二轮修志工作结束、第三轮修志工作启动的契机，农业农村部启动中国农垦农场志丛编纂工作，广泛收集地方志相关文献资料，实地走访调研、拜访专家、咨询座谈、征求意见等。在充足的前期准备工作基础上，制定了中国农垦农场志丛编纂工作方案，拟按照前期探索、总结经验、逐步推进的整体安排，统筹推进中国农垦农场志丛编纂工作，这一方案得到了农业农村部领导的高度认可和充分肯定。

编纂工作启动后，层层落实责任。农业农村部专门成立了中国农垦农场志丛编纂委员会，研究解决农场志编纂、出版工作中的重大事项；编纂委员会下设办公室，负责志书编纂的具体组织协调工作；各省级农垦管理部门成立农场志编纂工作机构，负责协调本区域农场志的组织编纂、质量审查等工作；参与编纂的农场成立了农场志编纂工作小组，明确专职人员，落实工作经费，建立配套机制，保证了编纂工作的顺利进行。

质量是志书的生命和价值所在。为保证志书质量，我们组织专家编写了《农场志编纂技术手册》，举办农场志编纂工作培训班，召开农场志编纂工作推进会和研讨会，到农场实地调研督导，尽全力把好志书编纂的史实关、政治关、体例关、文字关和出版关。我们本着"时间服从质量"的原则，将精品意识贯穿编纂工作始终。坚持分步实施、稳步推进，成熟一本出版一本，成熟一批出版一批。

中国农垦农场志丛是我国第一次较为系统地记录展示农场形成发展脉络、改革发展历程的志书。它是一扇窗口，让读者了解农场，理解农垦；它是一条纽带，让农垦人牢记历史，让农垦精神代代传承；它是一本教科书，为今后农垦继续深化改革开放、引领现代农业建设、服务乡村振兴战略指引道路。

修志为用。希望此志能够"尽其用"，对读者有所裨益。希望广大农垦人能够从此志汲取营养，不忘初心、牢记使命，一茬接着一茬干、一棒接着一棒跑，在新时代继续发挥农垦精神，续写农垦改革发展新辉煌，为实现中华民族伟大复兴的中国梦不懈努力！

中国农垦农场志丛编纂委员会

2021 年 7 月

辽宁贾家店农场志

LIAONING JIAJIADIAN NONGCHANG ZHI

序言

　　《辽宁贾家店农场志》自 2021 年 10 月启动编写工作以来，历时一年多，于 2023 年初形成初稿。2023 年 8 月 12—16 日，中国农垦农场志丛编纂委员会办公室在新疆乌鲁木齐市召开第四批中国农垦农场志编纂培训班，贾家店农场党委副书记李新民、宣传委员郝淑丽、《辽宁贾家店农场志》执行主编刘喜鹏一行赴乌鲁木齐市参加培训。按照培训班的具体要求，在中国农业出版社的具体指导下，编纂人员对志书的初稿再次进行整理和修改。现在，《辽宁贾家店农场志》即将付梓出版。这是贾家店农场的第一部志书，更是贾家店农场文化生活中的一件盛事。在此，谨向关心、支持农场志编修工作的中国农垦农场志丛编纂委员会办公室、朝阳龙翔文化传播有限公司等单位的领导表示诚挚的谢意！

　　古人云：志者，识也、记也，编史之难莫过于志，纂志之功莫过于勤。在《辽宁贾家店农场志》编纂过程中，农场党委高度重视，协调全场力量全力配合。指派贾家店农场党委副书记李新民分管此项工作，副场长王树国、宣传委员郝淑丽负责搜集整理资料，四个分场的党支部书记主动配合，尤其是原辽宁省朝阳市体育局局长董砚良等当年在贾家店下乡的"知青"，为了此志书的编纂，多次来到贾家店农场，为编写人员提供资料。正是大家的齐心协力，使得此志的编纂工作能够顺利推进，编写组用不到两年的时间将此志书编写完成。

本志集"资政、教化、存史"等功能于一身，资料翔实，繁简适度，农场特色鲜明，时代气息浓厚，内容广泛而重点明晰。它既是一部反映贾家店农场历史的"百科全书"，又是一部向全场工人进行爱国主义教育的"乡土教材"，更是一个激励后人砥砺前行的"动力源"。

相信《辽宁贾家店农场志》会成为一部贾家店农场"经济强场、文化育场、生态美场"的见证之书。让我们在党的二十大精神指引下，在全场工人的共同努力下，把贾家店农场建设得更加美好！

谨献此言为序。

国营朝阳县贾家店农场党委书记　张延东

2024 年 12 月

辽宁贾家店农场志

LIAONING JIAJIADIAN NONGCHANG ZHI

凡例

一、总则　本志以马克思列宁主义、毛泽东思想、邓小平理论、"三个代表"重要思想、科学发展观、习近平新时代中国特色社会主义思想为指导，运用历史唯物主义与辩证唯物主义的观点和方法，遵循"广征、核准、精编、严审"方针，结合国营朝阳县贾家店农场的历史与现状组织编纂。

二、体例　述、记、志、传、图、表、录诸体并用。述，提要全书；记，大事记、后记；志，叙事主体；传，人物纪略；图，卷首彩页、图片、照片；表，统计表、一览表；录，非著述性资料。

三、结构　按贾家店农场所涉行业与社会分工设置编目。"横分门类"：以编为编写单元，编下设章，章下有序，使之既是全书的有机组成部分，又可独立成章阅读。"纵写历史"：章下设节，节下设目，目下设子目。个别事物按"编年体"与"纪事本末体"相结合形式记述事物发展历程。"通典不录""述而不论"。涉及交叉事物，从不同角度记述，或此详彼略。设卷首图、彩照及黑白照集锦，正文配表格。表格资料缺失处，用"—"线代替。部分章节后设附录。

四、时限 "上限"为贾家店农场地域关于建置的资料记载（1946年），追溯至事物发端；"下限"截至2022年12月底，但为了记述重要事物的完整性，个别事项记录到2023年6月，如争创"中国零碳示范村镇"记录到2023年6月。

五、地标 场内地标起点为农场党委、场部机关所在地。

六、人物 坚持"生不立传"原则，纪略人物以出生年月为序。

七、简称 机构、组织、职务名称首次出现写全称，括注简称，以下均写简称。中国共产党、中国共产主义青年团、中国共产党国营朝阳县贾家店农场党委、中国共产党党员等，分别统一缩写为中共（或党）、共青团、农场党委、党员等。引用中央、省、市、县、农场有关文件，文号从略。涉及人员性别、民族等基本情况，仅标注女性、少数民族。居民称谓，依时相称。1953—1984年7月农业合作化与农村人民公社化时期，百姓称"社员"，其他历史时期称"村民"或"农场职工"。

八、纪年 采用历史纪年与公元纪年并用的方法。辛亥革命（1911年10月10日）前，用历史纪年，年月日用汉字；公元纪年、世纪、年月日用阿拉伯数字，如"乾隆三十一年（1766年）"；辛亥革命后，采用民国纪年、公元纪年。公历年代记述：用阿拉伯数字，如"50年代"。年份记述：同一段落内，首次出现年份写全称；再次出现写"同年"或"当年"。下一年记述：用年份全称。起止年份记述：用"××××—××××年"，如"1978—1980年"。截至日期记述：用"截至××××年×月"。人物生卒年记述：用"×××（××××—××××年）"，如"张翼（1847—1913年）"。

九、统计数据 经济数据以辽宁省朝阳市朝阳县统计局、贾家店农场农经站提供的数据为准；其他数据以相应权威部门提供的数据为准。

十、计量 乡域、村域面积以平方千米为计量单位；占地面积与耕地面积以公顷或亩（1公顷＝15亩，1亩≈666.67平方米）为计量单位；建筑面积以平方米为计量单位。行文与统计表用国家法定计量单位。

十一、文体 采用记述体、语文体。

十二、其他 资料源自各类年度总结、年鉴、工作报告、工作汇报、专题调研报告、县志、农场历史档案、历史古籍、文物考古资料、公开出版物（报刊）、相关志书及座谈、专访、问卷调查等口碑资料，文内相关处不再一一注明具体出处。

中国农垦农场志

目 录

第三编 经济与管理

第四编　党政工团组织建设

第五编　宣教文卫

第六编　知青岁月

第七编　人物

概　述

　　1946—2022 年，贾家店农场在不断壮大制种业的基础上，发挥地缘优势，积极发展特色农业，通过招商引资、"飞地经济"，第二产业、第三产业经济也焕发出勃勃生机。2015 年 2 月，贾家店农场被中央精神文明建设指导委员会评为"全国文明村镇"。在发展经济的同时，贾家店农场注重生态环境建设，积极成为中国零碳排放示范村镇。2022 年 8 月，贾家店农场被联合国开发计划署评为"中国零碳村镇"。

一

　　贾家店农场位于辽宁省朝阳市朝阳县西北部，距朝阳县城 40 千米。北、西、南三面与北沟门乡、杨树湾镇接界；东北与东部和龙城区联合镇为邻。

　　全场总面积 66.2 平方千米。2022 年末，贾家店农场实有耕地面积 1433.4 公顷，林地面积 3685 公顷，森林覆盖率达 55.6％，果园面积 266.67 公顷，有少量矿产资源。

　　贾家店农场素有"一河、二山、三店、四庙"之说。"一河"是指流经全场南北 10 千米，发源于内蒙古自治区敖汉旗四家子镇的老虎山河。"二山"是位于农场东、西两侧的山脉（努鲁儿虎山余脉大黑山），场内群山起伏，犹如天然屏障。"三店"，除贾家店外，还有白家店和瓦房店。"四庙"是德立吉的禅定法轮寺、敖汉波罗组的三隆观、前进三组的玉皇庙、胜利组的姑子庵。

　　各分场村屯则散落在两侧山脚、沟壑与河套之间，形成独特的地理环境，此环境为制种业提供了独一无二的天然条件。

二

　　20 世纪 70—90 年代，贾家店的乡镇企业发展方兴未艾，其中毛纺厂、玉荷果酒厂的产品远销各地，同时还兴办了石灰窑厂、石棉矿、地毯厂、柳编厂、综合厂、"东风"果树园、拖拉机站、种子站、农场综合商店等乡镇企业。由于政策的反复变动，加之经营不善、资金链断裂等诸多因素，这些乡镇企业大多倒闭。只有贾家店综合厂和贾家店种子站（朝阳兴农种业有限公司）不断发展壮大。

到 2022 年，贾家店综合厂从业人员 21 人，其中工程师 2 名。固定资产投资 29.6 万元，资产总额 120 万元，总产值 244 万元，收入 240 万元，利润 4 万元，上缴税金 4 万元，主要产品有水泥矿山机械及配件。有厂房 18 间、600 平方米，办公室 260 平方米，占地面积 4600 平方米。

1994 年成立朝阳兴农种业有限公司，2001 年主要繁育"两杂种子"，拥有制种基地 1 万亩[①]，年生产"两杂种子"300 多万千克，公司占地面积 13340 平方米，仓储能力 150 万千克，晒场 3400 平方米，具有脱粒、仓储、输送、种苗培育等能力。检验设备齐全，有各类专业技术人员 16 人，种子远销东北、西北部分地区。

三

贾家店农场历来有重视教育的传统，中华人民共和国成立前及成立初，贾家店农场范围内仅有两所小学，分别是敖汉波罗小学和北德立吉小学。敖汉波罗小学始建于 1946 年，成立之初有 6 个班级，辐射周边的杨树湾、北沟门、桦杖子等乡村。1953 年发展到高峰，有教学班 10 个，分别是五年级和六年级，教师达到 20 名。1952 年，在敖汉波罗小学建立总校，管辖北沟门、贾家店、杨树湾的小学教育。1954 年，随着社会的发展，学生数量增多，又建立了胜利小学。1960 年，贾家店成立农场，建场后即建成了胡杖子小学、梁营子小学。到 1962 年，贾家店农场有 7 所初具规模的完全小学，小学教育开始步入正轨。

1968 年，在贾家店小学内建起了贾家店中学。学生主要以走"五七"道路——学农为主。1975 年，建立贾家店"五七大学"，设 4 个平行班：卫生班（地区医院）、林果班（胜利组）、农学班（石佛沟）、木工班（综合厂）。

1977 年恢复高考，农场的中、小学教育在上级教育行政部门的领导下，步入健康发展的轨道。通过全体教师的努力，到 1985 年，农场中、小学的教育教学质量均步入全县前列。1998 年，在农场党委、政府的大力支持下，学校危房得到彻底改造，教学条件有了明显改善。农场中小学代表朝阳县接受辽宁省政府的"普九"验收，并顺利通过。

2008 年，在各级政府的大力支持下，农场九年一贯制教学楼落成。2009 年 3 月，农

---

① 亩为非法定计量单位，1 亩≈666.7 平方米。——编者注

场中、小学合为一体，成立贾家店农场九年一贯制学校。2012 年，原北沟门乡中学合并到贾家店农场九年一贯制学校。

农场有中学 1 所、小学 6 所，在校学生 583 名，自恢复高考以来，考入大中专的学生共有 218 名。全场学习氛围浓厚，有"不修墙、不盖房，培养子女上学堂"的传统。

以北德立吉自然村为例，自恢复高考以来，到 2022 年，这个自然村走出 70 多位大中专院校学生。1991 年，辽宁电视台专程采访报道了恢复高考后北德立吉村 19 名学生考上大中专院校的事迹，中央电视台以"山沟沟里的秀才村"为名报道该村的教育成果。1995 年，《朝阳日报》登载了《朝阳县有个大学村——贾家店农场北德立吉》一文。

四

贾家店农场历史文化源远流长，场内古建筑和历史遗迹比较丰富，民风淳朴，有许多历史文化传说。

禅定法轮寺、三隆观、玉皇庙、姑子庵、村落遗址、山城遗址、王子山城址、阳坡遗址等向后人展示了贾家店悠久的历史。更有禅定法轮寺的传说、三隆观的传说、玉皇庙的传说、王子山的传说等彰显了贾家店农场深厚的文化积淀。

贾家店农场的"五大名泉"——苍龙泉、青龙涧、天公泉、黑龙泉、护佛龙泉，使贾家店农场得老虎山河之润泽，物有奇秀，地灵人杰。到了夜晚，站到山坡上，只见老虎山河两岸，千百盏路灯一字排开，华灯闪烁，辉映满天星斗，倒映在清凉的、亮晶晶的老虎山河水中，一串串大红灯笼映红了乡村文化广场。

五

贾家店农场旅游资源较为丰富，国营贾家店农场的旅游景区建设始于 2016 年，以大型民俗村、花海基地、党建主题公园和党建现代农业产业园区为主。贾家店农场旅游景区交通状况良好，"朱馒线"公路纵贯全场，交通便利。其主要旅游交通路线为：101 国道—朱馒线—贾家店；长深高速（G25）—杨树湾双庙高速出口右转—101 国道—行驶约 2.5 千米左转—朱馒线—贾家店。主要景点有：

1. 北德立吉大型民俗村。2016 年，贾家店农场共投资 6000 万元，在四分场内种植花木 33 公顷。建果品蔬菜采摘园 13 公顷，农家院 20 户。建 800 平方米游客中心 1 处，日接待能力 3000 人次。完成观光区内儿童乐园、人工湖、垂钓园和万人广场工程建设，新建水冲公共卫生间 1 处、高标准大型停车场 8000 平方米。在北德立吉建设大型民俗村。投资 700 万元建设文化广场 1 处，道路硬化 7 千米，墙体美化 6200 平方米，安装路灯 150 盏。建蒙古风情园 6.7 公顷，改造特色民居 2.5 万平方米。

2. **党建主题公园和主题广场**。2018 年，贾家店农场为了广泛深入地加强党史、党的基础理论、党的方针政策宣传教育，使之群众化、普及化，在三分场小河口区域建设了党建主题公园和主题广场 3 万平方米，总投资 300 万元。

3. **党建现代农业产业园区**。2018 年，贾家店农场在一分场建设党建现代农业产业园区，此园区的发展总思路是坚持以党建为统领，助力脱贫攻坚，推动乡村振兴。园区主题规划面积 133 公顷，分两期实施。2018 年，一期项目投入使用，总面积为 39 公顷。

发展旅游产业的前期工作是注重景区的基础设施建设，2016 年以来，国营朝阳县贾家店农场在场内各旅游景区均修建了大型停车场，每个停车场都设有停车线、停车分区、会车线，还分别设置了出入口。每个停车场都和景区和谐一致，起到了锦上添花的作用。新停车场落成后，景区至少可容纳大、中、小型车辆 800 台。旅游景区内部交通工具为电瓶车和自行车，既环保又与景区环境相协调。

景区内游客服务中心位于北德组后山山坡，地理位置显著、标识明显，位置合理，造型、色彩、外观与示范区景观相协调。面积约 850 平方米。整个游客中心的用电和取暖均采用太阳能供电取暖系统，从而达到环保、生态的目的。游客服务中心可以为游客提供休息的场所，还设有影视系统、宣传景区的各种资料和小册子等，供游客阅览。对于游客在旅游过程中遇到的问题或困难，中心设有专门的人员负责解释和回答。中心还设有景区游览线路图，提供游览旅程信息，并明确标画出近日内的游客流量变化情况。每个中心工作人员都佩戴工作牌，对需要导游的游客，将安排专人讲解。

国营朝阳县贾家店农场旅游景区各种引导标识造型独具特色，与景观环境相协调，标识牌和景物介绍牌设置比较合理。景区在售票处门前设有明显的景区全景图，全景图正确标识出主要景点及旅游服务设施的位置，其中主要包括各主要景点、游客中心、厕所、出入口、医务室、公用电话、停车场等，并明示咨询、投诉、救援电话。

六

贾家店农场人杰地灵，据不完全统计，为新中国成立而英勇牺牲的贾家店籍革命先烈有 11 名。出生于贾家店农场的正科级以上领导有 24 人，各级先进个人 14 人，各行各业的贾家店人才 111 人，其中包括中国科学院院士、大连理工大学副校长贾振元。这些优秀人才不但是贾家店农场的精英，更是辽宁省朝阳市朝阳县的宝贵财富。

贾家店农场是当年辽宁省朝阳市知识青年上山下乡时的"第二故乡"，1968—1976年，先后有原朝阳高中和朝阳铁中 500 多名学生（俗称"老三届"）响应党中央、毛主席的号召，随着"知识青年到农村去"的大潮，打起行囊，背上背包，告别父母，怀着青春的激情与热血，带着对前途和理想的美好憧憬，到国营贾家店农场插队落户。这些热血青年，把最美好的青春留在了贾家店农场。到 2022 年，54 年过去了，这些曾经下乡到贾家店农场的知识青年仍然把贾家店农场视为自己的"第二故乡"。这些曾经在贾家店农场插队的知识青年，同样也是贾家店农场的宝贵财富。

在 1946—2022 年的 76 年的历史发展中，贾家店农场不断开拓进取，取得了一个又一个的喜人成就。相信在未来，勤劳睿智的贾家店农场人，将以中国共产党二十大精神为引领，在习近平新时代中国特色社会主义思想的指导下，齐心协力、众志成城，发挥农场优势，为建设一个经济繁荣昌盛、文化发达昌明、人民生活康乐安逸的贾家店农场而努力奋斗！

大 事 记

1946 年 年初　敖汉波罗小学建成并招生，共有 6 个班级，辐射周边的杨树湾、北沟门、桦杖子等乡村。

1947 年 6 月　根据中共热辽地委的决定，在大凌河以北另建辽宁省朝阳市朝阳（北）县，任命周树芳为中共朝阳（北）县委书记，徐庭菊为县委副书记，计明达为县长，李质彬为县支队长。辽宁省朝阳市朝阳（北）县党政机关在大青山南麓的贾家店一带活动，并以此为基地沿大青山向北开辟根据地。

6 月　中共热辽地委派原新东县县长计明达和秘书秦友仁（兼财粮科科长）等，在新东县支队的掩护下，进入大凌河北的贾家店一带，配合周树芳开展工作。

1949 年 7 月　贾家店周边地区连降 7 天暴雨，贾家店遭受严重水灾。

1950 年 12 月　为响应中共辽宁省朝阳市朝阳县委的号召，贾家店各村广泛开展"组织起来，支援抗美援朝"的宣传活动。

1951 年 1 月　贾家店各村普遍建立了民兵组织。

1958 年 9 月　库容 4000 万立方米的贾家店德立吉水库建成。

当年　贾家店公社在赵营子村建"大跃进"炼钢厂。

1960 年 1 月　在朝阳县贾家店公社基础上，建立辽宁省朝阳市直管的全民所有制国营贾家店畜牧场。贾家店农牧场内建起猪场、养蜂场、渔场、甲鱼场、细毛羊场、家畜良种场等。

1 月　贾家店农牧场划分为 4 个分场。

当年　建贾家店农牧场拖拉机站。

1962 年 7 月 26 日　贾家店德立吉水库决堤，冲毁大平房黄花滩铁路大桥。

1964 年 1 月　撤销朝阳市建制，改为朝阳专署，贾家店农牧场又划回辽宁省朝阳县。

1965 年 1 月　贾家店农场 4 个分场改为 8 个生产大队。

● **1968 年** 10 月 20 日 500 余名朝阳高中、朝阳铁中知青到达贾家店农场场部，农场举行欢迎会后，将知青分配到各生产队。

● **1971 年** 当年 贾家店农场 8 个生产大队改为 4 个分场。

● **1974 年** 当年 在四分场马营子组林东路建贾家店种子站。

● **1975 年** 6 月 在头道湾子组规划建设"辽西第一井"，大井深 20 米，井口直径 24 米。

当年 建立贾家店综合厂。

● **1977 年** 当年 在贾家店建朝阳玉荷果酒厂。

● **1978 年** 当年 在二分场四新村北沟里建石灰窑厂。

当年 在三分场前进组后山建石棉矿。

当年 头道湾子"辽西第一井"配套并投入使用，井内出水量可供 6 台水泵同时提水灌溉，灌溉面积达 3000 亩。

● **1980 年** 当年 贾家店农场综合商店成立。

当年 在贾家店村南洼征占贾家店、黄杖子两个组 20 亩地，建成种子站新址。

从 1980 年开始，农场集中力量治理老虎山河。

● **1985 年** 1 月 贾家店农场 4 个分场改为 4 个行政村。

● **1987 年** 3 月 10 日 贾家店乡第九次人民代表大会召开，选举产生贾家店乡第九届人民政府。

当年 建贾家店毛纺厂。

● **1990 年** 3 月 8 日 贾家店乡第十次人民代表大会召开，选举产生贾家店乡第十届人民政府。

12 月 贾家店乡被辽宁省朝阳市人民政府授予农田基本建设"大禹杯"，荣获三连冠美誉。

到 1990 年，贾家店乡在治理老虎山河工程中，修石坎 105 道，共计 1.2 万延长米①。

● **1993 年** 1 月 15 日 贾家店乡第十一届人民代表大会第一次会议召开。

● **1994 年** 在四分场马营子组成立"贾家店农场种子站"，基地有土地 1 万亩，主要繁育"两杂种子"，年生产"两杂种子"3000 吨。

---

① 延长米为非法定计量单位，用于描述不规则形的条状或线状工程的工程计量。——编者注

1995 年 1 月 21 日　中共朝阳县贾家店乡第十一次党员代表大会召开，选举产生中共贾家店乡第十一届委员会和纪律检查委员会。

1996 年 1 月 29 日　贾家店乡第十二届人民代表大会第一次会议召开。

1998 年 5 月 8 日　12 时，贾家店乡场内的省级重点文物保护单位——禅定法轮寺，因管理不善，突然起火，三间正殿化为灰烬，直接经济损失 50 万元。

12 月 10 日　中共贾家店乡第十二次党员代表大会召开，选举产生中共贾家店乡第十二届委员会和纪律检查委员会。

1999 年 1 月 18 日　贾家店乡第十三届人民代表大会第一次会议召开。

8 月 2 日　朝阳县贾家店乡更名为朝阳县国营贾家店农场。

2001 年 9 月 10 日　贾家店农场种子站更名为兴农种业有限公司。

2002 年 7 月　四分场内因失火烧毁的禅定法轮寺开始动工重建。

2003 年 3 月　根据兴农种业有限公司经营状况及市场经济形势，原本由农场统一管理的兴农种业有限公司转制为私人承包经营。

7 月 1 日　贾家店农场退休工人开始支取退休金。

2005 年 6 月 8 日　贾家店四分场的禅定法轮寺上宝顶完工。整个寺庙重建总投资 170 万元（不含人工费），其中善主捐款 84 万元，动用土石方 8500 立方米，占地面积 370 平方米。

当年　贾家店农场制种面积达到 933.33 公顷，产值达到 330 万元，人均 4200 元。

2006 年 当年　始建贾家店农场九年一贯制教学楼，建设工期一年半。

当年　贾家店农场电视覆盖率达 100%，有线电视覆盖率达 10%。

当年　贾家店农场在老虎山河两岸平整土地 3500 亩。

2007 年 当年　贾家店农场新型合作医疗参合率达到 91%。

2008 年 9 月 1 日　贾家店农场九年一贯制学校教学楼正式投入使用。

10 月 1 日　贾家店农场场内的老虎山河大桥正式竣工通车。

2009 年 当年　贾家店农场进行小城镇建设 4000 平方米，并完成了小城镇的排水、道路硬化、供电等工程。

2010 年 当年　贾家店农场制种面积达 1.3 万亩，生产优质"两杂种子"3500 吨。

2011 年 10 月 10 日　贾家店农场在一分场开始实施万亩坡耕地治理工程，该工程是 2011 年度国家坡耕地水土流失综合治理试点工程。2011 年 10 月 10

日至 11 月 20 日，共修建高水平梯田 688 公顷。这项工程使得跑水、跑土、跑肥的"三跑田"变为保水、保土、保肥的"三保田"，使一分场万亩坡耕地成为万亩节水滴灌梯田，成为贾家店农场建设高效农业的基础性保障工程。

2012 年　2 月 24 日　辽宁省水利厅防汛处处长艾义龙到贾家店农场就农场水利站建设问题进行调研。

4 月 9 日　辽宁省委副书记、省长陈政高到贾家店农场一分场视察万亩高标准水平梯田。

4 月　贾家店农场场部办公楼开始施工。

11 月　贾家店农场场部办公楼竣工并投入使用，办公楼建设共投资 550 万元，建筑面积 3000 平方米。

2013 年　6—10 月　"大地放歌"专场演出 8 场次。

8 月 5 日　贾家店农场学校师生参加辽宁省朝阳市"凌河之夏"演出。

8 月 9 日　贾家店农场部分农作物因大风和强降雨受灾。

8 月　农场遭受自然灾害，为使群众损失减少到最小程度，贾家店农场党委、政府积极与保险公司联系，成功争取到农业保险理赔。

2014 年　4 月 8—9 日　在贾家店农场举办"大地放歌"百姓健康舞培训班，由各乡镇文化站站长带队参加培训。

6 月 5 日　辽宁省代省长李希到贾家店农场一分场视察万亩梯田节水滴灌工程。

6 月 12 日　辽宁省朝阳市朝阳县文化局来贾家店农场审查演出节目（20 个节目）。

6 月 15—17 日　辽宁省朝阳市朝阳县文化馆姚旭东、王艳等老师来贾家店农场辅导艺术表演。

6 月 19 日　朝阳市文化局局长牛驰、朝阳县文化局局长苑珉来贾家店农场考察艺术表演排练情况，审查了舞蹈、三句半、快板、女声演唱等。

6 月 30 日　辽宁省朝阳市朝阳县文化局捐赠给贾家店农场 80 把扇子、6 台电脑、60 套秧歌服、5 套音响等。

7 月 23 日　贾家店农场将"朝阳好声音"人选——鲁春艳，上报朝阳县文化馆。

9 月 16 日　辽宁省朝阳市委宣传部、朝阳县委宣传部在贾家店文化广场召开现场会。

9月29日　辽宁省朝阳市委宣传部、朝阳县委宣传部领导来贾家店农场检查宣传一条街建设工作。

10月　贾家店农场代表队参加朝阳市百姓健康舞展演，荣获"优秀表演奖"。

10月30日　朝阳县文化馆在贾家店农场召开群众文艺表演调研会。

10月31日　坐落于贾家店农场三分场的辽宁朝阳农品有机食品有限公司成立，该公司是集农产品研发、种植、生产、加工、包装、销售以及电子商务平台建设和产业文化推广等业务于一体的新型农业科技发展公司，注册资金500万元，年生产小米、绿豆等杂粮8000吨。

11月　贾家店农场被朝阳县文学艺术界联合会授予"书法创作培训基地"称号并挂牌。

12月3日　朝阳县图书馆为贾家店农场赠送图书1287册。

当年　贾家店农场申报朝阳市老年体育先进典型单位和先进个人。

当年　贾家店农场被辽宁省文化和旅游厅评为"辽宁省文化先进乡镇"。

当年　贾家店农场被辽宁省农民体育协会评为全省"亿万农民健身活动突出贡献单位"，农场领导姜晓光、申宪青、郝淑丽被评为"亿万农民健身活动优秀工作者"。

● **2015 年**　2月　贾家店农场被中央精神文明建设指导委员会评为"全国文明村镇"。

3月　贾家店农场被辽宁省文联舞蹈家协会评选为"舞蹈家协会辅导基地"。

5月24日　辽宁省精神文明办在贾家店农场召开精神文明建设工作现场会。

6月27日　贾家店农场举办篮球比赛，县直和部分乡镇代表队参赛。

6月30日　朝阳市委宣传部、朝阳县委宣传部、朝阳市舞蹈家协会等领导视察百姓健康舞开展情况。

8月4日　辽宁省省长陈求发到朝阳县贾家店农场实地考察设施农业、节水滴灌工程。

8月15日　由中共辽宁省委宣传部、辽宁省文化和旅游厅主办的"植根沃土、筑梦辽宁——2015年辽宁省群众文化节广场舞蹈展演"在辽宁大剧院演出，贾家店农场艺术团表演了《幸福朝阳》《大地放歌》等精彩节目。

9月29日　贾家店农场参加朝阳市民政局、朝阳市老龄委组织的"中老年广场舞大赛"初赛，初赛地点在朝阳市体育场。参加初赛的共85支队伍，其中农民舞蹈队53支。贾家店农场代表队是全市唯一一支进入决赛的农民舞蹈队。

10月13日　贾家店农场代表队参加辽宁省在抚顺市举办的全省乡镇农民健身秧歌大赛，表演的《幸福朝阳》《放歌凌河》荣获"辽宁省乡镇农民健身秧歌大赛"金奖。

10月25日　朝阳市民政局、朝阳市老龄委举办的"中老年广场舞大赛"决赛在朝阳市尚志公园举行。参加决赛的共15支队伍，贾家店农场代表队参赛的曲目《幸福朝阳》《放歌凌河》荣获"二等奖"和"最佳创编奖"，贾家店农场荣获"优秀组织奖"。

10月　贾家店农场被认定为"朝阳市舞蹈家协会活动基地""朝阳市文学艺术界联合会活动基地"。

12月　贾家店农场荣获中共中央宣传部、文化和旅游部、国家广播电视总局授予的"第六届全国服务农民、服务基层文化建设先进集体"的荣誉称号。

当年　贾家店农场实施乡村振兴第一批危房改造。

当年　贾家店农场在4个分场及34个村民组全部实施道路硬化，采取红砖立铺和水泥硬化两种方式，并且实现组与组之间无缝对接。

2016年　1月20日　在贾家店农场召开省级文化示范项目"大地放歌"活动现场推进会。

3月　贾家店农场被中共辽宁省委宣传部评为"辽宁省基层宣传思想文化工作"示范点。

5月30日　省文联副主席林建宇、省舞协秘书长刘思展来贾家店农场调研。

7月　贾家店农场党委被朝阳市委组织部授予先进党委称号。

7月　贾家店农场三分场书屋被朝阳市文化广电新闻出版局评为2015—2016年度朝阳市"十佳社区书屋"。

7月9日　辽宁省朝阳市朝阳县乡村旅游节暨夏季旅游启动仪式在贾家

店农场举行。

7月16日 在贾家店农场举办辽宁省朝阳市朝阳县"大地放歌"首届文化艺术基地精品展演,有6个乡镇、7个基地参演。

7月22—23日 辽宁省朝阳市第二届好声音朝阳县分赛区选拔赛在贾家店农场举行,有36人进入复赛,有20人参加决赛。

9月 贾家店农场申报3A级景区、星级农家乐四家、花海500亩。

9月10日 举办贾家店艺术节闭幕式。

9月19日 "大梨树杯——辽宁省乡镇农民健身秧歌大赛"在丹东市举办,贾家店农场代表队荣获"优秀表演奖""优秀组织奖"。

9月29日 在沈阳师范大学星河剧场举办的"舞协杯群众舞蹈比赛"中,朝阳市舞协辅导基地——贾家店农场广场舞队荣获"一等奖"。

11月 国营贾家店农场被辽宁省文化和旅游厅评为辽宁省2015年"七个一百"基层群众文化创建——"基层文化活动示范广场"。

12月6日 辽宁省农民体育协会表彰全省"亿万农民健身活动"突出贡献单位和优秀工作者,贾家店农场聂仁升、李国森、申宪青、郝淑丽获奖。

12月16日 贾家店农场生态旅游度假区被批准为国家3A级旅游景区。

当年 贾家店农场被确定为省级能源示范乡镇。

当年 贾家店农场实施乡村振兴第二批危房改造。

2017年 1月11日 朝阳县文广新局为贾家店农场农家书屋赠送图书。

1月17日 朝阳市文广新局领导曹昶走访贾家店农场。

1月18日 朝阳县"三下乡"("三下乡"活动是指文化、科技、卫生"三下乡",即将城市里的科技、文化、卫生知识带到农村地区,向当地民众传授知识)启动仪式在贾家店农场举行。

1月22日 朝阳县文广新局为贾家店农场赠送秧歌表演道具。

1月24日 申报"贾家店国家现代农业庄园"和"旅游厕所专项基金"。

2月10日 贾家店农场召开"七美"总结表彰大会。

4月11日 贾家店农场申报"辽宁省乡村旅游协会会员"。

4月19日 朝阳市旅游局、朝阳市财政局相关工作人员来贾家店农场验收公共卫生间建设工作。

5月22—27日 贾家店农场参加中国农民体育协会在江苏泰州举办的

"激情领跑"全国农民体育大赛，荣获"优秀组织奖"。

6月12日　省文化和旅游厅副厅长杨世涛到贾家店农场调研。

6月19日　贾家店农场二分场、四分场申报"十佳农家书屋"。

6月20日　贾家店农场领导研究2017年贾家店农场文化艺术节有关事宜。

6月25日　在贾家店农场举办篮球比赛，参赛代表队有县财政局、县委组织部、县政府办、县委办、北沟门乡、贾家店农场。

7月3日　贾家店农场申报"朝阳市社科联科普基地"。

7月8日　贾家店农场代表队参加"朝阳市第二届职工全健排舞展演"，荣获"一等奖"。

7月18日　贾家店生态旅游度假区举行"盛世花开·醉美年华"旅游季启动仪式。

8月9日　贾家店农场向朝阳县旅游局报送"旅游厕所专项基金文本"。

9月20日　郝淑丽、杭百音参加"清风岭杯"导游员比赛，荣获"三等奖"。

9月28日　贾家店农场参加朝阳市"凌河之夏"演出，表演群口快板《高歌唱响朝阳县》。

9月30日　"七美艺术团"在贾家店农场举办专场演出，庆祝中华人民共和国成立68周年。

10月13日　贾家店农场申报"辽宁省旅游特色乡镇"，四分场申请创建"辽宁省乡村旅游示范村"，申报"三星级农家乐"（赵家特味馆、洪福饭庄）。

当年　贾家店农场对第二批危房改造基础设施建设项目进行验收，实施第三批危房改造基础设施建设项目。

当年　贾家店农场建设现代扶贫农业产业园区、小河口党建园区、北德景区的基础设施。

2018年　1月　贾家店农场被辽宁省旅游发展委员会、辽宁省休闲农业与乡村旅游产业协会评为"辽宁省乡村旅游示范村"。

2月8日　贾家店农场举办冬季旅游"红红火火过大年"开幕式，共表演7个节目。当日晚，举办蒙古族年俗祭火活动。

2月25日　贾家店农场举行秧歌会演。

2月27日　贾家店农场举办自制花灯比赛。

3月　贾家店农场"七美"舞蹈队荣获朝阳市"三八红旗集体"称号。

3月2日　贾家店农场举行"奔黄河、纳吉祥"秧歌表演、放烟花等活动。

3月20日　辽宁省朝阳市人大常委会副主任刘志香到贾家店农场调研文化基础设施建设情况。

3月21日　贾家店农场艺术团赴上海市参加"2018新时代群众歌曲优秀作品交流展示暨采风送欢乐文化走亲活动"，原创作品《红红火火醉美年》受到热烈欢迎，扩大了辽宁省朝阳市朝阳县的知名度和美誉度。

4月9日　举行贾家店农场"新时代党群讲习所"启动授牌仪式。

5月8日　台盟辽宁省委员会主委胡军带领辽宁省乡村振兴文化建设工作调研组，深入朝阳县贾家店农场调研。朝阳市委常委、市委统战部部长史卫东，市政协副主席、县委书记李贵平等陪同调研。

5月11日　朝阳县图书馆馆长葛刚一行，来贾家店农场安排"建设美丽乡村——我的家"知识竞赛。

5月19日　贾家店农场"七美舞蹈队"12人参加朝阳市第九届老年文艺展演，歌伴舞《红梅赞》获"优秀演出奖"。

5月23—25日　贾家店农场代表队参加辽宁省农民体协组织的"农大杯"羽毛球比赛，获"优秀组织奖"。

5月30日　朝阳市美术家协会下乡现场送画，并在敖汉波罗组进行写生。

6月1日　在贾家店农场五楼大会议室举办"建设美丽乡村——我的家"知识竞赛。

6月12日　朝阳县非遗中心组织传承人，到贾家店农场三分场开展"非遗进村屯活动"。

6月14日　在朝阳市图书协会举办的"爱家乡·赞朝阳"征文大赛中，贾家店农场提交的征文《慕容山河·醉美农场》获得"二等奖"。

6月21日　贾家店农场艺术团参加2018年"辉煌伟业·时代新歌"全省农民广场舞展演比赛，荣获"一等奖"。

7月1日　贾家店农场艺术团参加朝阳市第九届老年文艺展演"东屹日盛杯"集体舞，获"最佳演出奖"。

7月6日　贾家店农场组织人员，在朝阳市金华园国际酒店参加"辽宁省公共数字文化服务暨中国文化网络电视技术培训"。

7月10日　贾家店农场各分场开始安装数字电视。

7月18日　朝阳市人大常委会组织人大代表考察贾家店农场民族宗教工作。

7月18日　在贾家店生态旅游度假区举办"盛世花开·醉美年华"旅游季启动仪式。

7月21日　国营贾家店农场知青纪念上山下乡五十周年联谊会（1968—2018）"追梦五十年·情系贾家店"专场演出，共表演17个节目。

11月　贾家店农场新时代文艺宣传队作品《红红火火醉美年》在2018年"辉煌伟业·时代新歌"全省农民广场舞展演中，荣获辽宁省文化和旅游厅颁发的"一等奖"。

11月　贾家店农场二分场"两代表一委员"工作室被朝阳县委组织部授予"五星级工作室"称号。

当年　村级"一事一议"及美丽乡村建设补助资金投入200万元，用于村内道路建设及北德美丽乡村提标、北扎组美丽乡村基础设施建设。

2017—2018年连续两年，贾家店农场代表朝阳县接受朝阳市委组织部基层党建拉练检查。

2019年　1月24日　举行贾家店农场第二届"红红火火过大年"开幕式。

3月25日　"学雷锋活动月"期间，贾家店农场艺术团16名骨干参加县文化局培训班，学习培训了《最美中国》《丝绸之路》《天蓝蓝》《吉祥谣》《万树繁花》《天南地北唱中华》等歌舞。

6月29日　在贾家店农场一分场举办篮球比赛，有10个队参赛。

7月14日　贾家店农场参加"杜康老酒杯·星光大道群星演唱会"，表演7个节目。

7月18日　贾家店农场举办"中国朝阳乡村文化旅游节"暨2019年"盛世花开·醉美年华"乡村生态旅游季开幕式。

8月8日　辽宁广播电视台"健康服务基层行"来贾家店农场巡演。

10月18日　为响应辽宁省戏曲演出进乡村活动，朝阳县艺术推广中心送戏下乡到贾家店农场，演出曲目有《花为媒》《乾坤带》《双罗衫》《凤还巢》《包公》等。

11月16—22日　贾家店农场文化站站长郝淑丽参加全国基层文化和旅游公共服务队伍示范性培训——第五期乡镇文化站长示范性培训班，全国仅有52人参加培训。

当年　村级"一事一议"村内户外路建设4千米，财政投入资金100万元，用于二分场村内道路基础设施建设。

● **2020年**　1月7日　贾家店农场举行"生态旅游度假区冬季旅游"开幕式。

4月27日　朝阳县文管所检查贾家店农场场内的禅定法轮寺、娘娘庙等文物保护单位的防火情况。

5月21日　朝阳县文化馆、图书馆在贾家店农场建设分馆。

7月10日　贾家店农场为各分场分发图书，每个分场分得图书近百册。

7月10日　朝阳市文广新局文物科到贾家店农场，对市级文物保护单位——禅定法轮寺进行安全检查。

7月16日　贾家店农场文化馆安装"社会主义核心价值观"宣传展板，共9块。

7月　贾家店农场"鑫海农家"被朝阳市文化旅游和广播电视局评为"金牌农家乐"。

7月　贾家店农场被朝阳市文化旅游和广播电视局评为"乡村旅游示范点"。

9月2日　中共朝阳市委统战部在贾家店农场举办"促进健康"专场演出，表演舞台剧《健康才幸福》。

9月8日　辽宁省艺术馆指派专业舞蹈老师到贾家店农场培训广场舞《金梭和银梭》。

9月18日　辽宁省第十一届艺术节戏剧展演下基层演出到贾家店农场，共表演13个节目。

10月12日　在朝阳县文化旅游和广播电视局组织的2020年基层图书馆室管理人员业务培训工作中，贾家店农场文化站被评为"优秀组织奖"。

当年　对二分场和三分场投入共计100万元，扶持壮大分场集体经济。

● **2021年**　年初，贾家店农场综合文化站被朝阳县文化旅游和广播电视局评为"先进乡镇文化站"，郝淑丽被评为"文化先进个人"。

3月18日　中国生态文化协会下发《关于宣传推广北京市平谷区独乐河镇北寨村等128个生态文化村先进建设经验通报》，朝阳县贾家店农场一分场荣获"全国生态文化村"。

3月24日　朝阳龙翔文化传播有限公司旗下的新风演艺公司到贾家店农场，表演舞台剧《健康才幸福》。

4月30日　贾家店农场举办朝阳县机关篮球邀请赛，共有7支队伍参加。

9月11—15日　贾家店农场男子篮球队参加朝阳县"华新杯"篮球比赛，荣获"优秀组织奖"。

10月20日　朝阳龙翔文化传播有限公司指派修志人员来贾家店农场，就《辽宁贾家店农场志》的编纂工作进行对接。

当年　4个分场共整修村级公路2千米，投入资金40万元。

2022年　5月　春季干旱少雨。农场发动干部、群众3000多人抗旱保春耕。

5月　开展不良贷款清收工作。收缴不良贷款144.65万元，其中结清7笔，共计14.9万元。

5月25日　总投资4482.58万元的贾家店农场老虎山河环境综合治理工程项目，获朝阳县发展和改革局批复。

6月　老虎山河生态治理工程启动，借助工会林工程，围绕老虎山河两岸，建防风固河林300亩，栽植赤杨1.5万余株。

5—10月　贾家店农场投资30余万元，经朝阳龙翔文化传播有限公司的设计施工，在三分场建成高标准场史馆，成为朝阳县村（场）史馆的样板工程。

11月　根据市、县防疫领导小组的安排部署，贾家店农场实施了静默防控。到11月12日，开始逐步放开。

当年　贾家店农场作为东三省唯一一家"零碳村镇"，通过农业农村部专家评审。

中国农垦农场志

第一编

建置与环境

中国农垦农场志丛

第一章　建置与区划

国营贾家店农场由贾家店乡演变而来。中华民国以前，贾家店农场的行政区划无从考证。从中华民国建立至2022年，历经数次区划调整，几经易名，1999年7月31日改贾家店乡为国营贾家店农场，沿用至2022年。

第一节　建置沿革

一、地理位置

贾家店农场位于朝阳县西北部，距朝阳县城40千米。北、西、南三面与北沟门乡、杨树湾镇接界；东北和东部与龙城区联合镇为邻。贾家店农场场部位于三分场，地理坐标为：北纬41°53′37″，东经120°08′63″。

二、地名由来

贾家店地名的由来，据《朝阳县志》（1991—2005年）第一篇第六章中有："以生产作坊、客栈及匠人命名"，如烧锅、黄酒馆、肉铺、木匠营子、石匠沟、贾家店、董家店等。显然，贾家店的名字是由姓贾的客栈而来。

扎兰：约在乾隆年间，下府王子驱使佟姓人来此（范围是现在周围的几个乡）给王子收租税，此人为文职官员，职位叫扎兰。

敖汉波罗：是附近有水泉子的意思。

德立吉：据传清朝皇帝看此处山像椅子的形状，就给当地命名"德立吉"。或曰北德后山像枕头，蒙语把枕头叫作"德立吉"，所以就用汉语译作"德立吉"。

四官营子：蒙古族四兄弟都做官，从内蒙古敖汉论资排辈过来，轮到这是老四，落户为官而得名。

转转经：传说村边有蒙古人，"转转经"是他们设在庙附近的游戏器具，圆形，用来祈福消灾的。据说把它放在水边，水从底部流过，推动此游戏器具转动，此村得名"转转经"。

王子山：王子山有两座，西王子山在二分场场部对面，东王子山在河东沿四分场对面。很早很早以前，蒙古的王子在这里驻军，据说是哥哥和妹妹各领一军。哥哥在西王子山上，妹妹在东王子山上，遇到战况，点火为号，互相支援。如今到山上还能看到韭菜畦子的痕迹，而且还有瓦砾砖头残片，还有人捡到过铁制箭头。当地老人们讲：头道是养马场，南窝铺是兵营。还有人说：九缸十八锅，不在前坡在后坡。山上还有金马驹子，如果除夕夜发完纸后到山顶，就能听到马驹子的叫声。说王子在这里驻扎时有大量的金银财宝，撤走或战败时没顾得上带走。

三、农场由来

国营贾家店农场由原贾家店乡演变而来。1956 年 2 月，撤销区村建置，改为乡村建置，成立贾家店乡。1958 年 9 月，撤销乡村建置，成立"政社合一"的贾家店人民公社。1960 年 2 月，成立贾家店畜牧场，划归朝阳市管辖，并划分 4 个分场。1966 年，贾家店畜牧场下放给朝阳县管辖，改为国营贾家店农场。"文化大革命"期间，称为"跃进公社"。1981 年，恢复原有名称——贾家店农场，其后又曾实行乡场合一。1999 年 7 月 31 日，改贾家店乡为国营贾家店农场。

第二节　行政区划

一、中华民国时期

中华民国以前，贾家店农场行政区划无从考证。中华民国初期，朝阳县实行区村制，全县划分为六个区，贾家店属第二区管辖。1936 年 9 月 1 日起，朝阳县实行街村建制，划全县为两街九十个村，并于村上置十一个区（区属县派出机构，非实体），贾家店属第三区（大平房）管辖。

二、解放战争时期

"1947 年 6 月，中共朝锦义工委和办事处决定，以大凌河北部大青山脚下的贾家店为基地，另行建立朝阳县（北）……以武装开辟地区，以民主选举方式建立区、村人民政权组织。此时的贾家店区共管辖 14 个村：转转经村、二道湾子村、敖汉波罗村、贾家店村、黄台子村、柴周营子村、桦杖子村、周台子村、沟门子村、双庙村、报马营子村、阎家窑村、郝杖子村、河南杖子村。"1949 年 6 月至 10 月 1 日，朝阳南北两县合并后，全县划分为 24 个区，贾家店区辖行政村 16 个。

三、中华人民共和国成立以后

1950年，全县调整为18个行政区（后又另建黑牛营子区，全县共为19个区），贾家店属第四区，辖12个行政村。1956年2月开始，全县实行（小）乡村建制，此时为农业合作化高潮和向人民公社过渡阶段。1958年10月开始，（小）乡村建制被"政社合一"的人民公社建制所代替。人民公社之生产大队即原高级农业社作业区之改称。经过几次规划调整，全县共划分为47个人民公社，484个生产大队。贾家店农场辖4个生产大队。1983年下半年开始，撤销"政社合一"的人民公社建制，实行乡村建制。改人民公社为乡（镇），改生产大队为村，改生产队为村民组。贾家店为"乡场合一"体制，中共贾家店乡（场）委员会驻转转经村，辖二道湾子、敖汉波罗、胜利、胡杖子4个村支部。1990年，贾家店农场辖4个分场，34个村民组，1966户7334人。2021年末，国营贾家店农场下辖4个分场，34个村民小组，2423户，总人口8095人，其中男4369人、女3726人，60岁以上2189人。2022年末，国营贾家店农场下辖4个分场，34个村民小组，2423户，总人口8034人，其中男3894人、女4140人。

第二章 自然环境资源

贾家店农场素有"一河、二山、三店、四庙"之说。场内林地面积 5.57 万亩，森林覆盖率达到 55.6%，老虎山河贯穿南北，自然风光秀美宜人。

第一节 自然环境

一、区位面积

全场社会总面积 66.2 平方千米。2022 年末，贾家店农场实有耕地面积 1433.4 公顷，林地面积 3685 公顷，其中果园面积 266.67 公顷，有少量矿产资源。

二、人均耕地

1982 年，贾家店农场耕地面积 22393 亩，人均耕地面积 3.17 亩。1990 年，贾家店乡耕地面积 25469 亩，人均耕地面积 2.99 亩。2022 年，贾家店农场耕地面积 25469 亩，人均耕地面积 3.27 亩。

第二节 气　候

贾家店农场处于北半球中纬度地区，属大陆性季风气候区，高空大气环流属盛行西风带。春季受大陆气团控制，光照充足，干燥多风；夏季闷热，雨热同期；秋季北方冷高压南侵，秋高气爽，空气清新；冬季受西伯利亚冷空气和蒙古高压影响，寒冷干燥，降水量少。

一、气温状况

贾家店农场霜的终日最早出现在 4 月 17 日，最晚为 5 月 11 日，平均在 4 月 30 日。初霜日最早在 9 月 20 日，最晚在 10 月 22 日。无霜期最多 167 天，最少 127 天，平均 149 天。严霜的终日最早在 4 月 7 日，最晚在 5 月 6 日，平均结束为 4 月 24 日。严霜的初日最早在 9 月 20 日，最晚为 10 月 22 日，平均在 10 月 6 日。无霜期为 147～188 天，平均 164 天。

二、气温时间分布

1. **气温日际变化**。贾家店农场以 2—7 月为升温阶段，日平均气温递增 0.117℃；8—12 月为降温阶段，日平均气温递减 0.207℃。

2. **气温月际变化**。全年月平均气温以 1 月最低，7 月最高，月际变化呈单峰型。从 2 月开始升温，幅度在 3.3～4.0℃；3—5 月升温较快，幅度在 6.0～10.0℃，月平均递增在 7.8～8.6℃；6—7 月升温变缓，升温幅度在 2.3～4.4℃，月平均递增在 2.8～3.6℃；8 月开始降温，但不明显，降温幅度在 1.0～1.6℃；9—11 月降温最快，降温幅度在 5.7～10.8℃，月平均递减在 7.4～8.2℃；12 月至次年 1 月降温幅度在 2.6～3.0℃，月平均递减为 2.7℃。

3. **气温年际变化**。贾家店农场在 1991 年以前，多年平均气温为 8.5℃，年平均气温变化比较稳定，变化幅度不大。年平均气温最高年为 1982 年的 9.6℃；年平均气温最低年为 1969 年的 7.0℃，年平均最高年与最低年相差 2.6℃，60％的年份年平均气温在 8.0～9.0℃。

1953—1960 年，年平均气温为 8.3℃。1961—1970 年，年平均气温为 8.4℃。1971—1980 年，年平均气温为 8.4℃。1981—1990 年，气温稍高，年平均气温为 8.9℃。1991—2005 年，贾家店农场年平均气温升高幅度较大，年平均气温为 9.9℃。

表 1-2-1 贾家店农场气温状况表

单位：℃

时段		年	春	夏	秋	冬	生长季(5—9月)	最热月(7月)	最冷月(1月)	年较差
平均气温		8.3～8.9	9.2～10.1	22.9～23.8	13.2～13.9	−6.8～−6.1	20.9～21.3	24.4～24.9	−10.9～−10.0	34.9～35.3
平均最高气温		15.5～15.9	16.8～18.2	28.9～29.9	20.7～21.4	0.7～1.7	—	29.5～30.5	−3.1～−2.2	—
平均最低气温		1.4～2.0	1.9～2.6	17.5～18.1	6.1～7.3	−14.1～−12.7	—	19.6～20.0	−18.4～−16.7	—
极端最高气温	值	39.8～40.6	37.2～40.0	39.8～40.6	33.9～34.2	21.8～23.2	—	—	—	—
	出现年月	1955.7.23	1974.5.27	1955.7.23	1952.9.2 1960.9.5	1971.11.2	—	—	—	—
极端最低气温	值	−31.1～−30.0	28.7～−25.8	2.7～5.0	−12.0～−10.4	−30.0～−31.1	—	—	—	—
	出现年月	1953.1.16	1971.3.6	1972.8.31	1976.10.30	1953.1.16	—	—	—	—

第三节　降水及蒸发量

一、降水

（一）降水量时间分布

1. **降水量日变化**。在少雨年或少雨季节，一般多夜雨。在多雨年或多雨季节，一般多昼雨。在夏季，午后多局部雷阵雨，且往往出现"雷雨三过晌"。

2. **降水量月变化**。场内降水量1—2月份最少，不足2毫米，仅占全年的0.4％。4月份降水量开始逐渐增多，7月份最多，每年平均为149.7毫米，占全年降水量的32％。8月份的降水量仅次于7月份。7—8月为汛期，降水量占全年降水量的55％。从9月份开始，降水量明显减少，逐月递减，直至12月。

3. **降水量季变化**。春季降水量占全年降水量的12％～13％，为全年次多季。夏季降水量最多，占全年降水量的66％～79％。秋季降水量占全年降水量的11％～13％，为全年中次少季。冬季降水量最少，仅占全年降水量的3％。

（二）降水量年际变化

1. **年降水量**。1994年降水量最多，为725.8毫米；1982年降水量最少，为259.6毫米，最多年降水量是最少年降水量的2.8倍。

2. **季降水量**。春季降水量1983年最多，为114.2毫米；1980年最少，为20.2毫米，最多年是最少年的5.7倍。夏季降水量1969年最多，为543毫米；1987年最少，为140.2毫米，最多年是最少年的3.9倍。秋季降水量1990年最多，为141毫米；1982年最少，为16.8毫米，最多年是最少年的8.4倍。冬季降水量1979年最多，为29.4毫米；1960年最少，为3毫米，最多年是最少年的9.8倍。

二、蒸发量

贾家店农场年平均蒸发量为2069.4毫米，最多年（1961年）为2795.5毫米，最少年（1953年）为1650.5毫米。在各季节中，春季蒸发量最多，占全年蒸发量的38％；夏季次之，占全年蒸发量的36％；秋季次少，占全年蒸发量的16％；冬季最少，占全年蒸发量的10％。农作物生长季节平均蒸发量占全年蒸发量的60％。在各月份中，5月蒸发量最多，占全年蒸发量的18％；1月份最少，占全年蒸发量的2％。

第四节　季　风

贾家店农场场内全年最多风向为南风，频率为20%，平均风速为3.0米/秒，最大风速为24米/秒（风向北西，出现在1963年7月13日）。

春季最多风向为南风，频率为32%，平均风速为4.4米/秒，最大风速为20米/秒（风向西南，出现在1971年4月4日）。

夏季最多风向为南风，频率为23%，平均风速为2.6米/秒，最大风速为24米/秒（风向北西，出现在1963年7月13日）。

秋季最多风向为南风，频率为16%，平均风速为2.2米/秒，最大风速为17米/秒（风向南，出现在1962年9月19日）。

冬季最多风向为西北风，频率为15%，平均风速为2.7米/秒，最大风速为17米/秒（风向西北，出现在1963年1月20日）。

第五节　自然灾害

一、自然灾害类型

贾家店农场遭受的自然灾害，主要有旱灾、雹灾、风灾、水灾、雷暴、虫灾、火灾。

二、受灾情况

1991年贾家店农场农作物受灾面积2049.53公顷，其中旱灾面积1274.73公顷、风灾面积422.73公顷、雹灾面积82.6公顷、虫灾面积269.47公顷。粮食成灾面积合计833.93公顷，减产30%~50%。2000年农场农作物受灾面积1341.2公顷，其中因干旱受灾面积1269.47公顷、病虫灾71.73公顷。2003年全场农作物因干旱受灾面积1127.93公顷，其中旱灾面积622.6公顷、风雹灾505.33公顷。2005年全场农作物受灾面积978.4公顷，其中旱灾面积17.6公顷、因风雹受灾面积43.33公顷、病虫灾面积429.47公顷。2010年，贾家店农场农作物受灾面积26亩，其中风雹灾10亩、病虫灾16亩。

第六节　自然资源

一、农业资源

贾家店农场农业资源丰富，具体有以下几类。

（一）禾谷类

玉米、谷子、糜子、高粱、豆（黄豆、绿豆、红豆、黑豆、青豆等）。

（二）根茎类

薯（白薯、红薯、紫薯）、山药、萝卜（白萝卜、青萝卜、胡萝卜、"心儿里美"萝卜等）、蒜、姜、鬼子姜（菊芋）、土豆（马铃薯）、荸荠。

（三）蔬菜类

韭菜、芹菜、芥菜、苋菜、香菜（芫荽）、菠菜、油菜、油麦菜、根倒菜、葱（大葱、小葱）、洋葱（葱头）、茴香、苦麻、莴苣、茼蒿、瓠子、茄子、冬瓜、倭瓜（南瓜）、角瓜（北瓜）、苦瓜、丝瓜、黄瓜、椒（青椒、彩椒、辣椒、柿子椒等）、豆（扁豆、豇豆、耳豆、油豆、豌豆、蚕豆、蛇豆、棍儿豆等）、白菜（大白菜、小白菜）、结球甘蓝（洋白菜）、西蓝花、西葫芦、西红柿、雪里蕻（hóng）。

（四）菌类

蘑菇（草菇、鸡腿菇等）、木耳。

（五）饲料类

苜蓿、桑叶麻。

（六）油料、原料类

花生、芝麻、油菜籽、向日葵（转日莲）、棉花、麻、烟叶、荻草、荆条、沙草等。

（七）药用类

大黄、地黄、紫苏、旱莲、槐角、艾蒿、苍耳、龙葵、菟丝子、苦丁香、扫帚子、枸杞子、益母草、车前子（"车轱辘菜"）。

二、林业资源

贾家店农场林业资源有以下几类。

（一）经济林类

杨树（毛白杨、青杨、加拿大杨）、柳树（立柳、垂柳、河柳）、榆树、槐树、松树（红松、油松）、柏树（侧柏、桧柏、罗汉柏）、楸树、椿树（香椿、臭椿）。

（二）果林类

桃树、杏树、李子树、枣树、梨树、核桃树、苹果树、山楂树、桑葚树、花椒树、樱桃树、葡萄树。

（三）配景植物类

梅（蜡梅、榆叶梅、黄刺梅、珍珠梅）、樱、丁香、玉兰（白玉兰、紫玉兰、黄玉兰）、木槿、海棠（西府海棠、棣棠）、紫薇、紫荆、紫穗槐、蔷薇、碧桃、黄杨、迎春、连翘、合欢、紫叶李、丰花月季、黄栌、小叶白蜡、枫树（元宝枫）、藤萝、爬山虎。

（四）花卉类

丁香花、芍药、月季、玫瑰、荷花、兰花（君子兰、蝴蝶兰等）、马莲花、马蹄莲（荸荠）、菊花、令箭荷花、玉簪、夜来香、晚香玉、"勿忘我"（勿忘草）、满天星、康乃馨、昙花、茉莉花、金银花、鸡冠花、大丽花、黄蒲花、秋秸花、美人蕉、江西腊、五色梅、指甲草（凤仙花）、一串红、菖蒲、瓜叶菊、朱顶红、夹竹桃等。另有观叶植物：一品红、文竹、龟背竹等。

三、畜禽与水产类资源

（一）畜类

马、牛、羊、驴、骡、猪、狗、猫、兔。

（二）禽类

鸡、鸭、鹅、鸽。

（三）水产类

鲫鱼、鲢鱼、草鱼、鲇鱼、青鱼。

四、野生动物资源

（一）河流里

"柳条儿鱼"（"浮青"）、鲇鱼、泥鳅、青蛙、蟾蜍（癞蛤蟆）、野鸭（凫）。

（二）田野里

蟋蟀（"油葫芦""棺材板"）、蝈蝈、蜻蜓（蚂蛉）、蝴蝶、蜜蜂、马蜂、金龟子（金壳郎）、七星瓢虫、飞蛾、萤火虫、蜣螂（屎壳郎）、蜥蜴（"马舌子"）、土鳖、蚯蚓、蜗牛、田鼠、鼹鼠〔"地里排（pǎi）子"〕、野兔、狐狸、獾（huān，欢）、蛇（长虫）、蚂蟥（马鳖）、蚜虫（腻虫）、棉铃虫、象鼻虫、稻飞虱、地蚕（"黑老婆""金老婆""地老虎"）、蝗虫（蚂蚱）、蝼蛄（拉拉蛄）、天牛（"天牛儿"）、牛虻（瞎蠓）。

（三）树林里

蝉〔"知了""大麻""小刃儿""二伏的（dē）"〕、螳螂（刀螂）、毛毛虫、尺蠖（huò，获；"吊死鬼儿"）、喜鹊（白喜鹊、灰喜鹊）、麻雀（"家雀儿""老家贼"）、沙鸥、斑鸠、啄木鸟（"奔得儿木"）、蜂鸟、百灵、画眉、白鹭、黄鹂（黄莺）、杜鹃（布谷鸟）、伯劳（"红靛颏儿""蓝靛颏儿""虎不拉"）、燕巧儿、黄巧儿、乌鸦、鹰、巧儿鹰、猫头鹰（"夜猫子"）、雕（鹫）。

（四）庭院里

燕子（雨燕）、蝙蝠（燕巴虎）、黄鼬（黄鼠狼）、华北蝼蛄（"地狗子"）、刺猬、蜘蛛、壁虎（蝎拉虎子）、蝎子、蜈蚣、蚰蜒（"钱串子"）、鼠妇（潮虫子）、蚂蚁、蚕、画眉、百灵等。

五、野生植物资源

荠菜、苦荬菜、刺儿菜、苣荬菜、马齿苋（马莲菜）、猪毛菜、藜（灰灰菜）、地肤（扫帚菜）、画眉菜、酸模叶蓼（"酸不溜"）；二月兰、蒲公英、狗尾花、曼陀罗花（洋大麻子花）、牵牛花（喇叭花）、小旋花（打碗花）；蒿草、黄花蒿（臭蒿）、婆婆丁、艾草、节节草、虎尾草、狗尾草、猫耳草、鬼针草（婆婆针）、牛筋草、绊根草、灯芯草、鸡爪草、稗草、凉茄儿、扁竹、白茅、蒺藜、拉拉秧、菟丝子、芦苇、蒲草、水葱、浮萍、水葫芦、三棱草、苔藓。

六、水系

（一）老虎山河

古称"波罗台河"，又名"德立吉河"，发源于内蒙古自治区敖汉旗四家子镇，在北沟门子乡康家湾流入辽宁省朝阳市朝阳县内，向南于大平房注入大凌河。老虎山河在贾家店农场内长 10 千米，流域面积为 279 平方千米，长年流水，可灌溉两岸农田。

（二）泉水

（1）贾家店农场二分场程家沟，下降泉，流量 13.567 立方米/时，岩性为灰岩，构造部位不整合接触带。

（2）贾家店农场三分场火南台子里敖汉波罗水库，上升泉，流量 52.542 立方米/时，岩性为硅质灰岩，构造部位不整合接触带。

（3）贾家店农场胜利村，下降泉，流量 70.56 立方米/时，岩性为硅质灰岩，构造部位西北西沟断裂带。

七、土壤

贾家店农场土类属褐土，属碳酸盐褐土亚类，土属耕型红土碳酸盐褐土性土。土种为红蒜瓣土，地类为红土丘陵。

第三章　分场概况

贾家店农场下辖 4 个分场，分场之间距离较近，分布在老虎山河两岸。

第一节　一分场概况

20 世纪 70 年代，贾家店农场一分场改名为跃进公社北扎兰营子大队。实行乡建制时，一分场称为扎兰营子村。1999 年 7 月，恢复贾家店农场后，又改回一分场。

一、地理位置

一分场位于贾家店农场东侧老虎山河左岸，地貌东高西低。一分场北与北沟门乡相邻，东与龙城区联合镇接壤，南与杨树湾镇相连。

二、场内人口

一分场下辖 6 个自然屯，9 个村民组。2021 年，一分场有 771 户，人口 2655 人。

三、自然资源

一分场社会总面积 26 平方千米，林地面积 2 万亩，"贾黄线"公路贯穿其中。2011 年 10 月 10 日至 11 月 20 日，一分场建设万亩梯田工程，该工程是 2011 年度国家坡耕地水土流失综合治理试点工程，累计新修农业水平梯田 688 公顷（10320 亩）。这项工程将跑水、跑土、跑肥的"三跑田"变为保水、保土、保肥的"三保田"，是贾家店农场建设高效农业的基础性保障工程。

四、农作物及养殖

农作物以玉米、高粱及小杂粮为主。

第二节 二分场概况

20 世纪 70 年代，贾家店农场二分场改名为跃进公社二道湾子大队。实行乡建制时，二分场称为二道湾子村。1999 年 7 月，恢复贾家店农场后，又改回二分场。

一、地理位置

二分场位于贾家店农场西侧，北与北沟门乡接壤，西与杨树湾镇为邻，东为老虎山河，南与贾家店农场三分场相连。

二、场内人口

下辖 10 个村民组。2021 年，二分场有 387 户，1285 人。

三、自然资源

二分场社会总面积 13 平方千米，耕地面积 3389 亩，林地面积 4000 亩。"朱馒线"公路穿过二分场。

四、农作物及养殖

二分场依托独特的区位优势和资源优势，发展沼气、养殖业、两杂制种及保护地建设，走上了循环农业的发展道路。2022 年，二分场粮食年产量 2769 吨，牲畜存栏 3663 头，年人均收入 16000 元。

第三节 三分场概况

20 世纪 70 年代，贾家店农场三分场改名为跃进公社敖汉波罗大队。实行乡建制时，三分场称为敖汉波罗村。1999 年 7 月，恢复贾家店农场后，又改回三分场。

一、地理位置

三分场位于贾家店农场中部，西与杨树湾镇相邻，北与一分场相连，东与二分场以老虎山河为界，南与四分场相接。

二、场内人口

三分场下辖 8 个村民组（贾家店组、转转经组、黄杖子组、敖汉波罗组、河北组、南台组、周台子组、前进组）。2021 年，三分场有 704 户，人口 2221 人，其中非农业人口 2052 人、农业人口 169 人（1994 年冬，两田制分地人口 1808 人）。建档立卡户 10 户 28 人，已全部脱贫，低保户 6 户 13 人，五保户 2 户 2 人，残疾人口 38 户 40 人。

三、自然资源

社会面积 13.2 平方千米，耕地面积 4100 亩，林地面积 5300 亩。场内老虎山河支流敖汉波罗小河全长 3 千米，流经 5 个村民组，四季水流不断，周边芳草绿树成荫。

三分场有宗教场所 1 处，即老母庙，又名报恩寺，始建于乾隆四十年（1775 年）4 月 26 日。2007 年筹资修葺。寺院内有百年槐树一棵。

有河北水库［小（2）型］一座，1970 年 3 月始建，1973 年完成，蓄水量 21 万立方米。有辽西最大方塘一座（敖汉波罗方塘），2003 年 3 月始建，2003 年 11 月完工，长 150 米，宽 75 米，水深 3.5 米，蓄水量 4 万立方米。扶贫产业基地 132 千瓦光伏电站 1 处，有村级文化广场 10 处，面积 1.1 万平方米，村村通电、通网络电视和宽带，路面硬化 25 千米，太阳能路灯 1218 盏，墙体美化 2.2 万平方米。三分场有党建主题广场 1 处，党建主题公园 1 处。

四、党建

三分场两委成员 5 人。2021 年，有党小组 7 个，党员 76 名，预备党员 2 名，积极分子 5 名。

五、场内主要单位及场所

三分场有机关单位 6 个（农场机关、贾家店九年一贯制学校、贾家店邮政储蓄所、贾家店信用社、贾家店农场卫生院、贾家店国税所），企业 4 家（朝阳宏大冶金机械制造厂、朝阳兴农种业有限公司、朝阳通逸电子商务孵化基地、朝阳农品有限公司），村办合作社 3 个（朝阳县贾家店占贺土地股份专业合作社、朝阳县贾家店占贺农机专业合作社、朝阳县贾家店孙常华种植专业合作社），自办合作社 7 个，村卫生室 3 个（柳兴民卫生室、佟思雨卫生室、许红峰卫生室），药店 7 家（战勇大药房、百家康大药房一部、百家康大药房二部、人民康泰大药房、健民大药房、益康源大药房、朝阳大药房），餐饮店 8 家（鑫海农家、赵家特味、大虎美食城、满香红饭店、鹏来食府、贾家饭庄、安徽牛肉板面、梁景军板面店），商铺、超市 65 家，快递点 2 处。

第四节　四分场概况

20 世纪 70 年代，贾家店农场四分场改名为跃进公社胡杖子大队。实行乡建制时，四分场称为胡杖子村。1999 年 7 月，恢复贾家店农场后，又改回四分场。

一、地理位置

四分场位于贾家店农场南部，东以努鲁尔虎山余脉大黑山为界，与朝阳市龙城区联合镇相接，南部、西部与杨树湾镇接壤，北与三分场相连。

二、场内人口

四分场下辖 5 个自然屯，7 个村民组。2021 年，四分场有 625 户，总人口 1966 人。

三、自然资源

社会总面积 14 平方千米，耕地面积 5450 亩，林地面积 5700 亩。"朱馒线""贾黄线"公路贯穿四分场。

四、农作物及养殖

农作物以高粱、玉米制种为主，各种小杂粮为辅。

第二编

社会与民生

中国农垦农场志丛

第一章 人　　口

从 1982 年全国第三次人口普查开始，贾家店农场的人口始终稳定在 7000～8200 人。到 2022 年，全场总人口 8034 人，是辽宁省朝阳市朝阳县为数不多的几个人口正增长的乡镇（场）之一。

第一节　人口发展

一、人口变动

1964 年，辽宁省朝阳市朝阳县第二次人口普查时，贾家店农场有 4 个生产大队，1189 户，总人口 5655 人，其中男 2861 人、女 2794 人，非农业人口 121 人。

1982 年，辽宁省朝阳市朝阳县第三次人口普查时，贾家店农场有 1600 户，总人口 7055 人，其中：男 3557 人、女 3498 人；汉族 6712 人、蒙古族 339 人、其他 4 人。

1990 年，辽宁省朝阳市朝阳县第四次人口普查时，贾家店乡有 1983 户，总人口 7190 人，其中男 3589 人、女 3601 人。

2000 年，国营贾家店农场总人口 7246 人，其中：男 3670 人、女 3576 人；农业人口 6841 人（男 3397 人、女 3444 人）、非农业人口 405 人（男 273 人、女 132 人），非农业人口占总人口的 5.59%。

2006 年，全场辖 4 个分场，34 个村民组，1983 户，总人口 7777 人。

2010 年，国营贾家店农场有 2534 户，总人口 7864 人，其中男 3892 人、女 3972 人。在职农工 2240 人，退休农工 1385 人。

2013 年，贾家店农场总人口 8051 人。

2020 年，国营贾家店农场有 2509 户，总人口 8165 人，其中男 3950 人、女 4215 人。本年度全场出生人口 62 人，死亡 64 人，省内迁入 7 人、省外迁入 1 人，迁出省内 42 人、迁出省外 14 人。

2021 年末，国营贾家店农场下辖 4 个分场，34 个村民小组，2423 户，总人口 8095 人，其中男 4369 人、女 3726 人。

2022年，国营贾家店农场年度出生63人，死亡68人。年末总人口8034人，其中男3894人、女4140人。

二、人口密度

1982年，贾家店农场总人口7055人，此时的贾家店农场场域面积66.2平方千米，人口密度106.6人/平方千米。1990年，贾家店乡总人口7190人，场域面积66.2平方千米，人口密度108.6人/平方千米。2021年末，贾家店农场总人口8095人，场域面积66.2平方千米，人口密度122.3人/平方千米。2022年，贾家店农场总人口8034人，场域面积66.2平方千米，人口密度121.4人/平方千米。

第二节　人口构成

一、民族构成

2000年，国营贾家店农场总人口7251人，其中汉族6948人（男3516人、女3432人）、蒙古族298人（男155人、女143人）、维吾尔族1人（男1人）、朝鲜族1人（女1人）、满族2人（女2人）、侗族1人（男1人）。

二、年龄构成

2000年，国营贾家店农场总人口7251人。

2020年，贾家店农场总人口8165人，其中男3950人、女4215人。0～17岁1380人、18～34岁1770人、35～59岁3044人、60岁及以上1971人。

2021年，贾家店农场总人口8095人，其中男4369人、女3726人。0～17岁1980人、18～59岁3926人、60岁及以上2189人。

三、文化构成

2000年，国营贾家店农场6岁及以上受教育人口6781人，其中男3417人、女3364人。未上过学314人（男87人、女227人）、扫盲班34人（男10人、女24人）、小学2372人（男1050人、女1322人）、初中3691人（男2021人、女1670人）、高中253人（男173人、女80人）、中专79人（男47人、女32人）、大学专科38人（男29人、女9人）。

2000年，国营贾家店农场15岁及以上人口5758人，其中男2888人、女2870人；文盲人口293人（男74人、女219人），文盲人口占15岁及以上人口的5.09%（其中男性文盲占比 2.56%，女性文盲占比 7.63%）。

第三节　劳动力资源

一、劳动力资源分布

20 世纪 90 年代以前，贾家店农场的劳动力资源主要分布在第一产业。随着改革开放的深入，外出务工人员逐年增多，从事第二、第三产业的劳动力也呈上升趋势。

二、实有劳动力

1991 年，贾家店农场有劳动力 3684 人，其中女劳动力 1778 人。从事第一产业的劳动力 3449 人，其中种植业 3392 人、林业 28 人、牧业 25 人、副业 2 人、渔业 2 人。第二产业劳动力 42 人，其中工业劳动力 28 人、建筑业劳动力 14 人。第三产业劳动力 148 人，其中交通运输邮政劳动力 21 人、商饮服劳动力 28 人、文教体等劳动力 99 人。外出打工 45 人。2000 年末，全场劳动力资源 5469 人，实有劳动力 4907 人，其中农林牧渔业劳动力 4224 人、工业劳动力 38 人、建筑业劳动力 410 人、外出劳动力 100 人。2003 年末，全场劳动力资源 5442 人，实有劳动力 4927 人，其中农林牧渔业劳动力 3581 人、工业劳动力 48 人、建筑业劳动力 705 人、外出劳动力 455 人。2005 年末，劳动力资源 5159 人，年末实有劳动力 4915 人，其中农林牧渔业劳动力 2683 人、工业劳动力 126 人、建筑业劳动力 533 人、外出劳动力 1128 人。2010 年，贾家店农场年末劳动力资源 4988 人，年末实有劳动力 4889 人，其中农林牧渔业劳动力 2558 人、工业劳动力 202 人、建筑业劳动力 599 人、外出劳动力 1135 人。2020 年，贾家店农场年末劳动力资源 5331 人，年末实有劳动力 4456 人，其中农林牧渔业劳动力 2208 人。

第二章 基础设施

1991年以后，贾家店农场积极向上争取资金，加快基础设施建设的步伐。到2022年，全场做到了乡级公路100%实现黑色柏油路面，村组公路水泥硬化，为百姓的出行提供了便利条件。同时，农业、水利等基础设施建设力度也不断加大，为农场的种植业结构调整、农作物的灌溉提供保障。

第一节 公路交通

一、公路油路铺设

1991年以后，贾家店农场加快交通建设，黑色路面逐年增加。2000年，新修乡级油路7.8千米，贾家店大桥建成通车。2007年，修"朱馒线"油路11.9千米，"贾黄线"沙石路7千米，"贾三线"沙石路1.9千米，"二西线"沙石路1.5千米。2008年10月1日，贾家店农场内的老虎山河大桥正式竣工通车，大桥全长245米，为百姓出行带来了极大的便利。2009年，"贾三线"油路铺设2.1千米，实现了农场黑色路面村村通。

2011年，投资70万元，铺设全长5.4千米的油路。

2013年7月，"朱馒线"公路油路改造铺设工程正式开工，该项目投资近1000万元，改造铺设油路15千米，由辽宁省朝阳市直属公路段施工。2013年8月开始，农场又在三分场河北组、敖汉组，一分场南坡组进行道路硬化，共硬化村屯道路49千米，其中红砖立铺43千米、水泥路面6千米，修下水管网5000延长米。

二、道路硬化

2014年，对播种区田间作业路进行硬化、美化，共硬化、美化作业路10千米。投资680万元，对村屯道路进行硬化。在原标准基础上提高标准，对农场四分场北德组，一分场南扎组、北扎组及胜利一、二、三组等8个组实施村屯道路硬化、美化，共计硬化、美化道路38千米。农场投资300万元，对"朱馒线"两侧边沟、路肩进行砌筑、修复，并对公路两侧进行植树绿化，共砌筑半封闭边沟 7 千米、栽植火炬等绿化树种 14000 株。

2016 年，道路硬化 3.67 万延长米。

2020 年贾家店农场被评为辽宁省农村四好公路先进单位。

截至 2022 年 12 月，贾家店农场各级公路 100.8 千米，其中县级公路 11.6 千米、乡级公路 10.6 千米。

三、机械车辆保有量

较高标准的公路条件，使农场的机动车数量逐年增多。2005 年，全场有摩托车 1303 辆、电动车 551 辆、农用三轮车 161 辆、农用四轮车 25 辆、"松花江" 35 辆、轿车 18 辆、农用机械 41 台。

四、交通助理人事沿革

阮芳林（1971.02—2004.01）

孟宪发（2005.03—2018.12）

张英杰（2019.01—2022.11）

第二节　小城镇建设

2009 年，贾家店农场进行小城镇建设 4000 平方米，并且完成了小城镇的给排水、道路硬化、供电等工程。

2013 年，农场继续加强小城镇建设，占地 0.7 公顷，投资 4975 万元，建 3 层住宅楼 1.5 万平方米。2013 年内主体建完并进行附属设施建设，当年楼盘就销售一空。

第三节　办公与通信

一、改善办公条件

2012 年春，贾家店农场场部办公楼开始施工建设。2012 年 11 月，该办公楼投入使用，总面积 3000 平方米，总投资 550 万元。

2013 年，贾家店农场用透水砖对场部大院进行硬化 5000 平方米。投入 100 余万元对 4 个分场的场部进行了里外翻新，并对农场和分场的所有办公设施进行了彻底更新。

二、通信及电视

1970 年前全场只有场部 1 部电话，到 2005 年全场固定电话已达 1300 多部。2022 年，全场的成年人几乎每人一部手机。

2006 年，贾家店农场电视覆盖率达 100％，有线电视覆盖率达 10％。

第四节　美丽乡村建设

一、人居环境整治

2009 年初，贾家店农场实行领导包片、干部包户的方法，对全场公路两侧进行环境卫生综合整治，彻底清除了公路两侧的"三堆"（柴草堆、垃圾堆、杂物堆），解决了"脏、乱、差"现象，为实现清洁、亮丽、和谐的农场奠定了基础。

2010 年，为了巩固管路两侧环境整治成果，新建垃圾回收点 4 处。

2011 年，在主要公路两侧修建垃圾转运站 4 处。

2013 年，贾家店农场成立了环境综合治理领导小组、环境综合治理执法大队和环境卫生清扫大队等组织，有专门的办公场所，有专业的环境清理人员 10 人，购置垃圾清运机械设备 2 台。制定和下发了《环境卫生管理办法》《环境卫生村民公约》。农场在环境治理方面投资近 500 万元，工人的生活环境得到极大改善。全年清运各种生活垃圾 1000 吨，清理柴草堆 500 余处，清理影响交通的杂树 500 余株。用红砖修排水沟 5000 延长米，建污水处理池 27 处，设垃圾点 20 处、垃圾箱 50 个。每家每户院外都修建了花池子和灰池子。对街道进行美化、亮化，对主要街道沿街墙面进行整修，水泥磨平墙面 1 万平方米，粉刷墙面 2 万余平方米。在"朱馒线"公路两侧的 3000 米村屯段共计安装路灯 150 盏。

从 2014 年 5 月开始，在市委、县委宣传部领导的指导下，农场精心打造"朱馒线"公路沿线的"百千万"工程基层宣传阵地，选定了中国梦、习近平总书记系列讲话、社会主义核心价值观基本内容、辽宁精神、朝阳精神以及传统文化等作为宣传内容。新粉刷墙面 2000 延长米，投资 30 余万元安装电子显示屏 1 块、擎天柱宣传牌 3 个、宣传橱窗 8 个、宣传板 320 块、人工绘制宣传画 100 余幅、张贴宣传标语 78 条、在路灯杆上安装宣传标语牌 385 个。全年清运各种生活垃圾 1000 余吨，清理柴草堆 500 余处，清理影响交通的杂树 500 余株。建花池 70 个，垃圾池 50 个，水冲厕所 100 个。安装太阳能路灯 380 盏。

2016 年，安装太阳能路灯 1310 盏，新修公路边沟 6611 延长米，栽植景观树 2800 株。

2020 年，国营贾家店农场为深入推进人居环境整治工作，遵循"整治、巩固、提升"的原则，以"打造靓丽农场、助力乡村振兴"为主题，以把农场变成"农村中的城市、城市中的花园"为目标，以整治影响农场人居环境的突出问题为重点，动员全场干部、工人广泛参与、集中整治。农场为确保长期保持干净整洁的人居环境，通过宣传教育和制定村民公约为主的措施，提高村民清洁卫生的文明意识。每天各分场大喇叭循环播放垃圾分类知识，促使工人自觉投放垃圾。制定并张贴村民公约 40 张。同时，环境治理志愿者发放宣传单 2000 份，安装宣传橱窗 4 处。在全场形成"人人参与、人人治理、人人保护"的环境治理浓厚氛围。农场为了确保环境整治形成常态化，确定"一组织、九制度、一部门"的有效措施，成立以农场党委书记和场长为组长的人居环境整治工作领导小组，制定"领导包扶分场制度、党政联席成员包分场制度、三级督导巡查制度、农场重点领域和公共场所领导包扶制度、政府雇用及公益岗人员包扶制度、农场干部包组制度、网格共治制度、群众举报反馈制度、五比五争常态化工作制度"九个制度，以补短板、找盲点、编网格为重点，按照属地管理的原则，层层落实责任，确保工作落到实处、取得实效。同时，成立垃圾清运大队，负责清运农场所有垃圾中转站的垃圾，实现日产日清。

2021 年，贾家店农场人居环境整治工作领导小组动员全场干部、工人广泛参与、集中整治，制定并张贴村民公约 40 张，环境治理志愿者发放宣传单 2000 份，安装宣传橱窗 4 处，在主要公路沿线栽植绿化树木 5000 株，发放垃圾清运车 24 辆，投放垃圾桶 2200 个，达到户均一个垃圾桶。实行主要干道由垃圾清运大队负责，村屯由各分场保洁员负责，实现垃圾日产日清。

2022 年，贾家店农场张贴村民公约 40 张，环境治理志愿者发放宣传单 2000 份，安装宣传橱窗 4 处，在主要公路沿线栽植绿化树木 3000 株。重点在党建公园进行清理绿化，栽植绿化树木 1 万余株。建设速生丰产"工会林"300 亩，栽植速生杨 20000 余株。农场的防疫员、护林员、水管员及公益岗参与其中，对畜牧小区、林地、河道、集市等地进行全面清理。2022 年，贾家店农场重点"强四场"，即强化 4 个分场环境整治，按照绿化、亮化、美化、净化的要求加强治理。4 个分场屯屯通硬化路面，安装路灯共 2200 盏，户均一盏，粉刷墙面 5 万平方米，彩绘 2 万平方米，清理"四堆"（垃圾堆、柴草堆、物料堆、粪堆）1122 处，建垃圾收集点 54 个，改厕所 326 个。

二、以评"七美"促环境整治

评"七美"，即评选"七美"工人。贾家店农场党委继承发扬农场优良传统，深入开展"七美"评选活动。"七美"，即勤劳诚实致富美、助人为乐品德美、庭院整洁环境美、邻里团结和谐美、孝老爱亲心灵美、健康文娱风尚美、党群携手共建美。通过"七美"评选，旨在倡导新风形成，提高工人文明素质，调动工人踊跃参与到人居环境整治中来。

在把评"七美"纳入环境整治工作的同时，农场党委制定环境整治工作保障措施：一是强化领导机制，全场上下建立一整套组织保障体系，层层落实责任清单，责任落实到每个人身上，环境整治人人有责。二是抓联动，农场、分场、组、户四级联动，保洁员、水管员、护林员、防疫员、清运队共同参与，齐抓共管。三是抓投入，抓好资金投入、物资投入、人力投入，提供强有力的后勤保障。在贾家店农场形成人居环境人人建、人人参、人人管、人人护的良好氛围，使全场上下变"要我爱护环境"为"我要爱护环境"。

三、配套设施建设

2015 年，贾家店农场在 4 个分场各村民组内全部实施道路硬化，采取红砖立铺和水泥硬化两种方式，组与组之间实现无缝对接。引进水冲厕所和推广秸秆煤燃烧炉，当年全场共安装秸秆煤燃烧炉 400 套。在全场主要街道两侧和重点村屯安装太阳能路灯 540 盏。公路沿线和各家各户房前屋后栽植果树 5000 余株，绿化花草 1 万余平方米，抹平粉刷墙面 2 万余平方米。

第三章 争创中国零碳示范村镇

2022 年，贾家店农场深入贯彻落实习近平总书记"绿水青山就是金山银山"的"两山论"，致力于发展新能源产业，消除污染，改善生态环境，推动贾家店农场能源低碳转型和绿色发展，建立农村"零碳"示范模式，促进国家自主减排目标实现，打造国家级生态农场。

第一节 发展可再生能源

一、秸秆直燃供暖

2018 年，贾家店农场开始力推村镇秸秆直燃供暖业务，农场办公楼停止采用燃煤供暖，开始了秸秆直燃供暖的试验。农场办公楼共五层 4000 平方米，每年需要消耗取暖煤 176 吨。采用秸秆直燃供暖后，年消化玉米秸秆 300 吨，让 600 亩的玉米秸秆变废为宝。这一供暖方式的改变，既节省了 390 吨煤的碳排放，也从根本上解决了全场 600 亩玉米秸秆的露天焚烧问题。

二、拓展直燃供暖业务

秸秆直燃供暖业务前景看好，让贾家店农场对利用可再生资源业务变得更加迫切。贾家店农场有耕地约 3 万亩，以亩产秸秆 0.5 吨计算，年产秸秆可达 1.5 万吨，林地每年可产树枝杂物 2 万吨，这都是直燃供暖的宝贵原材料。

在场部办公楼采取秸秆直燃供暖的实验成果的支撑下，贾家店农场积极拓展秸秆直燃供暖业务，发挥体制优势，成立贾家店农场可再生能源利用有限公司，设立董事会、监事会，全权负责公司经营管理。公司拥有秸秆打捆机、拖拉机、收割机等大型农业机械 10 多台（套），固定资产 2000 多万元，具有较强的农业可再生能源生产经营和服务能力。公司拥有专业技术职工 8 人，还聘请省内 3 名熟悉生物质能、太阳能热利用、村镇建筑方面的专家作为公司的顾问团队。供暖工程自运营以来，公司技术人员全天候为业主提供供暖服务，保证设备平稳运行。

到 2022 年末，该公司的供暖业务已经涵盖辽宁省朝阳市朝阳县、龙城区共计 11 个乡镇，11 台锅炉，总供暖面积近 5 万平方米。这些供暖锅炉每年可以消化 3600 吨秸秆，减少碳排放 4680 吨。

第二节　发展清洁能源

推动贾家店农场清洁能源系统化应用，让新时代农村"优"起来。到 2022 年末，贾家店农场已建成光伏电站 3 处，户用光伏近百家，总容量为 502 千瓦，建有生物质能沼气池 40 家，安装户用生物质颗粒采暖炉及灶台 300 套，实现了农民剩余秸秆的合理利用。在农场区域内已推广户用生物质颗粒炉具 230 户，安装太阳能路灯 2200 盏，建设集中式光伏电站 4 处 200 千瓦、分布式太阳能光伏 33 处 165 千瓦，建成秸秆颗粒厂 1 处。

第三节　举办零碳排放知识竞赛

在成为省级能源示范乡镇的同时，2022 年，贾家店农场作为东北三省唯一一家"全国零碳示范村镇"通过国家专家组评审。贾家店农场通过开发生物质能源，推广光热互补模式，提高森林覆盖率，打造生态宜居的生活环境，发展绿色低碳产业，实现可再生能源对传统石化能源的全面替代，探索建立"零碳村镇"示范模式。

一、竞赛主题及竞赛队伍

为把贾家店农场打造成为生态农场，保持"全国零碳示范村镇"的荣誉，2023 年 6 月，由贾家店农场主办，朝阳县图书馆协办，以"建设中国零碳示范村镇——我的家"为主题的知识竞赛活动，在贾家店农场五楼会议室举行。

在知识竞赛开始之前，由朝阳县图书馆牵头，聘请专业老师对参赛人员及农场全体干部进行赛前知识培训，为比赛做准备。竞赛题目内容包括二十大报告、节能低碳知识等。

2023 年 6 月 10 日，共 8 支队伍 24 人，包括 4 个分场支部成员（4 组）及 4 个分场工人代表（4 组）。参赛单位每 3 名队员为一组代表队参加现场竞答。竞答由两轮必答题、两轮抢答题、一轮风险题和一道场景题组成。

辽宁省朝阳市农业局副局长杨吉存、朝阳市能源办主任黄秀梅、朝阳市能源办副主任马婷、朝阳县农业局局长楚占明、朝阳县能源办主任贾慧春、朝阳县能源办副主任李岩、贾家店农场党委书记张延东、场长孙大亮等参加了知识竞赛的现场活动。

二、竞赛组织

（一）知识竞赛小组

组长：朝阳县图书馆馆长乔广芬。主持人：姜志龙、高寒冰。工作人员：王丽娜、安秀梅、王雪、马焕然、白影、陈美慧、王玉斌、王志刚、姚佳豪。

（二）裁判组

组长：周振生（辽宁省农业发展服务中心能源环保事业部副部长）。成员：秦永辉（辽宁省农业发展服务中心能源环保事业部科长）、张文方（山西国臣直流配电工程技术有限公司）、凌连科、黄秀梅（朝阳市能源办主任）。

三、竞赛规则

（1）每组选一人为代表抓顺序号，再按顺序号抓选桌号。

（2）竞赛题目类型为个人必答题、抢答题、风险题和场景题。每名选手2道个人必答题，分两轮进行，共计48道题；抢答题共计48道，分2轮进行；风险题每组1题，分1轮进行，分值为10分题、20分题、30分题，由各代表队自行选择；场景题为笔答题，30分，写好桌号，由评委打分。

（3）每支参赛队有100分基础分。个人必答题答对1道加10分，答错不扣分；抢答题答对1道加10分，答错扣10分，直至总分扣到0分为止；风险题答对按照所选题的分值加相应的分数，答错扣相应的分值。

（4）个人必答题、抢答题的答题时间为30秒，风险题的答题时间为60秒，场景题的答题时间为5分钟。在主持人读完题目，宣布"请准备"后开始计时。个人必答题超时视为答题无效；抢答题超时视为错误，扣10分；风险题超时扣除所选题分值的相应分值。

（5）个人必答题必须由指定选手答题，队友不得代替回答；抢答题由机器自行判定，主持人读完题说"请准备"后，机器倒计时说"开始抢答"后方可抢答，机器自行判定抢答犯规或成功，抢答成功方可答题，否则扣10分。

（6）抢答题、风险题、场景题在规定时间内，同组成员可做补充回答。

（7）代表队得分相同不能确定名次时，进行加时赛，加时赛题型为抢答题（共3道，10分、20分、30分各一道）。

（8）比赛结束后有现场互动题15道，答题后现场颁发纪念品。

四、竞赛要求

（1）各参赛队应在竞赛开始前15分钟到赛场检录，没有检录将被取消参赛资格。

（2）各参赛队要做到讲文明，守纪律，听从指挥，服装整齐。

（3）参赛队员回答问题时，声音要洪亮，答题完毕要说"回答完毕"，回答不出要说"不能回答"。队员参赛时关闭手机。

（4）场上参赛队员必须服从主持人的裁决，如有争议问题由参赛队的领队提交裁判组，裁判组享有最终裁决权。

五、奖项设置

一等奖：一组（3 人）价值 500 元，合计 1500 元。二等奖：二组（6 人）价值 400 元，合计 2400 元。三等奖：三组（9 人）价值 300 元，合计 2700 元。优秀奖：二组（6 人）价值 200 元，合计 1200 元。现场互动奖品：15 人×30 元，合计 450 元。总计金额 8250 元。

第四章　民　　政

1967 年起，贾家店农场设置民政部门或民政助理，截至 2022 年，在优抚安置、社会救助、慈善福利事业、婚姻登记、帮困助残和社会福利事业等方面做了大量工作。

第一节　机构设置

一、机构沿革

20 世纪 80 年代，优抚保障从以社会行政事务管理为重点的拥军优属、救灾救济逐步发展到制度化的优抚安置、社会福利、社会养老、医疗保险等。1999 年，恢复农场建置后，农场民政部门主要职责为开展拥军优属，进行社会救助，做好帮困助残和社会福利事业等工作。截至 2022 年，农场民政部门的职责一直未变。

二、民政助理人事沿革

杨瑞清（1967.06—1987.05）（已去世）

郝诗国（1987.06—1992.05）

车　平（1992.06—1999.08）

刘仕涛（1999.09—2001.12）

李学恩（2002.01—2018.11）

郝淑丽（女，2018.12—2021.03）

王玉斌（2021.04—2022.11）

第二节　民政工作

一、危房改造

2012 年，贾家店农场危房改造 200 户，共涉及 4 个分场、34 个村民组，总投资 1620 万元。2013 年，全场进行危房改造 414 户，总投资 1085 万元，其中争取国家、省配套资金 675 万元，年内全部完工。2014 年，全场进行危房改造 300 户，总投资 1085 万元，其中争取国家、省配套资金 561 万元。2015 年，全场危房改造 400 户。2016 年，全场共实施危房改造 1997 户，工人的居住条件得到极大改善。

二、养老院设施建设

2012 年，用 4 个月时间，重新翻建农场养老院，建成主房 15 间，建筑面积 302 平方米，厢房 5 间，建筑面积 103 平方米，总建筑面积 405 平方米。重新规划建设整个院落 2668 平方米，其中硬化 1400 平方米，重新砌建院墙 2200 延长米。整个工程共计投资 139 万元。

三、为高龄老人发放补贴

截至 2022 年 12 月，贾家店农场共有 90 周岁及以上老人 18 人。为了使高龄工人的老年生活更加幸福，农场为这些高龄老人每人每月发放补贴 200 元。下表为 2022 年 12 月贾家店农场 90 周岁及以上老人补贴发放情况。

表 2-4-1　2022 年 12 月贾家店农场 90 周岁及以上老人补贴发放表

序号	姓名	性别	出生年月	居住地	月补贴人民币（元）	始发时间
1	梁桂琴	女	1926.01	三分场贾家店组	200	2018.07
2	郭振英	男	1928.03	三分场黄杖子组	200	2018.07
3	贾春英	女	1928.02	三分场敖汉组	200	2018.07
4	程凤兰	女	1928.08	三分场黄杖子组	200	2018.07
5	许玉春	女	1928.08	三分厂敖汉组	200	2018.07
6	李淑芝	女	1928.12	二分场赵家沟组	200	2019.01
7	张名海	男	1929.07	一分场胜利二组	200	2019.10
8	白云莲	女	1929.11	二分场彦家沟组	200	2020.01
9	李玉荣	女	1929.11	二分场西山组	200	2020.01
10	王忠芹	女	1930.07	三分场敖汉组	200	2020.08
11	刘桂霞	女	1930.07	三分场转转经组	200	2020.08
12	崔桂英	女	1930.08	二分场四新组	200	2020.09
13	赵景富	男	1930.12	四分场西湖组	200	2021.01
14	孔凡荣	女	1930.12	四分场后魏组	200	2021.01
15	张宗新	女	1931.02	二分场山西组	200	2021.03
16	张玉芹	女	1929.11	四分场前魏组	200	2021.03
17	赵桂兰	女	1931.10	三分场转转经组	200	2021.11
18	冉桂珍	女	1932.09	四分场赵营子组	200	2020.11

第三节　社会保障

一、养老保险参保人数

2007 年，贾家店农场有职工 4038 人，在职工人 2591 人参加社会保险，有 1445 人享受退休保障金。2009 年，规范了农场养老保险制度，使全场 2200 多名退休工人及时拿到了退休金，223 名符合条件的工人参加了养老保险。

二、保费收取和养老金发放

2011 年，收取保费 560 万元，发放养老金 1680 万元。退休工人审批和养老金调整工作办理及时到位，确保工人养老金按时发放。2011 年末，工人个人养老金最高额达到每月 1250 元。

2012 年，全场收取保费 1000 多万元，发放养老金 1100 万元。

2013 年，全场收取保费 800 多万元，发放养老金 2500 万元。农场积极争取上级优惠政策，扩大参保规模，为工人的养老解决后顾之忧。2013 年，工人个人养老金最高额达到每月 1560 元。

三、脱贫攻坚

2018 年，为改善民生，按照党中央精准扶贫工作的安排部署，贾家店农场在规定时限内圆满完成了精准扶贫任务，得到验收组的高度认可。

2018 年初，为抓好精准扶贫工作，农场党委选调出责任心强、工作认真的干部，每人帮扶一个精准扶贫户，进行一对一帮扶，即帮扶的贫困户不脱贫，干部的帮扶责任不解除。另外又选调 4 名党性强、工作能力突出的干部到 4 个分场任扶贫指导员，指导各分场进行精准扶贫工作。

农场党委采取公司加农户的方式对贫困户进行帮扶，对因病返贫和有劳动能力缺乏资金扶持的贫困户，给予扶持资金每户每人 900 元的支持；对于年龄大没有劳动能力的贫困户，与兴农种业有限公司签订帮扶协议，以贫困户全部扶贫资金 900 元为股金入股公司，农场为扶贫管理主体，公司操作运营，贫困户年底分红。

2020 年，国营贾家店农场有建档立卡贫困户 29 户 73 人，全部脱贫，其中人均纯收入 5000 元以下贫困人口为 8 户 13 人。农场采取一系列措施，巩固脱贫成果，提高贫困户收入。实施产业扶贫项目 2 个，在 4 个分场实施杂粮种植项目，面积 60 公顷；在一分场实施酒高粱制种项目，面积 33 公顷。以上两个项目共计带动贫困户 29 户 73 人，涵盖农场全部建档立卡贫困户。以上两个项目能为贫困户人均增收 200 元。另外，贾家店农场投入扶贫资金 15 万元，发展户有稳定增收项目——小尾寒羊养殖，为每户贫困户购买小尾寒羊 1 组共 3 只，包括 1 只公羊、2 只母羊，助力贫困户发展自有项目，该项目为每户增收 1000 元。农场有建档立卡人口 73 人，其中普通劳动力 30 人、弱劳动力和半劳动力 11 人。包括乡级公益岗和外出务工人员，全年实现贫困人口 31 人就业，其中乡级公益岗 12 人。年收入 5000 元以下人口共计 13 人，有劳动能力 6 人，安置乡级公益岗 4 人。农场有危房改造户 2 户，其中 1 户 C 级、1 户 D 级。收入低于 5000 元人口共计 8 户，实现全部民政低保兜底，兜底覆盖率达到 100％。

2021 年，贾家店农场实施产业扶贫项目 2 个，分别为光伏发电项目和小尾寒羊养殖项目。实现贫困人口 31 人就业，其中乡级公益岗 19 人，人均年纯收入已超过 7000 元，发放小额贷款 10 户。进一步健全完善防止返贫动态监测和帮扶机制，设立乡级网格长 1 名，村级网格长 4 名，网格员 34 名。深入推行防止返贫监测"23551"特色模式：实现"双零"目标；开展全场农户"三线"监测；明确监测对象和范围后实行"五步"认定、对监测对象确定 1 名监测责任人；划分"五类人群"；把好"一个"出口，建立长效机制，坚决守住防止返贫底线。

第五章　居民生活

贾家店农场的居民生活水平逐步得到提高，人均纯收入居于全县前列。特别是进入21世纪以后，农场历届领导班子注重民生，通过招商引资和项目建设，使得农场的生产总值不断增长，人民群众的生活水平逐步提高。

第一节　收入支出

一、人均纯收入

2006年，贾家店农场实现社会总产值4356万元，财政收入29万元，人均纯收入3985元。

2007年，贾家店农场实现社会总产值6454万元，财政收入33万元，人均收入4600元。

2008年，贾家店农场实现社会总产值5915万元，全口径财政收入64.4万元，人均收入5200元。

2009年，贾家店农场实现生产总值6758万元，同比增长8%，其中第一产业实现4442万元，同比降低13%；第二产业实现1063万元，同比增长12%；第三产业实现1253万元，同比增长15%，工人人均收入5200元，同比增长5%。

2010年，贾家店农场实现社会总产值8653万元，其中农业总产值4100万元，工业总产值2630万元，建筑业总产值1923万元，工人人均收入6500元。

2011年，贾家店农场实现生产总值9820万元，同比增长17%；财政一般预算收入71.93万元，同比增长30%；全社会固定资产总投资3.5亿元；工人人均纯收入8100元，同比增长14%。第一、二、三产业发展渐趋合理，经济结构进一步优化。第一产业实现6374万元，比2010年增长17%；第二产业实现1674万元，比2010年增长12%；第三产业实现1772万元，比2010年增长14%。

2012年，贾家店农场实现生产总值11352万元，同比增长15.2%；财政一般预算收入89.91万元，同比增长25%；工人人均纯收入9477元，同比增长17%。全年第一产业实现 7457 万元，同比增长 17％；第二产业实现 1875 万元，同比增长 12％；第三产业实现 2020 万元，同比增长 14％。

2013 年末，贾家店农场人均收入达到 10800 元，高于全县 10.4 个百分点。

2014 年，贾家店农场实现社会总产值 25020 万元，其中农业总产值 15820 万元，工业总产值 9200 万元，完成公共财政预算收入 153 万元，比 2013 年增加 22 万元，社会固定资产投资 16000 万元。

2015 年，贾家店农场人均纯收入达到 1.5 万元。

2018 年，贾家店农场完成生产总值 24050 万元，其中农业总产值 11260 万元，工业总产值 12790 万元，完成公共财政预算收入 85 万元，增加财政收入 650 万元。

2020 年，贾家店农场完成生产总值 20346 万元，其中农业总产值 8095 万元，工业总产值 12251 万元，完成公共财政预算收入 65 万元，增加财政收入 325 万元，人均纯收入达 14000 元，比 2019 年有所降低。

2021 年，贾家店农场完成生产总值 13892 万元，全口径税收 410 万元，完成公共财政预算收入 176 万元，人均纯收入 17500 元。

二、消费

为保证广大工人生产、生活资料需要，在改革开放前，工人的日常生活供应和农副产品出售都依靠供销社；改革开放后，连偏远的居民组都有了超市，集市上的各类超市超过 20 家。农场每个月有 9 个集市，仅猪肉一宗商品，1995 年每集销售 5 头，到 2000 年就已经达到 10 头左右，反映了人民生活水平的提高。

第二节　休闲娱乐

贾家店农场工人的休闲娱乐随着时代的发展逐步丰富多彩。中华人民共和国成立到改革开放初期，人们只能过着日出而作、日落而息的单调生活。20 世纪 80 年代至 21 世纪初，人们的休闲娱乐还主要有看电视、看电影，正月里在有限的几天中扭秧歌。2012 年以后，随着经济发展水平的提高，农场对各分场、各村民组休闲广场的建设提高到一个全新的水平。人们的休闲娱乐更加多元化。

一、扭秧歌跳广场舞

截至 2022 年，每个分场和大部分村民组都建有休闲广场，人们不限于在正月的几天扭秧歌，而是除了极端天气外几乎每天晚上大家都要聚在一起扭秧歌。

二、唱卡拉 OK

在休闲广场，人们自发地组织起来，把音响设备摆放整齐，人人都来高歌一曲，抒发对祖国、对家乡的赞美之情。

三、烧烤吃串

2012 年以后，贾家店农场的场部周围兴起了烧烤，盛夏的晚上，人们结束一天的劳作，烧烤吃串喝啤酒，其乐融融。

第六章　综合治理

维护贾家店农场的社会稳定，实行社会治安综合治理，建设平安农场，始终是贾家店农场党委的首要政治任务。按照上级部署，结合贾家店农场的实际情况，农场的派出所、司法所、信访办等部门主动出击，化解各类矛盾。

第一节　农场治安管理

一、建立社会治安综合治理责任制

从 2002 年开始，贾家店农场不断完善社会治安综合治理领导责任制，每年年初都与 4 个分场签订《社会治安综合治理责任书》。农场投资 35 万元，建立了覆盖场内长约 10 千米的重点路段、路口的 24 小时监控网络。

二、强化"打、防、控"管理措施

从 2004 年开始，贾家店农场强化"打、防、控"一体化的治安管理措施，把基层防范工作放在首位，以防范和巡逻控制为基点，形成点面结合、专群结合的防范网络，打击违法行为。同时加强和改善流动人口管理工作，进一步建立健全地区和行政村两级管理机构，全面分析、掌握辖区流动人口的情况，维护地区的治安稳定。

2007 年，农场加大社会治安防控力度，完善三警合一地区治安防范体系建设，加强"打、防、控"一体化社会治安综合治理。成立由 20 人组成的直属巡防队，整合各分场联防队、流动人口协管员、治保积极分子等力量，加大对高发案地区巡逻和对违法犯罪人员打击力度，有效遏制案件高发势头。

三、平安农场创建

2008 年奥运会期间，配合公安机关完善"打、防、控"一体化制，加强巡防队建设，整合巡防队、联防队、流动人口协管员、治保积极分子等协警力量，发动 40 余名群众参与到红袖标队伍，鼓励居民自治组织和社会单位参与社会治安综合治理，形成"以专为主、专群结合、群防群控"的社会面立体化防控体系。

2011年，贾家店农场深入开展"平安农场创建"工程，全力维护农场的社会和谐稳定。本年度全场共发生一般刑事案件6起，治安案件12起，全部进行了认真查处，拘留1人、逮捕3人。

第二节　普法教育

一、法律宣传

1986年2月，贾家店农场开始对全场进行普法教育。1986—1990年"一五"普法期间，重点普及《中华人民共和国合同法》《中华人民共和国继承法》等。1991—1995年"二五"普法期间，重点宣传《中华人民共和国经济法》《中华人民共和国公司法》等。2001年7月，投资2万余元更新改造场部门前的法治宣传橱窗；印刷2000本《中华人民共和国民法通则》《中华人民共和国继承法》及相关的司法解释；为乡副职以上领导及行政执法部门订阅法律、法规汇编及法治建设杂志；为企业普法对象购买《世贸组织基本法律制度》讲话读本；为全场的中小学校订阅普法宣传画册。

2009年，组织机关干部、公务员进行《中华人民共和国行政许可法》《中华人民共和国行政处罚法》《中华人民共和国公务员法》等相关法律法规学习及法律知识答卷活动，提高公务员依法行政的水平；结合"3·15""11·9""12·4"等法律法规宣传日，适时开展政策宣传、流动人口普法教育活动，增强群众的法治意识。

2011年，组织机关干部、公务员进行《中华人民共和国行政许可法》《中华人民共和国行政处罚法》《中华人民共和国公务员法》等相关法律法规学习；强化法制橱窗、法制宣传墙面建设，利用图书馆、老年活动站、文化广场等开展各种形式的法制宣传教育活动。

2012年，深化"法律进机关""法律进社区""法律进乡村""法律进学校""法律进企业""法律进单位"六进活动，利用"3·15"消费者权益保护日、六一儿童节、"6·26"国际禁毒日、"12·4"宪法宣传日及重要法律法规颁布实施纪念日等开展法律宣传活动，扩大法制宣传教育的覆盖面和影响力，提高法制宣传教育质量和效果。

2014年，为落实第一个"国家宪法日"暨法制宣传日，制定《贾家店农场关于开展"国家宪法日"宣传工作方案》；按照普法宣传规划，先后进行《中华人民共和国宪法》《中华人民共和国消费者权益保护法》《中华人民共和国禁毒法》《中华人民共和国合同法》《中华人民共和国婚姻法》《中华人民共和国继承法》《信访条例》等多部法律法规的宣传教育和学习，通过悬挂横幅标语，制作橱窗板报、信息简报，发放宣传材料等多种形式，营造法治宣传氛围；继续开展法律"进机关、进社区、进乡村、进学校、进企业、进单位"六进活动；全年累计发放法治宣传连环画册、环保袋、宣传折页等法治宣传材料2000余份，悬挂宣传条幅200余条，制作宣传橱窗，张贴宣传画40余幅；农场司法所及各分场共开展法律广场宣传咨询活动10余次，接待咨询群众100余人，开展各类法治宣传20次，举办法律知识讲座8次，受教育人数670余人次。

二、调解纠纷

2013年，深入开展矛盾纠纷大排查、大调解活动，努力把矛盾纠纷化解在萌芽状态。全年共调解各类矛盾纠纷20余起，调处率100％。

2014年，全场共调解各类矛盾纠纷近20起，调处率100％。

2018年，农场共调解各类矛盾纠纷19起，调处率100％。

2020年，农场共调解各类矛盾纠纷19起，调处率100％。

2022年，农场加大矛盾纠纷排查调处工作力度，努力把矛盾纠纷化解在萌芽状态，共调解各类矛盾纠纷5起，调处率100％。

三、司法所人事沿革

贾家店农场司法所所长任广慧，自1989年3月至2021年末任农场司法所所长。曾被评为朝阳县"三五""四五"普法先进个人，在职期间积极学习推广"枫桥经验"，各种民事案件做到应调尽调、应援尽援。2008—2019年，任广慧在朝阳县法院做兼职陪审员，每年都参与审判案件40余起，受到县法院的好评。

第三编

经济与管理

中国农垦农场志

第一章　经济发展

贾家店农场虽然面积小，人口相对较少，但却是辽宁省朝阳市朝阳县经济较发达地区。改革开放前，依托农场的体制优势，人民群众"吃饱饭"，这也是当年辽宁省朝阳市经过多方考虑，将朝阳城内的几百名知识青年下乡到贾家店农场的主要原因。改革开放后，贾家店农场在不断巩固第一产业的基础上，注重发展第二产业和服务业。

第一节　工农业产值及效益

1991—2005 年，农场加大对农业种植结构的调整，大力扶持制种业，成为远近闻名的良种基地。从 1994 年开始，农场兴办工业企业，在四分场创建朝阳兴农种业有限公司。

2020 年，农场继续坚持推动产业引领、项目支撑、旅游推动三项战略举措，深入实施项目运行、党建创新、和谐共建三项机制，稳步推进农场的经济和社会各项事业发展。虽然受到疫情和旱情的影响，全年仍完成生产总值 20346 万元，其中农业总产值 8095 万元，工业总产值 12251 万元。

第二节　经济管理

一、经济管理的历史阶段

中华人民共和国成立后，贾家店农场的经济管理工作大体经过 3 个历史阶段。

（一）互助组合作化时期

农民组织起来，成立互助组、初级社、高级社，建立集体经济组织，走上集体化道路。

（二）人民公社化时期

成立政社合一的人民公社，实行场乡体制。

（三）改革开放时期

进行经济体制改革，实行联产承包责任制。进入 21 世纪，随着农垦系统的改革进程，贾家店农场的经济管理进入了新时期。

二、经济管理的调整

20 世纪 50 年代，贾家店农场以粮食生产为主，产量较低；20 世纪 60—70 年代，贾家店农场尝试建立社队企业，加快经济发展速度；改革开放以后的 20 世纪 80—90 年代，贾家店农场调整产业结构，坚持"农、林、牧、副、渔、工、商、运、服、建"全面发展的方针，加快种子基地建设，农业经济得到快速发展；进入 21 世纪，贾家店农场进一步加大产业调整力度，实现了传统农业向高效农业的转变，实现了多种所有制经济并存的发展格局，地域经济正在跨越式发展。

第二章 农 业

国营贾家店农场由于多年来投资建设，农业基础设施比较齐备，加之特殊的自然地理环境，适合农业发展。

第一节 农业基础设施建设

一、保护地建设

2006年，新建蔬菜大棚4处，三位一体大棚100栋。2007年，新建蔬菜大棚4处，三位一体大棚100栋，翻建大棚40栋。2008年，贾家店农场在保持主产农业的基础上，充分利用当地光照条件好、水源好的有利条件，重点发展保护地建设。新建蔬菜大棚5处，三位一体高标准大棚100栋，冷棚15栋，仅保护地一项人均收入增加200元。2010年，全场有大棚1347栋，大棚面积2315亩。蔬菜大棚播种面积793亩，蔬菜总产量3313吨。2010年，在四分场北德组新建鑫艺种球种苗繁育基地1处，占地150亩，建温室大棚100栋，其中96栋按照"四位一体"的标准模式进行建造，整个工程于2010年10月底全部竣工。在二分场赵家沟组建精品大枣园1处，面积300亩，年内全部栽植了大枣苗木。2011年，新建标准保护地小区2处，占地4500亩。建高标准温室大棚300多栋，3万延长米，其中四分场库心地保护地小区占地3000亩，建高标准大棚225栋、24200延长米，年内全部投入使用。整个工程总投资3000万元，每年可实现利润500多万元，同时可提供300多人的就业机会。2012年，对旧大棚进行改造，后荫棚填充保温材料，厚度达到20厘米以上，钢筋骨架，使用优质棚膜，更新的棉被达到了每平方米2.5千克以上。2015年，贾家店农场有高标准大棚1000余栋，农场引进推广先进技术，改善棚体结构，为棚户提供优质葡萄苗和相应物资，推广棚间地的葡萄栽培，在北德组原有大棚小区的基础上，投资200余万元对棚体和环境进行改造，建成占地33公顷的农业观光采摘园。2016年，为了继续完善农业观光采摘园的设施，又投资55万元，建设200平方米冷库1座；投资105万元，在仁静雅湾家庭农场建设500平方米冷库1座。

二、土地整理

2006—2008 年，贾家店农场每年在老虎山河两岸平整土地 3500 亩。2011 年，兴建坡耕地治理工程，修建高标准水平梯田 10300 亩。2012 年，在一分场修建高标准水平梯田 10290 亩。

三、水浇地面积

贾家店农场内有水库 3 座，方塘 8 座，机电井 73 眼。1990 年，水浇地面积 420 公顷，水面面积 10.27 公顷；2005 年，水浇地面积达到 520 公顷，水面面积 66.67 公顷。

第二节　种　植　业

一、种植业收入

1991 年，贾家店农场农业总产值 673 万元，其中种植业 506 万元，占全场农业总产值的 75.2%。1991 年以后，农场进行了一系列改革，扩大了自留地，开展多种经营，充分尊重各分场的自主权，建立不同形式的生产责任制。按各户劳力、承包能力、分包耕地，秋后按完成产量给予报酬，其实是结合农场体制机制的具体情况落实了家庭联产承包责任制，通过科学种田，普及种子、化肥、农药、农业机械、测土配方施肥、耕作制度的改革，粮食产量人均收入不断增加。1991 年，全场粮食总产量 350 万千克，人均收入 700 元。到 2005 年，粮食产量实现 7639 万千克，人均收入实现 3346 元，呈现翻番增长。2005 年末，农场总收入 6262 万元，总费用 3694 万元，净收入 2569 万元，人均收入 3346 元。2021 年，农场人均收入达到 17500 元。

二、种植业结构调整

2000 年以后，农场开始调整农业种植结构，向"两高一优"农业和设施农业发展。2005 年 6 月，农场 20 栋"四位一体"大棚小区建成投产。该小区场部投资 138 万元，在荒山征地 4.8 公顷，集大棚、沼气、养殖、看护于一体，每个看护房都有太阳能设施。每个大棚第一茬收入就达 6000 元；同年又在二分场南窝铺组建大棚 31 栋，水电完全配套生产，在二分场头道组建保护地小区 1 处，总长度 1000 延长米，占地 2 公顷；在三分场翻建大棚 21 栋。2005 年末，在北德组又建高标准"四位一体"大棚 37 栋；平均每栋投资 7.2 万元，总投资 266.4 万元，小区在春季统一栽植"189"番茄，每个大棚收入达 2 万元。2009年，为了使全场工人逐渐摆脱雨养农业的现实状况，通过给政策、请技术、出资金，按照"统一规划、统一品种、集中连片，重点扶持，利益引导"的原则，在二分场头道组建高标准"四位一体"大棚1100延长米，在二分场南窝铺组和四分场两湖组共建冷棚185亩，成为工人摆脱单纯依靠制种业项目致富的又一新的经济增长点。

（一）农作物播种面积及产量

1991年，贾家店农场农作物播种面积总计1362.47公顷，其中粮食及大豆播种面积1120.13公顷、经济作物播种面积124.6公顷、油料作物播种面积23.27公顷、其他作物播种面积94.47公顷；粮食及大豆总产量350万千克；经济作物播种面积中的棉花播种面积101.33公顷，棉花总产量8.1万千克；油料作物总产量1.6万千克。在其他作物播种面积中，蔬菜播种面积93.8公顷，总产量472万千克。到2000年，贾家店农场农作物播种面积1312公顷、油料作物播种面积65.67公顷、棉花播种面积2.33公顷、蔬菜播种面积36.07公顷。在农作物播种面积中，粮食作物合计播种面积1207.93公顷，总产量147.2万千克。油料作物总产量4.1万千克，棉花总产量2000千克，蔬菜总产量64.4万千克。2003年，贾家店农场农作物播种面积1316公顷，其中粮食作物合计播种面积1157.13公顷，总产量334.9万千克；油料作物播种面积90.53公顷，总产量5.4万千克；蔬菜播种面积38.53公顷，总产量126.2万千克。2005年，贾家店农场农作物播种面积1316公顷，其中粮食作物合计播种面积1221.4公顷，粮食作物合计总产量763.9万千克；油料作物播种面积58.73公顷，总产量12.4万千克；蔬菜瓜果播种面积31.93公顷，其中瓜果类面积3.93公顷，总产量11.8万千克。

2010年，贾家店农场农作物总播种面积19740亩，其中粮食作物播种面积17939亩，产量7823吨。玉米播种面积12216亩，产量5241吨，每亩单产429千克。谷子播种面积1937亩，产量637吨，每亩单产329千克。高粱播种面积3196亩，产量1668吨，每亩单产522千克。油料作物播种面积646亩，产量135吨，每亩单产209千克。蔬菜播种面积1078亩，产量4607吨，每亩单产4274千克。瓜果类播种面积65亩，产量164吨，每亩单产2523千克。

2010年，全场大棚1347栋，大棚面积2315亩，其中蔬菜大棚播种面积793亩，蔬菜总产量3313吨。

2020年，贾家店农场油料作物播种面积140亩，产量41吨；蔬菜播种面积1757亩，产量5605吨；瓜果类播种面积31亩，产量70吨。

（二）化肥施用及灌溉

1991年，贾家店农场农用化肥施用量合计48.9万千克，其中氮肥41.2万千克、磷肥 1.4 万千克、复合肥 6.3 万千克。有效灌溉面积 513.33 公顷，电灌面积 440 公顷。喷灌面积 26.67 公顷；有机电井 41 眼，已配套 22 眼。2000 年，贾家店农场农用化肥施用量 69.8 万千克，其中氮肥 49.3 万千克、磷肥 8.9 万千克、复合肥 11.6 万千克。农药使用量 1713 千克。2003 年，全场农用化肥施用量 66.7 万千克，其中氮肥 34 万千克、磷肥 18.6 万千克、复合肥 14.1 万千克。农药使用量 1000 千克。

第三节　制　种　业

1990 年以后，制种业成为贾家店农场的主导产业。贾家店农场的自然地理环境特别适合种业生产，广大农户因地制宜，大力发展以"两杂种子"繁育为主的制种业，长期以来制种业成为农场经济增长、财政增收、农户收入增加的主导产业。1990 年，全场制种面积 800 公顷，产值 144 万元，人均 2000 元。2005 年，制种面积实现 933.33 公顷，产值达到 330 万元，人均 4200 元。同时也为全县及全国提供了优良种子，为农业发展作出了重要贡献。2009 年，贾家店农场制种面积 800 公顷，在百年不遇的旱灾面前，农场党委采取积极的抗旱自救措施，出台优惠政策，工人每浇灌 1 亩地，农场补助 11 元。同时启动机电井 58 眼，方塘 5 座，水库 2 座，自流引水灌渠 2.3 万延长米，有效灌溉农田 4500 亩，生产优质"两杂种子"65 万千克，实现了大灾之年减产不减收的目标。2010 年，全场制种面积达 867 公顷，在雨水充沛的条件下，生产优质"两杂种子"350 万千克。农场从保证种子纯度入手，狠抓种子品质，从落实制种面积、花期管理、种子晾晒和收购诸多环节，实行领导包片分场，农场干部包地块的形式，进行制种全程服务管理，确保工人得到更好的服务。2011 年，全场种子生产得到稳定发展。共落实两杂制种面积 733 公顷，生产优良种子 350 多万千克。2012 年，落实两杂制种面积 800 公顷，生产优良种子 350 多万千克，实现产值 4200 多万元。

第三章 畜 牧 业

贾家店农场早在 1960 年就建起畜牧场，在计划经济时代，每年为国家提供肉食及工业皮革、工业原材料等，全场的畜牧业始终保持稳步发展的势头。

第一节 畜牧养殖

一、畜牧基地建设

早在 1960 年，辽宁省朝阳市朝阳县就成立了第一个全民所有制的贾家店畜牧场，在北德立吉、胜利等村，建有 4 个猪场、1 个家畜良种场、1 个养蜂场、2 个渔场、1 个甲鱼场、1 个细毛羊场。

二、畜牧养殖规模

1960—1965 年，贾家店建畜牧养殖场 5 年，向国家提供各种肉食 3 万千克，皮革 1.5 万张，毛 6000 千克，改良大牲畜 500 头，改良羊 3800 只。多年来广大农户形成了畜牧业养殖习惯，积累了丰富经验。畜牧业生产作为脱贫致富的重要产业，一直保持着旺盛势头。

1990 年，全场有大牲畜 1160 头（匹），猪 2315 头，羊 949 只；养鱼 114 亩，产量 4 吨。

1991 年，贾家店农场农业总产值 673 万元，其中畜牧业 121 万元，占全场农业总产值的 18％。当年贾家店农场有大牲畜 1278 头（匹），其中马 128 匹、骡 283 匹、驴 719 头、牛 148 头。大牲畜中有 1099 头（匹）从事劳役。1991 年末，生猪存栏 1823 头、羊存栏 795 只，养蜂 161 箱。年内出栏肥猪 1337 头。

2000 年以后，畜牧业开始向规模化、集约化方向发展。2000 年末，全场有大牲畜 1637 头（匹），其中牛 342 头、马 95 匹、驴 1011 头、骡 189 匹。2000 年末，全场生猪存栏 689 头、羊存栏 1136 只。2000 年，全场生猪出栏 395 头、牛出栏 68 头、驴出栏 282 头、骡出栏 14 匹、羊出栏 472 只。

2003 年末，全场有大牲畜 3116 头（匹），其中牛 1310 头、马 72 匹、驴 1427 头、骡 307 匹。2003 年末，生猪存栏 1409 头、羊存栏 2000 只。2003 年，全场生猪出栏 811 头、牛出栏 155 头、马出栏 9 匹、驴出栏 153 头、骡出栏 44 匹、羊出栏 864 只。

2005 年，全场养牛人均占有量全县第一，形成多个畜牧养殖小区。到 2005 年末，全场建畜牧区 5 个，养殖专业户 100 户，以养鸡、羊、牛为主。全场大牲畜存栏 5174 头（匹），其中牛 2711 头、马 49 匹、驴 2186 头、骡 228 匹。猪、羊、家禽存栏分别为 2312 头、4865 只、103999 只。当年全场大牲畜出栏 1711 头（匹），其中牛出栏 1097 头、马出栏 7 匹、驴出栏 579 头、骡出栏 28 匹。猪出栏 3631 头、羊出栏 2465 只、家禽出栏 229931 只。养鱼 13.33 公顷，产量 5 吨。

2006 年，全场家禽存栏 12 万只，出栏 42 万只；大牲畜存栏 3933 头（匹），出栏 4122 头（匹），年产值 3205 万元。

2007 年，全场家禽存栏 18 万只，出栏 67 万只；大牲畜存栏 7172 头（匹），出栏 3279 头（匹），年产值 3369 万元。

2008 年，全场新建养鹅大场 1 个。全场鸡舍占地面积 12 亩，养鸡 4.8 万只。建林下养鹅小区 2 个，60 栋舍，面积 1.2 万平方米，年养鹅 3 万只。当年全场家畜存栏 12134 头，出栏 5188 头，年养殖收入实现 1098 万元。

2009 年，贾家店农场充分利用现有林地发展林下经济，农场通过每建一处标准化畜牧小区给予 10 万元配套资金的优惠政策，共建畜牧小区 4 处；猪舍 4000 平方米，年出栏生猪 1500 头；鹅舍 4800 平方米，年出栏鹅 2 万只；羊舍 7000 平方米，年出栏羊 2500 只。

2010 年，贾家店农场大牲畜出栏 5389 头（匹），其中牛 4015 头、马 21 匹、驴 1286 头、骡 67 匹；出栏猪 2383 头、羊 3037 只、家禽 14 万只。当年贾家店农场大牲畜存栏 15750 头（匹），其中牛 4881 头、马 131 匹、驴 10032 头、骡 706 匹；存栏猪 5983 头、羊 4361 只、家禽 8 万只。2010 年，贾家店农场畜产品产量包括猪肉 203 吨；牛肉总产量 474 吨（肉牛肉产量 466 吨、役用牛肉产量 8 吨），牛奶 1808 吨；羊肉 46 吨；家禽肉 358 吨，其中鸡肉 208 吨；鸡蛋 870 吨。

2011 年，新建区级标准化畜禽养殖小区 5 处，饲养大场 2 个，规模养殖户 30 户。

2012 年，新建区级标准化畜禽养殖小区 2 处，饲养大场 4 个，培植规模饲养户 12 户。

2022 年，全场积极进行畜禽春季防疫，禽类 15 万只、猪 5000 头、牛羊 3500 头，全部进行疫苗接种。

第二节　场内畜牧养殖企业

一、辽宁秦禾养殖专业合作社

位于贾家店农场二分场东侧，占地面积 30 亩，标准化羊舍 3 栋，建筑面积 4000 平方米。2022 年，存栏羊品种主要为纯种澳洲白羊和纯种白头萨福克，纯种澳洲白羊是澳大利亚通过现代基因手段培育出来的新品种，其特点是体型大，适合各地环境，耐粗饲，生长速度快，能够自动脱毛，一年四季都在繁育后代，是国内非常好的杂交终端副本。共存栏羊 500 只，每年出栏量在 600 只左右，销售渠道遍布全国各地，年纯利润在 10 万元以上。尤其在 2018—2022 年助力精准扶贫产业上，合作社首当其冲，促进农场经济快速发展。

二、朝阳县佳禾养殖有限公司

朝阳县佳禾养殖有限公司成立于 2008 年 10 月，位于辽宁省朝阳市朝阳县国营贾家店农场一分场，注册资本 260 万元，占地面积 83.2 亩。

公司于 2008 年 5 月开工建设，投资 60 万元，建白鹅养殖场，并通过了省级标准化养殖小区验收，以"基地＋农户"的模式，促进了当地白鹅产业发展，带动了当地及周边县区农民增收，并获得"肉鹅的无公害产地认定证书"。

2011 年 6 月，公司投资 50 万元建存栏 1000 只的肉羊养殖场，并经过省级标准化畜牧小区验收，同时获得了"肉羊的无公害产地产品认定证书"。

2015 年 9 月，公司签约加盟世界第二大生猪产业广东温氏集团，通过发改委备案立项。按照温氏集团设计要求，投资 200 万元建设年出栏 4000～5000 头的现代化养猪场。猪舍建筑面积 3200 平方米，配备自动化供给，智能电脑环控、温控设备。于 2016 年 6 月全部投产，投产后，年利润 64 万～95 万元。该养猪场的建成，为构建全县畜牧养殖新格局起到示范作用。

三、朝阳县得昆养羊专业合作社

位于贾家店农场一分场胜利一组的得昆养羊合作社，成立于 2017 年 10 月 10 日。该合作社的业务范围包括引进新品种，为本社成员服务，带领广大工人发展畜牧业，以养羊、养牛为主。农业以玉米种植为主。到 2022 年，得昆养羊合作社经营土地面积 220 亩，播种机 1 台，运输车辆 2 辆，铲车 1 台，地秤 1 台，炒料机 1 台。该合作社建牛羊舍 1400

平方米，草料库 2 栋，可存草料 100 吨。羊存栏 50 只、牛存栏 85 头，年收益 20 万元。得昆养羊合作社带动了一分场工人及周边村镇同行合作社的共同发展，增加了工人就业和收入，促进了牛羊品种的更新换代。

第四章 林 果 业

贾家店农场林业资源丰富，森林覆盖率在辽西地区名列前茅。场内的果业虽然规模较小，但是水果种类比较齐全，北方温带地区的水果在农场内都有栽植。

第一节 林 业

一、林业发展概况

贾家店所有林地都归农场管理，制度严格、管理严密、科学有序。林木的更新、轮伐、栽植不但增加了经济效益，同时也增加了社会效益和生态效益。沿老虎山河两岸形成10千米的绿色长廊，树木繁茂、遮天蔽日，景象十分壮观。1991年，贾家店农场农业总产值673万元，其中林业11万元，占全场农业总产值的1.6%。1999年引入农大108速生杨树品种，效益很好，提高了森林覆盖率，改善了生态环境，使得绝迹了多年的狍子在夜间时常出没到河边饮水。2000年又引进欧美杨树，生长速度快，10年就可以轮伐，成为全场栽植的主要树种。农场山地林面积有217.33公顷，农场实行封山育林、封山禁牧。

2006年，栽植防风林46.7公顷，栽植水土保持林213公顷。到2006年末，全场有林地3201公顷，其中森林1342公顷、灌木林1685公顷，未成林面积174公顷。活立木总蓄积量59257立方米，其中阔叶林蓄积量54001立方米、针叶林蓄积量5256立方米。

2008年，贾家店农场新建防风林66.7公顷。

2022年，贾家店农场有林地3685公顷，森林覆盖率达55.6%。

二、林业站人事沿革

1985年前，贾家店林业工作站站长吕柏，辽宁省朝阳市龙城区西大营子人。

1985—1986年7月，贾家店林业工作站站长佟俊荣，贾家店北德人。

1986年7月—1997年4月，贾家店林业工作站站长赵国杰，朝阳县波罗赤人。

1997年4月—2022年12月，贾家店林业工作站站长赵殿洲，朝阳县波罗赤人。

2004年12月—2021年12月，贾家店林业工作站改称贾家店农场林果服务站，站长为赵殿洲。

三、主要工作业绩

（一）分类管理

场内有 3685 公顷林地，其中商品林 2818 公顷，重点公益林 198 公顷，地方公益林 187 公顷，实施各负其责、分类管理。

（二）强化管理规范

按《中华人民共和国森林法》规范管理职责。

1990 年，在老虎山河两岸营造杨树速生丰产林。

1997—2021 年，林果业工作主要以世行项目、德援项目、欧投项目、三北防护林项目以及与省杨树研究所合作造林为主，并且实施加强了护林防火、封山禁牧、病虫害防治工作，通过以上项目的实施，使农场山更绿、水更清、生态环境更加宜居，贾家店农场的绿水青山逐渐变成了金山银山。

1998—2000 年，完成世行造林项目 1600 亩。

1999—2013 年，与省杨树研究所合作在老虎山河两岸营造速生丰产林 980 亩，引进了新品种 107 杨、108 杨，使得科研与生产相结合，取得了良好成效，为农场创造直接经济效益近 500 万元。

2000—2005 年，通过德援项目造林 1200 亩，使得贾家店农场过去的荒山、秃山变成了花果山。

2005—2021 年，通过欧投、退化林分改造、三北防护林造林等项目共完成地产林改造宜林荒山造林近万亩。

2009 年，农场通过合作造林、出资造林、更新造林等方式，全年更新林地 300 亩，栽植河滩速生林 670 亩，荒山造林 6800 亩，取得了良好的经济效益与生态效益。

2010 年，全年栽植河滩速生杨 700 亩，秋季造林 5000 亩。

2011 年，农场按照上级提出的"突破辽西北，再造新朝阳"的总体目标要求，投入大量资金，采取合作造林等多种形式，开展造林工作。全年完成造林绿化 4370 亩，封山育林 6000 亩，禁林病虫害防治 5000 亩，幼林抚育管理 4500 亩。

2012 年，完成河滩造林 34 公顷，封山育林 146 公顷，禁林病虫害防治 73 公顷，幼林抚育管理 186 公顷。

通过以上工作，使得贾家店农场内老虎山河两岸山清水秀、鸟语花香，特别是场内过去几座光秃秃的孤山现在变成了春夏有花、秋有果、冬有绿的金山银山，使得农场内的工人获得较大收益，护林防火、封山禁牧取得了良好成绩。经过植树造林、规划牛羊放牧方式，使得山上的植被柴草旺盛，即使在汛期，雨量较大时也不会形成洪灾，有效地控制了山洪的形成，大大地减少了洪涝灾害的发生。大力加强护林防火工作，为了能有效地管护好林业的造林封山禁牧成果，农场林果服务站加大了护林防火力度，做到了网格化、无死角护林防火，得到了上级部门的认可。

（三）幼林抚育及病虫害防治工作

2015 年以来，对农场内近 1500 亩的幼林进行了抚育管理，对未成林树木进行了除草及修枝，促进了幼林生长。对场内的杨树检疫害虫进行了监测，对松材线虫病疫情进行监测普查，防治及监测面积 6500 亩，有效地守护了农场内的森林绿化成果。

第二节　果　　业

一、果园建设

在维护好原有的后魏果园、西坡果园、东坡果园和东风果园的基础上，1985 年前在二分场南窝铺建设葡萄园 50 亩。1988 年又新建了库心果园。1989 年，在一分场南坡栽植大枣 500 亩。1990 年前后，在四分场库心地建设果园 200 亩。在果树管理方面注重提高科技含量，亩产和单株产量大幅提高。

二、果园规模

1991 年，贾家店农场果园面积 217.27 公顷，果树 157614 株，产果 600000 千克。其中苹果园 145.47 公顷，苹果树 56603 株，产苹果 390000 千克。

2000 年，全场果园面积 101.33 公顷，果树 73333 株，结果 32261 株，产果 77000 千克。其中苹果园面积 93.8 公顷，苹果树 18338 株，产苹果 31000 千克；梨树园面积 5.73 公顷，梨树 1153 株，产梨 6000 千克。

2003 年，全场果园面积 57.67 公顷，其中苹果园 51.8 公顷、梨树园 5.73 公顷。全场有果树 22963 株，结果 22963 株，其中苹果 18338 株、梨树 1183 株。产水果 157000 千克，其中苹果 72000 千克、梨 43000 千克。

2005 年末，全场果园面积 62.13 公顷，其中苹果园面积 18.93 公顷、梨树园面积 10.67 公顷。全场有各类果树 28690 株，结果 24687 株，水果总产量达到 1268000 千克。其中苹果树 2950 株，产苹果 189000 千克；梨树 3170 株，产梨 306000 千克。

2010 年，贾家店农场果园面积 935 亩，其中苹果园 284 亩、梨园 160 亩。共有果树

35407 株，结果 33095 株，其中苹果 3234 株、梨 4478 株。水果产量 1781 吨，其中苹果 301 吨、梨 409 吨、红枣 150 吨。

2011 年，全场新增苹果等经济林 450 亩。

2012 年，新增棚栽葡萄、苹果等经济林 100 公顷。

2020 年，贾家店农场果园面积 1019 亩，其中苹果园 285 亩、梨园 155 亩。共有果树 39094 株，结果 36405 株，其中苹果 2050 株、梨 4355 株。水果产量 1590 吨，其中苹果 111 吨、梨 216 吨。

第五章　工商企业

改革开放之前的计划经济时代，贾家店农场商业仅限于农场供销社，而乡镇企业的起步是在改革开放以后。

第一节　乡镇企业发展

20世纪70年代末至90年代初，在时任贾家店农场党委书记姚惠钧、场长李春峰的主抓下，农场大力兴办乡镇企业。其中最具规模的是贾家店毛纺厂和玉荷果酒厂。

一、毛纺厂

1987年成立，毛纺厂厂址位于农场场部后的原拖拉机站东厢房。时任厂长刘宝祥，会计贾振方，采购员程显贵、王恩友，销售员王树先。贾家店毛纺厂建厂伊始，得到辽宁省农垦局的投资200万元，朝阳市毛纺厂给予技术支持和协助销售。所需设备都是从朝阳市毛纺厂购进，购进了动力线生产线2条、梳毛机2台。所需原材料从大庆、丹东、抚顺以及北票兴顺德农场购进。产品主要以涤纶、腈纶粗纺线为主，有37个品种销往美国、日本、欧洲等10多个国家和地区，最高年份创汇8900美元。1988年，因国家政策要求冻结乡镇企业资金，贾家店毛纺厂开始亏损，艰难维持到1990年，宣告停产倒闭。

二、玉荷果酒厂

1977年，贾家店农场建国营朝阳玉荷果酒厂，从业人员25人，厂区面积6600平方米，固定资产50万元，建筑面积1100平方米，厂房30间，办公室5间。主要产品为山葡萄酒，原料是葡萄（葡萄园）、沙棘子（三分场沙坨子），就近取材，后又生产小香槟酒，当时产品销售很好，远销北京。年生产能力900吨，年上缴利润1万元左右。1992年因经营性亏损而停产。

玉荷果酒厂历任厂长：

刘永泉（1977—1985年）

尹风田（1988—1992 年）

三、贾家店农场种子站

（一）种子站的历史沿革

1974 年 10 月 5 日，贾家店公社分管农业的主任王永久，农业站站长贾玉坤，和魏文树、赵福军 4 人，在北德村研究成立种子站相关事宜。

1974 年 11 月 5 日，高福田，成为种子站第一任站长。此时的种子站设在贾家店干部学校院内，贾家店干部学校共有 6 间房 145 平方米，其中 3 间房由种子站使用。

1974 年，在四分场马营子组村林东路北，建贾家店农场种子站。

1980 年，省农垦公司投资扶持 22 万元，征用贾家店、黄杖子两个村民组耕地 20 亩。当时吸收贾家店、黄杖子两个组的瓦匠、工匠参与建设。建成种子站新址，占地面积 13340 平方米，仓储能力 150 万千克，晒场 3400 平方米，具备种子脱粒、仓储、输送、种苗培育等能力。新站址建成后，主要繁育杂交玉米和高粱种子，拥有制种基地 1 万余亩，年生产"两杂种子"300 余万千克。检验设备齐全，拥有各类专业技术人员 16 人。种子远销东北、西北和关内等十多个省市、自治区。贾家店农场村制种业曾受到国家农牧渔业部、辽宁省农牧农业厅、辽宁省农垦总局的多次表扬和表彰。

历任站长：

高福田（1974—1976 年）

郭凤江（1976—1982 年）

王恩发（1983—1995 年）

齐孝林（1996 年）

毛步云（1997 年）

赵树春（1998—2000 年）

郝成祥（2001—2002 年）

王恩友（2002—2003 年）

2001 年 9 月 10 日，贾家店农场种子站更名为朝阳兴农种业有限公司。

（二）育种

据魏文树回忆，1970 年 9 月 12 日，朝阳县农业局组织农业干部到海南岛繁育亲本，这是贾家店农业干部第一次去海南岛育种。海南岛一年四季都可以制种，地不闲，实现制种"加代"，提前完成繁育实验，补充种子短缺。主要品种有："双交种"贫农乐、凤双"6428"玉米种、高粱种。魏文树、王恩海、党佩义都去过海南岛育种，魏文树更是先后四次参与海南岛育种工作。

1972年，由朝阳县种子站站长刘玉坤带队，到海南岛乐东县黄流公社租地300亩，繁育6A（622A）亲本。

1973—1974年，魏文树、王恩海、党佩义3人，负责朝阳"丹东"3个品种，九穗玉米，套袋"搬雄救雌"单粒播。"吕28"34斤，梁营子单粒播，"吕9宽"69斤，"331"73斤。成果为"三系九穗闹革命，二年三代全更新"。

1975年，王洪轩带队，魏文树、高庆、魏国富，4人参加朝阳市种子站组织的赴海南凌水县椰林公社（拍摄红色娘子军）坡留大队育种，在坡留大队1队、2队，租种300亩地，繁育品种331、332两个自交系（姐妹系）。这两个种子的产量低，亩产100斤左右，当年交市种子管理站3万斤，供6个县（建平、喀左、凌源、北票、朝阳、建昌）领种子。分析种子低产的原因：遇寒流、低温导致雄穗冻死、撒不出花粉，不能授粉。

当时在海南岛育种的条件非常艰苦，驻岛人员都吃水渠水，柴草统一由两个生产队供养，住场院的茅草房子。

1977年，市种子公司（也就是原来的市种子管理站）组织1人去繁育品种有高粱3A（3197A）母本、晋杂1号1∶1套袋种植。

其间，主要工作还有提纯6A（622A）、大进四，提纯，从海南岛回来后，在贾家店农场北德村谢海玉房西再提纯，保持种子的特征特性。

1979年9月20日，辽宁省农垦局组织的去海南育种，全省5个农场抽10人，为全省农垦系统繁育种子。主要繁育矮3A，恢复系，显型不明显，备软3A母本，但父本也当作母本出库（保管员付错了），导致此品种消失。

1984年，王殿楼、党佩义、魏文树到海南岛踩点，目的是进行"6A"纯度鉴定。具体做法是把下姚每家种子装一袋，看谁家种子纯度高，回来普及谁家种子。

据赵树春回忆，1980年开始，制种成为支柱产业，给省农垦繁育（有销路），给农场交利润，每年生产大约玉米种子500万斤，当时出台了《辽宁种子管理条例》，价格比为种子价：大田玉米是2.5∶1。

（三）贾家店农场种子站转制原因

一家一户制种，不适宜田间管理，尤其是机械化管理；年轻人逐渐外出务工，老年人不适合抽雄，种子纯度不高；市场经济下，信息发达，质量好收不上来（私卖），质量次客户不收，风险公司自己承担；公司没有自己的品牌，以代繁为主，没有主动权。

2003年3月，根据朝阳兴农种业有限公司的经营状况及市场经济形势，贾家店农场审时度势，兴农种业有限公司由农场统一管理转制为私人承包经营。2003 年 3 月—2005 年 3 月，由王恩发、李维德二人共同承包，2005 年 4 月以后，由梁云伟、于广泽承包管理。

四、石灰窑厂

石灰窑厂距二分场四新村北沟里（原四官营子）0.5 千米，1978 年建厂，运营三四年倒闭。该厂由齐孝先负责，请来的师傅是联合镇的欧阳岐峰。农场抽人干活，二分场的劳动力是主力，除技术人员外，工人 20 余人，一天生产 50 吨石灰，供修 101 线、柏油路使用。小窑用薪炭烧，大窑用煤炭窑。石灰窑厂停产原因：石灰质量不佳，有生渣，抹房子起泡。工人干活只能挣工分，挣不到现钱，计划经济调出的石灰，资金不能按时结算。

五、地毯厂

建厂伊始在四分场马营子老干校旧址，后挪到猪场东厢房（即 2022 年时的贾家店农场九年一贯制学校所在地），厂长吴景云，与市毛纺厂合营。当时农场书记是姚惠钧，厂长刘学，工业科科长郝诗国，除管理人员是男同志，其余全是女职工，共 100 余人。生产山羊毛地毯和绵羊毛地毯，山羊毛地毯 120 元/床（单人），绵羊毛地毯 600 元/床（单人）。原料来源是调拨收购，销售是自产自销和计划收购。地毯厂倒闭原因：卖出去产品却收不回资金，导致资金链断裂。地毯厂倒闭后，部分职工调入毛纺厂。

六、柳编厂

成立于 20 世纪 80 年代初，厂址在九年一贯制学校房后，厂长周广义，原料是河边丛生柳条，两岸柳树嫩枝，就地取材，产品是艺术类小筐篮等。由于产品工艺技艺、模式新颖、质量上乘，产品最远到广州参加过展览，有 37 个品种销往美国、欧洲、日本等 10 多个国家和地区。仅 1987 年一年，就创外汇 8900 美元。柳编厂倒闭原因：资金不能按时收回。

七、石棉矿厂

1978 年建厂，地址在三分场前进组后山，厂长是齐孝先，有 30 个工作人员，挖掘方法是顺着石棉矿线挖，该石棉矿线窄、细，石棉不够规格；绒短、脆；颜色是黄色、红色和白色。由于石棉质量一般，产量又很少，所以经营几个月就倒闭了。1989 年，该矿厂又以招商引资形式和长茂河子石棉矿厂合资，由于储量太小，生产 3 年后停产。

八、拖拉机站

1960年建站，地址是现在九年一贯制学校院内，占地10亩，包括房屋、车库共20间大瓦房，修理间10间。第一台拖拉机为乌尔苏牌，苏联乌克兰生产的，拖拉机是张守成（县里唯一有驾驶证的人）开回来的，后来由车平驾驶。1967年购买第1台洛阳产75马力（1马力＝0.735千瓦）东方红链轨拖拉机。先后购进8台东方红拖拉机，60马力和40马力拖拉机各1台，28马力拖拉机2台，手扶拖拉机2台，播种机8台，中耕机8台，五铧犁和四铧犁各8台，12马力拖拉机1台。大储油罐4个（20吨/个），职工38人（管理人员3人，包括站长、会计、保管），有3名女驾驶员具有驾驶资格证，每年秋季翻地3万亩。拖拉机站于1985年解体，机械全部拍卖，保留1台75马力链轨推土机，由农场农机站使用管理。

拖拉机站站长：尹凤来（1968—1984年）、张志国（1984—1985年）、王洪义（1985年）

1985年拖拉机站解体，成立农机站，站长依次是：李福顺，张志国，李学恩，王玉斌（2003.01—2004.03），辛彩军（2004.04—2013.02），李向军（2013.03—2013.12），李学恩（2018.01—2022.10）。

九、东风果树队

1975年，贾家店农场党委书记李德宝提出，在"东风"（一分场瓦房店组东石佛沟）建万株果园，土地面积是500亩。1976年秋栽果树，品种有国光、倭锦、黄元帅，农场分场干部出资50元入股，每年分4筐苹果，由毛步云承包管理。20世纪90年代，果树腐烂病成灾，无法根治，果树逐渐死光后农场收回土地。

十、综合厂

建于1960年，为农场老百姓进行农业、农机具修理，学时工人几十人。刘振清任厂长，专门给朝阳县农机局供应材料，给老百姓做农具，木匠、瓦匠等近百人。随着生产发展，农具更精细，综合厂逐渐萧条。1983年转包给程绍祥，他主要为群众提供生产用品，农活工具比较少，后又转包给周殿富。到2022年，该厂从业人员21人，2名大专生。固定资产投资29.6万元，资产总额120万元，总产值244万元，收入240万元，利润4万元，上缴税金4万元。主要产品有水泥矿山机械及配件。现有厂房18间，600平方米，办公室260平方米，占地面积4.6平方米。

历任厂长：

刘振清（1958—1964 年）

边义臣（1965—1968 年）

王洪城（1969—1973 年）

吴井云（1974—1978 年）

刘振清（1979—1981 年）

程绍祥（1982—1984 年）

刘宝祥（1985—1986 年）

柳雨祥（1987—1988 年）

周殿富（1989—）

十一、农场综合商店

成立于 1980 年，职工共 13 人，主要安排农场干部子女和教师子女，其中农场干部子女 8 人，教师子女 2 人，年上缴利润 1 万元左右。从 1988 年开始，农场综合商店开始实行租赁，承租人尹占勇，租期 4 年，担保人程绍祥、谭玉英，每年上缴政府租金，分别是 7000 元、1 万元、1.2 万元、1.4 万元。1997 年初，商店开始亏损，之后停业。商店倒闭后，一部分职工到政府上班，也有当教师的，还有自谋职业者。

农场综合商店从成立到倒闭，先后由郝成祥、程绍祥、尹占勇、郭春青担任经理。

十二、朝阳兴农种业有限公司

1994 年在四分场建的朝阳兴农种业有限公司，原名种子站。2001 年主要繁育"两杂种子"，拥有制种基地 10000 亩，年生产"两杂种子"600 多万斤。公司占地 13340 平方米，仓储能力 300 万斤，晒场 3400 平方米，具有脱粒、仓储、输送、种苗培育等能力。检验设备齐全，有各类专业技术人员 16 人，种子运销东北、西北部分地区。

十三、辽宁朝阳农品有机食品有限公司

辽宁朝阳农品有机食品有限公司成立于 2014 年 10 月 31 日，是集农产品研发、种植、生产、加工、包装、销售以及电子商务平台建设和产业文化推广等业务于一体的新型农业科技发展公司。公司坐落于贾家店农场三分场，注册资金 500 万元，年生产小米、绿豆等杂粮 8000 吨。公司拥有国家市场监督管理总局颁发的"朝阳小米"和"朝阳绿豆"国家地理保护标志使用权，拥有"朝阳农品""俭禾"等独立商标，已获得小米、杂粮的有机认证。公司经营小米、绿豆等 10 多个农产品品种，其中，公司经营的小米为国家地理标

志认证的良心食品。

第二节　场内工业企业

2007 年，贾家店农场有企业 3 家，个体工商户 188 户，总产值 7277 万元。

一、朝阳生辉环保设备制造有限公司

朝阳生辉环保设备制造有限公司坐落在辽宁省朝阳市朝阳县贾家店农场。辽宁省朝阳市素有中国重型机械城之称，具有研发、生产制造、检测、质量保证体系，及吊装运输、售后服务等。为用户提供各类大型水泥成套设备，各种钢结构设计、制造与安装。地理位置优越，交通便利，通信便捷。

朝阳生辉环保设备制造有限公司始建于 1958 年，1988 年实行产权制度改革，成为个人独资企业，2017 年更名为朝阳生辉环保设备制造有限公司。厂区占地 1.2 万多平方米，车间厂房 8000 平方米，2021 年有职工 102 人，工程技术人员 11 人，其中中级技术职称 8 人、高级技术职称 3 人。各种设备 35 台，其中机加工设备 20 台，全自动 H 型钢组立机，自动焊接机，锻压剪板、卷板设备 5 台，计量检测设备 4 台，年产值 1600 万元。拥有固定资产 1700 万元。主要产品有钢结构及建材、冶金、矿山等行业的粉磨、破碎、成球、给料、输送、提升等设备。企业具有完善的质量控制系统，具有国家二级计量资格，质检科下辖物理实验室和化学实验室，有专业计量检测人员 4 人，自备探伤仪、拉压试验机等检测设备。

自 1988 年产权制度改制以来，朝阳生辉环保设备制造有限公司从经营理念上发生了根本转变。企业根据国内市场的状况和自身实力，审时度势，努力提高驾驭市场的能力。利用科研单位和大专院校的信息和科技优势来武装自己，后同天津水泥工业设计院、合肥水泥工业设计院、北京冶金设计院、鞍山冶金设计院等国内十几家科研单位建立了长期技术合作关系，为新产品的开发增加了无限的活力。

2017 年以后，朝阳生辉环保设备制造有限公司先后为辽宁山水东鑫水泥有限公司石灰石均化库、中国建材北方源泉水泥有限公司煤均化库等提供了优质钢结构产品。公司的工艺水平、工装设备、生产条件完全可以满足用户的技术要求。

为保证产品交付用户后能尽快投入正常生产，朝阳生辉环保设备制造有限公司拥有一支技术过硬的产品售后服务队伍，从包装、发运直至用户投入正常生产整个环节进行跟踪服务，深入现场指导安装和调试，为用户提供有关产品的技术咨询，及时反馈产品质量技术信息，使企业产品质量不断提高，为用户提供信得过的优质产品。

二、电商企业

辽宁省朝阳市朝阳县贾家店电子商务有限公司、朝阳县万家乐农业合作社成立于2019年1月。贾家店双创孵化基地工作稳步开展，通过前期的工作积累，双创孵化基地已经完成了"逸生活"电商平台开发、种业联盟电商平台开发（进行中）、乡镇公交电商平台开发（进行中）的电商平台建设工作。同时在贾家店地区已经收集近50款单品（电商产品）的品牌孵化工作，并全部入驻双创基地自主电商平台。同期双创基地更是与辽宁省银联、中国商务信用联盟、辽宁省农信社、朝阳市农信社、辽宁大学、沈阳工业大学、农业大学等众多合作伙伴建立了战略联盟合作关系，预计在贾家店地区开展农村电商产品销售、电商服务下乡等相关工作。

"朝阳农品"是发展电子商务产业中着力打造的农产品的新名片、新品牌。为把"朝阳农品"打造成全省乃至全国的知名品牌，成立辽宁朝阳农品电子商务有限公司，开发建设独立的"朝阳农品"电子商城和各大网络销售平台，在网上宣传、推介和销售"朝阳农品"，公司采用"一个平台（朝阳农品网）、三个电商（京东、天猫、淘宝）"运作模式。有效地将电子网上销售链和线下供应链、服务链有机地结合起来，初步形成了网上网下协同发展，生产基地、实体店、品牌塑造、包装仓储、物流配送紧密衔接齐头并进的良好态势。

朝阳农品有独立的电商平台9家、微商平台，与沈阳大鱼传媒合作，采用直播的方式促进农产品销售，带货年销售量达5万吨。贾家店电子商务有限公司有合作网红15个，主要销售农产品，年销售额达到2000万～3000万元。群众入驻电商平台大约10个，采用网络直播的方式出售本地农产品、编织品、养殖畜牧等，每年总销售金额大约100万元，极大提高了群众的收入。

第六章　招商引资与项目建设

2007年，朝阳县委提出"项目立县"，以招商引资与项目建设作为考核干部工作业绩的主要依据。贾家店农场发挥地缘优势，招商引资和项目建设均取得丰硕成果。

第一节　招商引资

2007年，贾家店农场招商引资额700万元。

2009年，贾家店农场引资工作重在"放开、放手、放活、让利"，加强软硬件环境建设，出台优惠政策，打造招商引资发展平台，实现自然资源合理开发和市场要素的有效结合。拉长产业链条，通过"外出招商，以商招商"，引进了大连无泽鞋业等企业，全面完成了县政府下达的招商引资工作任务。

2012年，招商引资5000万元引进朝阳县百丰园果蔬菜种植有限公司。此项目位于贾家店农场四分场中心地，占地面积6万平方米。主要建设内容：建高标准现代育苗工程500平方米，采用阳光板模式，主要培育葡萄、番茄、油瓜、辣椒等果蔬苗木，以满足朝阳百万亩温室大棚种植需求；另建果蔬冷藏库1个，占地2000平方米。

第二节　项目建设

一、农场中学教学楼项目

2006年，启动农场九年一贯制学校教学楼项目，总面积达7043平方米。

二、跨河大桥项目

2003年，启动场内老虎山河大桥项目，大桥全长245延长米。

三、主导产业项目

2011年，全场共实施项目39个，其中农业项目3个、水利项目8个、土地项目3个、畜牧项目 6 个、林业项目 11 个、其他项目 8 个。总投资 15700 万元，其中超过千万元的项目有 5 个：库心地保护地小区投资 3000 万元，万亩滴灌节水工程投资 1820 万元，坡耕地治理工程投资 1000 万元，小城镇建设投资 1000 万元，工人危房改造项目投资 4610 万元。全年成功引进域外资金超亿元。

2012 年，全场共实施多类项目 38 个，其中农业项目 4 个、水利项目 9 个、畜牧项目 6 个、林业项目 4 个、其他项目 15 个。一是水利项目建设：在三分场和四分场东侧修建护岸坝 2000 延长米，投资 110 万元，项目完成后新造地 20 公顷。最具规模和特色的老虎山河入境悬浮物治理工程，位于老虎山河下游贾家店农场二道湾子——贾家店段。工程清淤浚河段总长 3400 米，修建 4 个挡水石笼坝，土方开挖量为 9 万立方米，河道清淤疏浚量为 319142 立方米，石笼坝砌筑量为 6210 立方米。工程总投资 509.1 万元。二是危房改造项目：贾家店农场 2012 年危房改造户数为 200 户，共涉及 4 个分场、34 个村民组，总投资 1620 万元。用将近 4 个月的时间，重新翻建养老院，建成主房 15 间，建筑面积 302 平方米，厢房 5 间，建筑面积 103 平方米，总建筑面积 405 平方米。重新规划建设整个院落 2668 平方米，其中硬化 1400 平方米，院墙重新砌建 2200 延长米。整个工程共计投资 139 万元。村屯道路硬化，在 6 个村民组的主要巷道采取红砖立铺的方式进行硬化，铺路总长 27 千米，投资 290.8 万元。"杨贾线"油路铺设 5 千米。

2013 年，为解决农场柴草垛对环境卫生造成的影响及燃烧煤炭对空气造成的污染问题，农场开展了生物质燃料加工项目。经过前期细致的市场调研，多次到外地与厂家洽谈，于 2013 年 10 月开始，修建厂房，购入设备，进入试生产阶段。同时，购进农户专用炉具 50 套，对农场的供暖锅炉也进行了改造。生产的可燃颗粒首先应用于农户和农场办公取暖。本地大量的秸秆，经过粉碎加工制成生物质燃料颗粒，不仅可以减少燃煤所带来的污染，还可以利用农村剩余秸秆，减少柴草堆，促进农村环境整治工作，既具有环保的社会效益，还具有节约能源的经济效益。该项目投资 2000 万元，年可生产燃料 3 万吨。

2014 年，农场购置 1 台专用装秸秆叉车和 1 台柴草打包机。秋收后又投资 1000 万元，再引进 3 台（套）秸秆颗粒生产设备，购进 1000 套专用炉具，分配给工人。

2014 年，农场共开工建设各类项目 52 个，其中水利项目 7 个，民生类项目 3 个，林果类项目 6 个，交通项目 3 个，文体类项目 7 个，土地项目 1 个，农业项目 4 个，畜牧项目 4 个，现场会项目 9 个，农机类项目 1 个，特色类项目 1 个，节水滴灌项目 1 个，环保项目 3 个，示范村建设项目 1 个，城建项目 1 个。

2014 年，建高标准保护地小区提质增效和棚间葡萄栽植项目。结合北德组民俗旅游村建设，农场和县农业局投资 480 万元，对北德大棚小区近 100 栋大棚进行提质增效改造。对棚区作业路进行硬化、美化、亮化。对棚区进行改造，建餐饮、住宿场所，修建停车场。同时在北德和南窝铺两个大棚小区棚间栽植葡萄，并对小区的外部环境进行综合整治。

2016 年，辽宁朝阳农品有机食品有限公司投资 1.53 亿元，建设有机杂粮加工厂 1 处，建设米种植基地 800 公顷，厂房 3 栋 6500 平方米，购买加工设备 10 台（套）。投资 1.01 亿元建设 10MW 分布式光伏发电项目 1 处，购置光伏发电自检块 33120 块，输电线路 10 千米，变电站 1 座。投资 1000 万元，建设双丽鞋服加工厂 1 处，厂房面积 4000 平方米，生产线 4 条，年产鞋 10 万双。兴农种业有限公司投资 500 万元，实施龙头产业扩建项目，订单生产，包含产供销一条龙生产基地 533 公顷，购进产量 1 万吨每年玉米制种生产线 1 条，年利润达 400 万元。

四、金垄沟杂粮基地建设项目

2014 年，经招商引资，辽宁华远杂粮种植专业合作社分社贾家店农场成立，该社杂粮产品主要供货给沃尔玛超市、家乐福超市，生产杂粮主要品种有小米、杂豆等。市场前景非常好。该项目投资 2000 万元，2014 年在贾家店农场播种杂粮近 33 公顷，建杂粮加工厂 1 处。

五、北德民俗旅游与现代农业观光园建设项目

2014 年、投资主体充分利用北德立吉组周边资源，如禅定法轮寺、老虎山河、设施农业大棚小区、民俗文化等，投资 1 亿元，打造民俗旅游文化。

（一）民俗村建设

街屯道路硬化 4.8 千米，砌筑路边石 4 千米，建花池子 90 个，建垃圾池 11 个，建文化广场 1 个，1600 平方米；建景观墙 2000 延长米，安装太阳能路灯 93 基杆，栽植景观树 1000 株，建水冲厕所 10 个；粉刷抹平墙面 1.8 万平方米。

（二）现代农业观光园建设

硬化道路 4 千米，温室大棚改造 108 栋。棚间、甬路彩砖铺设 2.2 万平方米，建停车场 1 处，3000 平方米；修透视围墙 5200 延长米；建景观门脸及餐饮服务场所 3200 平方米；架设路灯 21 盏；棚间地栽植葡萄 4.5 万株，栽植绿化景观树 8000 株；棚内以油桃、草莓、青椒等绿色无公害水果蔬菜为主。

六、生猪、绿色无公害蔬菜等农牧产品生产和绿化苗木培育项目

2014 年，朝阳县铸泓农牧产品经销有限公司在一分场建设高标准温室大棚 21 栋，

2100 延长米；高标准温室猪舍 6 栋，3100 平方米；绿化育苗圃 11.3 公顷。建办公室、仓储室、化验室等设施 1200 平方米；水、电、路等配套设施齐备。年产绿色无公害蔬菜 7.5 万千克，生猪 1200 头，培育五角枫、美国红枫等绿化苗木 35 万株。2014 年内全部完工投产。

七、2018 年实施项目

（一）水利项目

完成敖汉波罗水库除险加固，新修南扎自流引水水渠 2000 延长米；新修农业产业园蓄水方塘 1 座，蓄水量 5 万立方米；新修南扎药材园、扶贫认养园节水滴灌面积 53 公顷；维修改造旧井 3 眼；完成前进小流域综合治理面积 100 公顷；新修转转经防渗渠 1100 米；完成农田管灌 213 公顷。

（二）农业项目

开发农业园区面积 200 公顷，涵盖种植药材、繁育"两杂种子"、修建人工湖、水稻立体栽植、发展认养农业等项目。完成"杂粮—玉米—杂粮"轮作，创建玉米高产技术及品种比较 27 公顷；土地深松 333 公顷。

（三）林业项目

共造林 300 公顷。

（四）交通项目

修建公路桥梁 2 座，路面整修摊铺 10 千米。

（五）环保项目

完成四分场赵营子组污水处理 1 处；新修水冲厕所 100 个；对一分场进行环境综合整治，实施垃圾分类减量 9 个村民组；在四分场建设室内室外水冲厕所 100 个。

（六）其他项目

打造民族特色村寨 1 处，在北德组墙体美化 1.5 万平方米，新建蒙古大营 1 处，新建山门 1 处。进行美丽乡村建设，美化墙体 8000 平方米，村屯绿化 2 万平方米。路面硬化 7000 平方米。进行宜居乡村建设，在二分场头道组建文化广场 1250 平方米。

八、2021 年重点项目建设

（一）围绕全球零碳示范村镇项目打造生态宜居特色小镇

涵盖康养基地、旅游度假、休闲农业、水利景观、生物质能源公司等项目，通过招商引资的形式，依靠产业融合发展，积极推进项目，打造 4A 级景区，逐步完成特色小镇建设，由沈阳建筑大学做整体规划。全球零碳示范村项目通过调研和论证，此项目的实施，每年可得奖补资金 50 万美元，连续 3 年。

（二）老虎山河综合治理项目

总投资 4600 万元，其中省项目资金 2300 万元已经拨付，计划利用此资金进行老虎山河护岸坝修筑、修建 2 座拦河坝、建湿地公园 1 处以及水利景观建设。2021 年内完成监理招标，进入初步设计修改完善阶段，发展改革部门评审后进入施工招标。

（三）四分场北德养牛项目

利用民族发展资金 190 万元，在四分场北德组发展养牛产业，2021 年内完成招投标。

（四）杂粮种子研发基地项目

依托朝阳兴农种业有限公司，与辽宁省农科院合作，打造辽宁省农科院朝阳市杂粮种子研发基地项目。朝阳市新品种示范观摩现场会于 2021 年 10 月在农场召开。设计 200 亩试验田，完成合作方案，等待挂牌实施，采取"农业＋科研院所＋实验基地"模式，打造现代农业产业，提高产品质量，重振农场 50 余年的制种产业。

（五）三分场小流域治理项目

投资 600 万元，进行三分场小河口流域治理，完成水利景观带建设。

（六）朝阳市现代农业产业化联合体项目

以辽宁朝阳农品有机食品有限公司为龙头企业，建立现代农业产业联合体，进一步延长产业链、保障供应链、完善利益链，加快农产品深加工和绿色农产品生产建设步伐。2021 年，培养联合农业合作社 25 个，种植大户 16 户，带动农户 1200 多户。

（七）成功引进八方生物发酵饲料项目

投资方是百奥安泰（北京）生物科技有限公司和朝阳八方生物科技有限公司，总投资 1.5 亿元，项目地点位于县农产品加工园区，一期建设投资 5000 万元，占地 49 亩。

九、2022 年引进项目

（一）通逸云菜项目

投资 5000 万元，落户朝阳县农产品加工园区，成为贾家店农场的"飞地"招商项目。

（二）打造 4A 级旅游景区项目

三期投资共 4.3 亿元。

第七章 水 利

1969—2022年，53年来，贾家店农场党委、场部都把水利工作列入重要日程，历任水利站站长以高度的事业心和责任感，踏踏实实做事，为贾家店农场建设了许多惠民水利项目。贾家店农场的水利工作多次获得省、市、县的表彰和奖励。

第一节 水利站队伍建设

1969年，贾家店农场设立水电站。1980年，贾家店农场水电站改为贾家店农场水保站。1986年，贾家店农场水保站又改为水利水保站。

一、水电站

第一任水电站站长刘国成，汉族，大连市庄河市栗子乡永记村人，中共党员。1938年1月8日出生，东北水电学院中专部毕业。1969年，获市人民政府山区建设工作先进工作者称号。1985年6月12日，调入朝阳县水利施工队工作。

二、水利水保站

第一任水利水保站站长王恩祥，汉族，辽宁省朝阳市朝阳县贾家店农场人，中共党员。1932年3月出生，高小文化。1961—1970年，在转转经生产队任队长；1971—1979年，在农场农业站先后任技术员及农业站站长；1980—1985年，任农场山区建设办公室主任兼水保站站长；1986—1992年，任农场水利水保站站长。1992年12月退休。2009年5月10日去世。

第二任水利水保站站长王树国，汉族，朝阳县贾家店农场三分场转转经居民组。1964年5月出生，大专文化。1991年7月，加入中国共产党。1984—1992年12月，任贾家店农场水利水保站工作人员；1993年1月—2005年12月，任贾家店农场水利水保站站长；之后任农场党委纪检委员、组织委员兼水利水保站站长；2016年1月起，任贾家店农场副场长，分管水利等工作。

第三任水利水保站站长王树诗，1958 年 2 月出生，中专文化。2006 年 7 月—2007 年12 月，任贾家店农场水利水保站站长。

第四任水利水保站站长姜志龙，1980 年 4 月出生，大学本科文化。2013 年 8 月起，任贾家店农场水利水保站站长。

第二节　荣　　誉

一、集体荣誉

1990 年 2 月 24 日，朝阳市水利局授予贾家店农场水利水保站"水利工作站建设与管理先进单位"称号。

1986—1990 年，辽宁省水利电力厅授予贾家店农场水利水保站"水土保持工作先进单位"称号。

1986—2008 年，朝阳县水利局先后十余次授予贾家店农场"水利水保站先进单位"称号。

2019—2021 年，贾家店农场水利水保站连续三年荣获辽宁省水利厅优秀水利站称号。

二、个人荣誉

王恩祥：

1988 年 2 月 5 日，朝阳市农牧业局授予"农垦事业"先进个人称号；

1989 年 3 月，朝阳市人民政府授予"四化建设"劳动模范；

1990 年 2 月 24 日，朝阳市水利局授予"水利工作站建设与管理"先进工作者称号；

1991 年 9 月 20 日，辽宁省水利电力厅授予"农建大禹杯竞赛"先进工作者称号。

王树国：

1986—1990 年，连续 5 年被辽宁省水利电力厅授予水土保持工作先进工作者；

1994 年 1 月 26 日，朝阳市水利局授予水利工作先进工作者称号；

1992—2005 年，朝阳县水利局先后十余次授予先进工作者称号；

2013—2015 年，辽宁省人民政府授予辽宁省先进个人荣誉称号。

姜志龙：

2014 年，朝阳县水利局授予先进工作者称号；

2019—2021 年，连续 3 年被辽宁省水利厅授予优秀水利员荣誉称号。

三、工作业绩

刘国成：第一任水电站站长刘国成，1966—1969 年，为全场办电。1969—1976 年，打 10 眼深井，建设防洪大坝，在头道组打了 1 眼大口井，在石佛沟建二级提水站。1974 年，治山治水，修石谷坊。

王恩祥：1980—1992 年，王恩祥任水利水保站站长期间，直接参与规划设计并主持施工的老虎山河护岸石笼坝工程，共完成护岸石笼坝 12000 延长米，动用土石方 12 万立方米。1987—1992 年，直接参与规划设计并主持施工的全场农田基本建设"大禹杯"竞赛工程，实际完成工程造林 2.5 万亩；小流域综合治理 6 万余亩；使农场连续三届夺得市级"大禹杯"（第一、二、三届）。

王树国：王树国任水利水保站站长期间，完成了 1 万亩高效节水灌溉工程；新修老虎山河路坝结合堤防工程 2 万延长米；完成 3 万亩两侧山脉坡面造林整地工程；完成 4 条以小流域为单元的综合治理工程；维修改造全场旧机电井 50 眼；新打机电井、新修蓄水方塘 60 眼（处）；闸沟 7 条，修土、石谷坊 260 座；新修高标准水平梯田 8000 亩；新修浆砌石或红砖防渗渠 9 条共计 9000 延长米；累计为农场争取各类水利资金 1 亿元。

王树国在担任水利站站长和分管水利工作副场长期间，一贯坚持大搞农田水利工程建设，确保农业增产增收。参与规划、组织施工，共完成新打机电井、新修方塘 60 眼（处）；维修改造机电井 50 眼，新修高标准防渗渠 9 条共计 9000 延长米，发展全场节水滴灌面积 1 万亩，水浇地有效灌溉面积达 2 万亩；搞好水土保持工程，改善生态环境。从事水土保持工作期间规划设计二分场、三分场和四分场水平梯田 3000 多亩。2011 年，引进一分场万亩坡耕地治理工程项目，使一分场连续五年实施万亩节水滴灌工程，省委、省政府主要领导李希、陈求发、陈政高以及省政协、水利部、松辽委、市委、市政府等省市领导先后光临指导并给予充分肯定。完成坡面整地 30000 亩，闸沟 7 条，修土、石谷坊 260 座；进行老虎山河治理，降低水患灾害。从 2004 年开始，自上而下对老虎山河进行治理，修建路坝结合护岸堤防 20000 延长米，从根本上控制了水患灾害的发生。加强水利设施管理，确保工程发挥效益。王树国在担任水利站站长期间，认真落实上级文件精神，对全场机电井站等水利设施全部实行产权制度改革，签订管理承包合同。进一步明确责任，使工程最大限度地发挥效益；建"四有"站，带创业人，增强水利发展后劲。通过王树国站长的努力，贾家店农场水利站建设成了全县一流，受省、市、县表彰的先进"四有"站。四有，即有独立院落 2.6 亩，有库房 439 平方米，有维修车间 126 平方米，有办公室 200 平方米。站内基础设施的建设，使全站人员增强了创业意识，人员素质和业务水平进一步得到提高，一定程度上增强了水利事业发展的后劲。

第三节　站址变迁

贾家店农场水利水保站成立于20世纪80年代，当时辽宁省朝阳市朝阳县机构调整，县、乡两级山建机构撤销整合。县山建委人员及职能并入水利局，乡（镇、场）成立水利水保站，原山建办人员划归水利水保站，业务受水利局和农场双重领导。贾家店农场第一任水利水保站站长王恩祥，工作人员王树国。与农场机关其他干部统一在场部办公，分配有1间办公室。

20世纪80年代初期，由于农村实行了家庭联产承包责任制，原生产队解体，大批由集体统一管理的水利设施出现了丢失、毁坏、占为己有的不良现象。农场党委为及时遏制破坏水利设施的势头，抽调得力干部组成专业班子，于1985年在全场范围内掀起了清查、回收水利设施行动。对在清查中收缴的机、泵、管、带实行统一管理。1986年，农场把原马营子地毯厂划为水利设备库房，归水利水保站使用，这也是水利水保站的第一处基地。该基地有大瓦房14间，建筑面积400平方米，水利水保站接管后，在周围又套上了一圈院墙，总占地面积达到4.5亩。此处基地为水利物资集散地，不但为各分场、村民组提供上拨物资配送发放服务，而且还成立了水利维修车间。购买了砂轮机、电焊机、台钻、导链等设备，及时对全场34个村民组40多处井、站设备进行维修养护。做到了小修不出村、大修不出场，极大地方便了群众。在水利维修车间工作的有王广文、白国树，兼管人员有王树诗、吴景，门卫负责人有崔洪生、赵玉、刘文祥。至2006年，农场建九年一贯制学校时，将此处基地使用权收归农场所有。

20世纪90年代初，辽宁省及朝阳市在水利经济工作会议上都明确提出了在国民经济和社会发展中必须壮大水利产业，这是发展水利经济的基本思路。主要包括三个方面：一是水利一定要坚持为国民经济和社会发展服务，这是水利行业的立身之本；二是作为国民经济的基础产业，水利不只是为农业服务，而是要扩大服务领域，为国民经济和社会提供全面服务；三是要在服务中壮大水利产业，这种服务是在市场经济体制条件下实现的，是有偿的，只有有偿服务才能壮大自己，只有发展壮大自己，才能促进更好服务。在这样的背景下，农场水利水保站抢抓机遇，乘势而上，多次向场党委申请，1992年得到了时任场党委书记孙玉军、乡长张海坤的支持，并安排在位于库心地果园周边零散地块共36.37亩创建水利苗圃。1993年，将农场胡杖子房后45.18亩地划归水利水保站创建水利苗圃。1994年，库心地果园解体，所有土地耕种权收归原农户经营。水利水保站仅保留胡杖子1

处苗圃，这也是水利水保站的第二处基地。王树国1993年接任水利水保站站长后，把基地建设和水利综合经营工作摆到重要的战略位置来抓，尤其是在苗圃建设上，做到了抓实、抓细、抓好。在20世纪90年代至21世纪初10年间把胡杖子苗圃建成了全县水利系统一流苗木基地，并一度成为朝阳市水土保持总局合作单位。10年间，苗木品种由单一的棉槐、刺槐发展到杨大苗、山杏苗、大枣苗、沙棘苗等多个品种；此苗圃成为全县农田基本建设"大禹杯"竞赛活动拉练检查重点参观现场；累计向全市山区建设工程造林项目提供各种优质苗木近2000万株；所产苗木不但满足朝阳县水利局调拨要求，还远销喀左、北票等地；水利苗圃经营苗木长期工每年不少于10人，有时根据农时需要还雇用很多临时人员，他们为水利育苗事业作出了贡献。在苗圃从事过长期工的有：王树川、吴振荣、王恩春、赵景合、王树义、王恩雨、尹占学、李显武、张学勇、刘文祥、郭建民、李国章、王文胜。该基地在当时国家经济疲软，政府机关事业站、办、所工作人员工资享受不到国家财政全额拨款，号召自主创业、自行打食的形势下，为贾家店农场水利水保站生存起到极大的保障作用。胡杖子苗圃运行至2002年，全县恢复对事业干部工资保供给，同时取消各站、办、所财务账户和经济实体，胡杖子房后水利苗圃耕地于2003年初统一收归农场所有。

1995年，水利站向朝阳县水利局争取到6万元建站补助费，在原农场道班前投资建水利水保站。占地面积3亩，工程做到了当年春季施工，秋季竣工并使用，累计总投资近10万元。建办公室7间、200平方米，门房及维修车间160平方米。水利人员王树国、尹凤义、王树诗、张吉杰、吴景等全部入驻办公，并配置了全新的办公用具。门卫工作人员先后雇用马广民、姜文秀、苏永深、梁云生、刘永庆。此处也属于水利水保站的第三处基地。至2006年，农场筹建九年一贯制学校，水利水保站从大局出发，服从党委安排，为全场子孙后代着想，拆除建筑腾出地方，使新校址达到设计面积要求，如期开工。

2012年初，辽宁省水利厅为加强基层水利站建设，拟为全省1010个水利站进行基地建设。就此事省厅下派工作组深入基层乡镇实地考察座谈。2012年2月，负责朝阳县西北片考察组组长、辽宁省水利厅防汛处处长艾义龙到农场考察。参加会谈的人员有分管水利工作副场长郭学凤、党委纪检委员王树国、水利人员王树诗、办公室秘书姜志龙。通过向省厅艾义龙处长详细介绍农场水利设施、水利资源、设备运行管理状况，以及改革开放30多年来水利行业所走过的历程，着重汇报了渴求得到新站址建设的迫切愿望。艾处长通过听取大家的座谈汇报，对农场水利工作给予充分肯定，并十分支持农场的建站请求。得到此消息后，农场党委书记聂仁升亲自出面，通过辽宁省水利水电科学研究院朱院长与省水利厅相关负责人联系，重申贾家店水利站在贾家店农场万亩坡耕地治理和节水滴灌工程及其他水利水保工作方面的作用，再次强调建站的必要性。经多方努力，终于获得了省水利厅批准建贾家店农场水利水保站。

新站址选在农场二分场齐台子东，紧挨公路，属交通便利的一片林地。农场向林业部门办理了采伐手续后，工程于2013年秋季开工建设，于2014年竣工投入使用。院落南北长68.5米、东西宽43米，占地4.5亩；办公楼240平方米，上下两层共7个房间；库房长19米、宽11米，共计209平方米。新站址建成后，水利水保站站长姜志龙、工作人员王树诗、4名水管员及1名库管员入驻办公。

第四节 水利重点工程项目

一、敖汉波罗水库

敖汉波罗水库位于贾家店农场三分场大南台组，始建于1970年6月，1972年7月竣工投入使用。当时国家投入建设资金3.3万元，施工总动用土方8.9万立方米，动用石方0.29万立方米，钢材1.73吨，木材5立方米，水泥62吨。

敖汉波罗水库类型属于小二型水库，最大库容24.2万立方米，兴利库容17.2万立方米；水库坝型为黏土心墙，最大坝高15.2米，坝长208米，坝顶宽度5.2米；输水洞为扇形，洞直径0.65米，洞长44.5米，洞口高程南洞6.95米，北洞7.07米；溢洪道形式为溢流宽顶堰，堰顶宽度4米，堰顶高程13.1米，最大溢洪水深1.5米，最大泄洪量13立方米/秒。

敖汉波罗水库于2008年进行维修，主要工程为迎水坡面由原来的天然石块铺筑更新为菱形水泥块，溢洪道开挖加深加宽，坝顶水泥硬化路面，背水坡面铺碎石，建管护房等，总投资60万元。建设单位为北京同城达水利水电建设有限公司。2018年，进行除险加固，主要工程为坝顶灌浆，背水坡缓降，浆砌石墙护坡，坝顶水泥硬化路面，背水坡面铺碎石，输水闸门、消力池重建，新建管护房1座，总投资164万元，建设单位为朝阳腾跃水利水电建设有限公司。

二、河道治理丁顺坝工程

贾家店农场场内两侧被努鲁儿虎山余脉东大黑山及西大黑山所包围，老虎山河流经全场南北10千米，形成了天然的两山夹一川，流水在中间的地形。发源于内蒙古敖汉旗四家子乡坝南岭下的老虎山河全长82.8千米，流经辽宁省建平县朱碌科镇、朝阳县北沟门子乡、贾家店农场、杨树湾镇、龙城区大平房镇，注入大凌河，是大凌河的一条主要支流。贾家店农场属于老虎山河中下游，处于老虎山河 65～75 千米河段，在贾家店农场段比降为 6.27‰，多年平均径流量 11.885 万立方米，最大洪峰流量 6190 立方米/秒。

截至 20 世纪 70 年代末，由于受地形及小气候的影响，加之当时人们长期以来水土保护意识淡薄，场内外大多植被稀疏，荒山秃岭，岩石裸露，水土流失严重，造成老虎山河流域内暴雨多，强度大。年最大降雨量 715 毫米，最小降雨量 312.9 毫米，相差 2.3 倍，而且分布极不均匀，6—9 月份占 70%～90%。在这样的地貌和气候条件下，洪水裹挟着泥沙随两侧坡面径流注入河道，沿河床滚滚而下，对岸坡淘刷引起土体坍塌，造成河道凸岸淤积，凹岸冲刷，严重威胁着两岸村庄道路、耕地、林地及人民生命财产安全。

为彻底治理好老虎山河，变水害为水利，1980 年，农场党委把治理老虎山河作为农场当时乃至今后很长一段时间一项大事来抓。在辽宁省农垦局资金及技术的支持下，确定对老虎山河实施石笼丁顺坝治理工程。石笼坝高 2.0 米，底宽 3.5 米，顶高 1.5 米，全部采用大块河卵石或当地山场人工开采的块石砌筑，外罩 8 号铁线编织的铁丝笼，打摽摽紧形成整体石笼坝抗击洪水。根据河流走向科学布设石笼坝，在河道两岸整治线处，每隔 300～500 米布设一道石笼坝，长度根据河道现状确定，两坝之间的间距约为坝长度的 1.25 倍，坝的轴线与河流走向呈 67°夹角。

时任农场党委书记刘义富、场长刘学亲自抓治河工程，专门成立了农场山区建设办公室，并将当时农场农业站的王恩祥调任山区建设办公室任山建办主任职务，原农场水电站划归山建办管辖，突出抓好河道治理工程。接此重任后，王恩祥将工作重点立即由农业技术转到全场治山、治水、治河中，从担任山建办主任到 1986 年任职水利水保站站长，直至 1992 年末退休，都全身心地投入到水利水保工作中，任劳任怨、勤勤恳恳、起早贪黑，从不计较个人得失。功夫不负有心人，经过十余年的不懈努力奋斗，在沿河两岸共布设石笼丁顺坝 105 道，计 1.2 万延长米，累计动用沙石方 12 万立方米。河道治理在历史上的老大难问题得到了彻底解决，农场河道治理丁顺坝工程取得了可喜的成果，农场山区建设也出现了骄人的业绩，生态环境逐步走向了良性循环的轨道。

加强管理，提高效益。为加强对全场农田水利和水土保持工程的管理，农场多年来护林队伍始终保持在 20 多人，设护林大队长和副队长各 1 名，负责全场林地和老虎山河两岸护岸工程管理和看护。对每名护林、护坝员都分别确定了管护范围，明确职责并签订了《承包管护合同》。在水利设施（机电井、站）管理上，长期坚持实行了"五统""五定"的管理体制。五统，即"统一管理、统一调配、统一清查、统一培训、统一奖惩"；五定，即"一定灌溉面积、二定管理维修、三定承包到人、四定提取费用、五定合理报酬"。从 2016 年开始，上述管理办法进一步得到了发展和完善，农场与各村民组机泵手全部签订

《水利设施管护合同》，与各分场签订了《水利设施管理责任状》，明确水利设施由农场统一管理，继续实行"五统""五定"的管理办法。完善维修基金提取办法，即从当年每眼井站抽水灌地所发生的电量中，每度电提取维修费 0.10 元，统一由本分场专户储存，单独建账，专款专用；完善了机泵手收费标准，确定了机泵手报酬给付办法，即机泵手向用户收费标准按抽水发行电量价格的 2.4～2.8 倍收取，不能高于这个规定，其上限最高每小时不能超过 45 元。这个属于总费用，机泵手必须留足电费、小型养护费、水利维修基金后，余额为机泵手个人工时报酬。

三、农田基本建设"大禹杯"竞赛

1987 年 10 月，辽宁省政府总结推广丹东凤城市经验，决定在全省开展农田基本建设"大禹杯"竞赛活动。"大禹杯"竞赛以改变农业生产条件和生态环境为主攻方向，以防洪、治涝、灌溉和水土保持为主要内容，以建设旱涝保收、高产稳产农田为目的，以群众劳动积累为主要手段。省政府下发《关于印发全省农田基本建设"大禹杯"竞赛方案的通知》，贾家店农场响应省、市、县政府号召，积极投入到竞赛活动中去，并在第一、第二、第三届竞赛活动中连夺三届朝阳市级"大禹杯"奖杯，荣获"三连冠"美誉。

（一）加强组织领导

贾家店农场根据省、市、县关于大搞农田基本建设的指示精神，结合农场具体情况，组织全场 7000 人民，开展治理水土流失、改善生态环境和全面整修加固各项水利工程为重点的农田基本建设。

农场成立了由党委书记任总指挥，乡长（场长）和主管农建工作的副乡长（副场长）为副指挥，水利、林业、农业、农机、财经站等有关人员为成员的"大禹杯"竞赛指挥部，各村（分场）都成立了农建领导小组，具体负责辖区内的"大禹杯"竞赛工作，农场、分场、村民组三级层层落实责任制，一级抓一级，使"大禹杯"竞赛有序开展。

1987—2017 年，"大禹杯"竞赛期间农场主要领导人事沿革：

贾家店农场党委书记：姚惠钧、李春峰、孙玉军、赵炳玉、周晓明、李金海、孙佳虎、聂仁升。

乡（场）长：李春峰、孙玉军、张海坤、王宪华、王剑锋、王有信、安雨卿、李珍三、孙佳虎、聂仁升、姜晓光。

分管水利工作副乡（场）长：尹凤山（党委副书记）、齐孝林、毛步学、夏秉刚、金万智、张志东、王树国。

水利水保站站长（业务骨干）：王恩祥、王树国。

（二）合理规划

农场制定切合实际的农建发展规划，把农田基本建设与改善农村生态环境相结合，与发展现代农业相结合，使农建"山、水、林、田、路、沟、坡、草"治理相互结合。根据贾家店农场地形地貌特点，确定了全场"治好一条河，绿化两面山，开发万亩园"的水利工作指导思想和发展目标。治好一条河，就是对流经贾家店农场的老虎山河实施立体开发，综合治理，达到山清、水秀、滩绿、景美；绿化两面山，就是对东、西两侧山脉进行科学整地与植物措施相结合，使山坡变绿洲，森林覆盖率达85％以上；开发万亩园，就是将农场23000亩耕地全部治理，从而达到田园化。机电井站、水库、塘坝达100眼（处），小型自流引水渠15条，长度15000延长米。围绕上述工作目标，农场在每届"大禹杯"竞赛之初都制定实施方案，每隔5年农场根据具体情况编制"大禹杯"竞赛五年总体规划和逐年实施计划，将任务分解到分场，并落实到农建规划"现状图、施工图、规划图"及6张表和规划说明书上，即"三图、六表、一书"。科学合理的农建规划，给"大禹杯"竞赛活动提供了理论支撑。

（三）健全制度

农村实行家庭联产承包责任制以后，虽然解放了农村生产力，但是一家一户的生产方式难以承担大规模农业基础设施建设任务，农田水利基本建设出现了"群众难发动，资金难筹集，施工难组织"的局面。为解决此种状况，"大禹杯"竞赛开始后，农场建立农田基本建设劳动积累工制度和农业基本建设基金制度，专门下发文件，在全场范围内建立并推行农建积累工制度和基金制度。文件规定：凡农村劳动力每年投入的农业基本建设劳动积累工，18～60周岁的男劳动力为30个工作日，20～50周岁的女劳动力为20个工作日。每年农场、分场两级建立农建基金8万元，主要用于农田水利工程和造林、种子苗木等费用支出。

（四）科学安排

在历届"大禹杯"竞赛中，书记、乡（场）长都要率领业务部门骨干力量对全场山山水水进行实地勘察规划，每年都确定几个重点骨干工程项目为主攻方向。巩固以敖汉波罗、前进、程家沟、胜利等小流域为单元的综合治理成果，加强沟壑治理，搞好闸沟造地工程；突出完成坡面造林整地和果园台田工程任务。

全场农建"大禹杯"竞赛活动一般全年分春、夏、秋三个战役进行，第一战役为当年的1月至6月，完成全年任务的20％，以造林、栽果、坡面整地、果树台田、闸沟造地、治河垒坝和打井修渠为主；第二战役为7月至9月，完成全年任务的40％，以小流域综合治理为主；第三战役为10月至12月，完成全年任务的40％，以水平梯田、果树梯田和田间配套工程为主。

对在每个战役中所实施的农建项目，按照农场下达的《农田基本建设工程质量标准》，由农场"大禹杯"竞赛指挥部组织统一验收，逐分场、逐组、逐地块地详细丈量检查，发现质量不合格的责令返工，数量不足的限期完成。

（五）取得的成果

贾家店农场30多年来农建"大禹杯"竞赛活动累计投入劳动积累工100万个，动土、沙、石方500万立方米，自筹和争取上级各种专项资金累计达1亿多元。贾家店农场"大禹杯"竞赛活动取得了"人才""项目"双丰收，成效显著。从贾家店农场开展"大禹杯"竞赛活动以来，荣升正县级以上领导人员有姚惠钧、王剑锋、李金海；副县级领导有王宪华、孙佳虎、聂仁升。调任县直机关或交流到其他乡镇的正科级领导10名，从本场成长为副科级干部的人员20名。

"大禹杯"竞赛活动完成具体项目：

1. **节水滴灌工程**。连续5年实施了万亩节水滴灌工程。从2012年至2016年争取水利局项目支持，在农场实施了万亩节水滴灌工程，主要分布在一分场瓦房店至梁营子。工程的成功实施，发挥了极大的样板示范作用，项目结束后，当地群众都自发采取这种节水滴灌形式对土地进行耕种，获得了很大收益，并得到了长期推广。

2. **护岸堤防工程**。完成护岸堤防工程2万延长米。"大禹杯"竞赛期间共完成老虎山河护岸堤防工程2万延长米，其中2004年以后护岸工程改为以路坝结合形式为主，不但较好地发挥了防洪抗洪作用，还给两岸交通、群众出行及生产生活带来了极大便利。

3. **造林**。工程造林保有面积35000亩，其中坡面工程造林3万亩，速生丰产林5000亩。骨干工程地块主要有一分场胜利至南坡，坡角山杏及大枣林带；二分场头道西山、头道南小山、二道、南窝铺西小山、王子山；三分场黄米沟、前进西沟山坡、沙坨子梁、水库南山、河北老西沟；四分场北德后山、马营子前山、庙子山、赵营子前山、西南叉等；农场东、西两侧山脉；速生丰产林主要分布在老虎山河两岸。

4. **小流域综合治理**。对胜利、程家沟、敖汉波罗、前进4条小流域成功进行了综合治理。"大禹杯"竞赛期间，对瓦房店东沟、胜利南沟、北扎东沟、赵家沟、敖汉黄米沟、河北老西沟、马营子前沟7条沟壑进行了治理。共闸沟修土、石谷坊260座。新修高标准水平梯田8000亩。主要分布在一分场的瓦房店至梁营子，二分场的赵家沟，三分场的敖汉、周台子，四分场的胡杖子各有一部分。累计完成新修农业水平梯田、坡面造林整地、老果树台田整修、平整土地、穴状造林、闸沟造地等综合治理总面积9.5万亩。

5. **水利设施建设**。维修改造旧机电井50眼。新打机电井、新修蓄水方塘60眼

（处）。其中一分场新打机电井 28 眼，新修方塘 3 座；二分场新打机电井 10 眼，新修程家沟沟口北、四新南坎下、黑山头下方塘 3 座；三分场新打机电井 6 眼，在敖汉波罗新修方塘 2 座；四分场新打机电井 5 眼，新修东胡南洼、西胡南洼、赵营子村西方塘 3 座。完成了胡杖子、转转经（2 条）、黄杖子、贾家店、瓦房店、胜利（2 条）、南扎西 9 条自流引水灌渠的渠道防渗工程。

农场以文件形式先后制定下发了《护林公约》《护林护坝员职责及奖惩制度》《农田水利工程与水土保持工程暂行办法》。从 2013 年起，每个分场单独增设 1 名由省财政拨款的水管员，敖汉波罗水库设置了库管员。全场共 4 名水管员，1 名库管员，常年上岗，对全场水利设施管理、管护发挥了应有的作用。

6. **敖汉波罗方塘工程**。2003 年初，农场党委书记李金海倡议并决策在原农场养鱼场废弃鱼池旧址处新建敖汉波罗集水方塘 1 座，集农溉、养殖、景观、垂钓、旅游于一体，使水利资源得到充分开发利用，生态效益明显提升。按此决策部署，时任贾家店农场水利水保站站长王树国会同朝阳县水利局副局长刘喜忠、朝阳县水利局农水股股长赵文生等，对此工程进行了详细的规划设计，工程于 2003 年 3 月破土动工，当年 11 月竣工交付使用，总投资 45 万元。

该方塘上口尺寸为，东西长 155 米，南北宽 75 米，深度 4 米，一次蓄水量 3 万立方米，年可调节水量 30 万立方米。工程当时采用较为先进的土工膜整体防渗，水泥浆砌石护坡脚，天然板石护侧坡，仿古长城式砖体做围墙。方塘下游左、右两岸分布的黄杖子、贾家店、胡杖子、转转经 4 条小型自流灌渠陆续施行了浆砌石防渗，工程整体效果明显。工程竣工投入使用后，经辽宁省朝阳市朝阳县五大班子拉练检查，朝阳市农垦工程评比后认定，该工程为"辽西第一大方塘"，并且规模大、质量好、效益高，属当时破纪录工程项目。

7. **河道治理——路坝结合堤防工程**。2002 年 9 月，李金海调任农场党委书记后，即着手研究老虎山河沿河两岸沟壑纵横、水灾不断、交通不便状况的根治办法。通过聘请相关水利专家充分论证，编制了《老虎山河规划设计说明书》，农场自 2004 年实施了老虎山河路坝结合工程，从黑山头、瓦房店开始自上而下地进行了连续治理。

此项河道治理工程是在河道内留出不窄于 200 米的行洪宽度，两侧为河道整治线，沿河道整治线修筑主顺坝，主顺坝为砂坝，坝顶宽 4 米，坝高 2.5 米，坝底宽 12.75 米。砂坝前迎水坡采用砼块护坡，坝角修筑宽、高各 1 米浆砌石墙。每间隔 30 米修一丁坝，丁坝采用浆砌石修筑，坝长 5 米，宽 1 米，高 1 米。2007 年后，砂坝前迎水坡由预制砼块护坡改为混凝土现场浇筑，坝角浆砌石墙前每隔 30 米修一丁坝改为全面平铺宽 1 米、高

0.8 米的石笼坝护角。该治理模式延续使用 10 余年，主要河段得到治理，累计总长度近 2 万延长米，从根本上杜绝了河流水患灾害的发生，极大地改善了上、下游和左、右岸的群众交通出行状况，开创了河道治理新的篇章。

8. 坡耕地治理及节水滴灌工程。 2011 年夏季，辽宁省水利厅拟在辽西地区开展坡耕地治理试点工程，得此信息后，时任贾家店农场党委纪检委员兼水利水保站站长王树国，即及时向朝阳县水利局分管副局长姚宪改、局长韩国坤积极争取，要求将此项目落到贾家店农场。经县水利局领导及技术人员实地调研后，确定一分场北起瓦房店，南至梁营子为 2011 年秋季坡耕地治理项目区，并于当年 9 月前完成了总体规划。工程自 2011 年 10 月 10 日开工，11 月 30 日竣工，工程形式为机械整平田面，人工修筑坝埂，当时上报完成新修农业水平梯田 10300 亩，浆砌石谷坊 10 座，蓄水池 1 座，作业路 17 千米，动用土石方 180 万立方米。真正变"三跑田"为"三保田"。此次坡耕地治理三大特点：一是面积大，集中连片万亩坡地变梯田；二是机械化施工，进度快，工期短；三是工程质量高，真正达到"里兜水、外撇嘴"。

随着坡耕地治理项目的胜利竣工，从 2012 年开始，贾家店农场又连续 5 年在此项目范围内实施节水滴灌工程，面积扩大到 1.3 万亩，进一步提高了项目建设科技水平，推行机械化施工作业工艺，大大提升了工程质量和效益。贾家店农场坡耕地治理及节水滴灌项目树立了成功典范。辽宁省陈政高、李希、陈求发三任省长都曾先后到项目现场考察调研工作，全国政协、中华人民共和国水利部、松辽委、朝阳市委、市政府有关领导参观后，对工程给予了充分肯定。贾家店工程项目区成为辽宁省朝阳市水土保持国策教育实践基地和市委党校学员培训基地。

9. 贾家店农场老虎山河入境悬浮物治理工程。 贾家店农场老虎山河入域悬浮物治理工程通过修建挡水石笼坝，在河道中形成悬浮物拦截沉淀池，减缓老虎山河上游水流速度，使水体中悬浮物在悬浮物拦截沉淀池中沉淀，从而有效地进行拦河截污，消减河道污染物负荷，通过截污、引流、清淤、修复等措施达到净化水质的目的。此项工程属于环保部门投资，委托凌河管理局施工。当时，朝阳县凌河保护区管理局刚刚成立不久，时任局长刘喜忠、副局长邢伟、贾家店农场党委书记聂仁升、场长姜晓光、纪检委员兼水利水保站站长王树国等，对该工程都作出了较大的贡献。

该工程位于老虎山河贾家店农场二道湾子段，工程清淤疏浚河段总长 3400 米，施工河段长 480 米，修建 4 个挡水石笼堰，坝之间河道下挖 1.5 米，形成 3 个悬浮物拦截沉淀池。土方开挖量 90000 立方米，河道清淤疏浚 319142 立方米，石笼坝砌筑量 6210 立方米，工程于 2012 年 7 月 19 日正式破土动工，9 月 30 日竣工，总投资 509.1 万元。

项目建成后，老虎山河水体悬浮物含量显著减少，起到了截污治污、整治河道、沟通水系、保洁河道的效果，老虎山河水环境得到改善，水质进一步提高，进而改善了大凌河干流及阎王鼻子水库水质。

10. 井渠配套工程。自1960年建场以来，农场广大干部群众充分认识到全场7000人民群众赖以生存的2.3万亩耕地的重要性。遵循伟大领袖毛主席当年"水利是农业的命脉"谆谆教导，以及"农业学大寨"的指示，组织动员三级干部和广大群众，坚持不懈地大搞小型农田水利工程。到20世纪80年代末，全场依靠人力，仅凭铁锹、镐头、土筐、手推车等简易工具，建设完成敖汉波罗小二型水库1座，胜利、西坎塘坝2座；新打机电井、新建提水站和二级站等小型水利工程40眼（处）。这些工程的建成投入使用在贾家店农场农业生产中发挥了巨大的水利作用，尤其是为万亩"两杂制种田"提供了良好的水利条件。

从20世纪90年代到2022年，农场农田水利事业在上级主管部门和场党委的重视及大力支持下，在水利工作人员及分场干部、广大工人的共同努力下，水利工程建设得到不断加强，取得瞩目的成就。30年来通过围绕开展水利行业重点田建设、中低产田改造、稻麦开发、粮专项目、高效节水滴灌工程，财政系统农业综合开发项目，土地和发改部门的土地整理等项目持续开展，以发展灌溉面积为核心的农田水利建设。完成新增机电井、新修蓄水方塘60眼（处），维修改造新建自流引水渠13条，其中防渗长度9000延长米。实施机电井、提水站、蓄水方塘、小型自流引水渠立体开发，交叉互补战略。按照农场提出的"治好一条河，绿化两面山，开发万亩园"水利工作指导思想和发展目标，使机电井站、水库、塘坝达到了100眼（处）。水浇地有效灌溉面积发展到2万亩，达到了"开发万亩园"的目的。

30年来，农场建成比较完善的农田供水体系，为促进农业生产、抵御旱灾和保障粮食安全提供了有力保障，为全场打赢脱贫攻坚、实施乡村振兴战略奠定坚实的水利基础。农场水利部门始终加强对农田水利工程的建设管理，杜绝重建轻管现象。大部分农田水利设施运转良好，农场与各分场签订《水利设施管理责任状》，与机泵手签订《管护承包合同》。

截至2022年，贾家店农场机电井保有量共73眼（处），分布如下：

一分场：南坡姜家湾、西大地，梁营子南坎下、北坎下大棚小区、桥东小区5眼、西林地4眼，南扎西树林3眼，南大地、梯田地、北扎小学、村里、分场西，北扎组前小平园、组东、北沟、胜利小南梁，胜利组西、北沟坎下2眼，庙子沟、后沟，瓦房店组西小区2眼，北沟北、北沟南、东风果园、东山脚，共36眼（处）。

二分场：齐台子公路西、水利站房西、赵家沟5眼，南窝铺2眼，二道东坎下、二道柳树沟、西山自来水、枣园、头道大井、四新公路西、四新公路东，共16眼（处）。

三分场：贾家店北沟、贾家店老酒厂东、学校院内、转经东洼、转经老中学、转经西洼、周台子、黄杖子西河套，共8眼（处）。

四分场：北德花海、北德后山、北德大棚、马营子南沟、马营子西沟、马营子东大园子、胡杖子南沟、胡杖子南大地、胡杖子南洼、胡杖子西沟、魏杖子东园子地、赵营子桥东、赵营子果园井，共13眼（处）。

截至2022年，全场有胡杖子、大南台、转经东洼、转经西洼、敖汉波罗、黄杖子、贾家店、程家沟、瓦房店、胜利门前、胜利房后、北扎西、北德立吉小型自流引水渠13条，总长度13000延长米。有方塘12座，分布在梁营子2座，北扎西河套、程家沟里、程家沟沟口北、四新北、黑山头下、敖汉波罗2座、胡杖子2座、赵营子西。

在农场水利工程建设史上，创造了很多精品工程，惠及当代，造福子孙。

11. 辽西第一大井——头道湾子大井。1975年开始规划设计，1978年竣工配套投入使用。井口直径24米，井深20米。井口上第一台基宽0.5米，与水面高度相差3.3米。井口第二台基宽0.4米，井壁西侧灌溉吸水通道5个，井底设老虎山河引水管道4个。井壁全部采用当地大块石头经人工打磨成型后砌筑，井内出水量可供6台水泵同时提水灌溉，设计灌溉面积3000亩。打井时农场从全场各生产队抽调基干民兵，组成专业队伍，历时一年多完工。工程完工后，此井多年内在辽宁西部都是"辽西第一大井"，目前仍然发挥着作用。

12. 西山自来水工程。二分场西山村民组，位于农场西北部西大山脚下，当时距离公路较远，坡陡路差，交通十分不便。且全组生产生活水源依靠村前唯一一眼深水井，村民生活用水只能到井前简易蓄水池车拉人担，群众生活非常不便。1993年，农场水利水保站站长王树国积极向朝阳县水利局争取"人畜饮水项目"，经县水利局农水股专门分管人畜饮水工程的副股长张文华多次到西山现场调查、座谈，同意并批准了农场请求，工程于1994年春季施工，当年11月竣工交付使用。当时农场水利站现场施工人员有尹凤义、王树师、吴景，施工承包人为二分场西坎组程培发。由于在施工中坚持了"百年大计、质量第一"的原则，工程质量得到了充分保证，并打造了"精品工程样板"。到2022年，工程仅经过一次维修改造仍正常运转使用，为整个西山群众生产生活用水提供保障。

13. 胡杖子自流引水渠防渗工程。敖汉波罗小河发源于三分场大南台沟里，该河四季流水不断，滋润着两岸沃土，沿河分布8条小型自流引水渠道。其中较大的一条就是胡杖子水渠，有2个分场、7个村民组群众受益，效益面积1500亩地。1985年，农场利用自有资金对胡杖子水渠主干段进行了第一次防渗，采用水泥浆砌石方式，渠槽宽 0.4 米，深 0.4 米，从渠首到胡杖子房后，长度 1100 延长米。2000 年及 2004 年，利用财政局农发项目和水利局农水项目分两次对该自流引水渠进行了翻修加固和延伸。主干渠仍然采用水泥浆砌石形式为主，部分渠段采用天然石板铺筑。水渠从胡杖子房后增加新防渗渠段至胡杖子小南洼，使胡杖子水渠全部得到防渗，总长度 1600 延长米。

14. **东风果园三级提水工程**。1993 年，经农场水利水保站多次向省农垦局争取，农垦局开荒处副处长邵先全亲自前来勘测设计，水利站当年组织施工，经过三级提水（输水距离总长 1890 米，其中大井到二级站 710 米，二级站到三级站 280 米，三级站到山顶 900 米，总高差 134.6 米）成功将水输送到东风果园山顶最高点，解决了果园 500 亩的灌溉难题。

15. **其他工程方面**。在 13 条自流引水渠中，有 9 条 9000 延长米得到了防渗处理，敖汉波罗方塘获得了"辽西第一大方塘"赞誉，节水滴灌工程和坡耕地治理现场被列为辽宁省朝阳市水土保持国策教育实践基地和朝阳市委党校学员培训基地等。

第四编

党政工团
组织建设

中国农垦农场志

第一章　农场党组织建设

　　1947 年 6 月，中国共产党委派领导干部到贾家店地区开展工作，并在转转经村成立了第一个党支部，在辽宁省朝阳市朝阳县的西北部开辟出中国共产党领导的革命根据地。从 1947 年 6 月至 2022 年 12 月，75 年的时光，贾家店历经乡、农场、人民公社，再恢复农场建制，在中国共产党的领导下，贾家店农场发生了翻天覆地的变化，一届又一届的党委、政府，为贾家店的发展作出了突出贡献。

第一节　中共贾家店农场区委

一、中共贾家店区委员会

书　记　张竹奎（1947.05—1949.06）

　　　　白秋林（1947.06—1948.10）

　　　　刘永春（1947.08—1947.10）

副书记　阎　泰（1948.03—1949.03）

1949 年 10 月至 1956 年 2 月的区村建制时期，这一阶段的中共贾家店区组织机构与领导人：

中共贾家店区委员会（1949.10—1956.02）

书　记　张竹奎（1949.07—1950.04）

　　　　李玉琢（1950.04—1950.12）

　　　　陈凤岐（1951.03—1952.03）

　　　　张国志（1951.12—1953.04）

　　　　蘧（qú）玉珍（1952.03—1954.08）

　　　　张志荣（1953.12—1954.10）

副书记　刘忠礼（1950.10—1957.02）

　　　　陈凤岐（1950.12—1951.03）

　　　　蘧玉珍（1951.05—1952.03）

史文友（1951.05—1952.03）

包　忠（1955.03—1956.02）

二、中共贾家店乡（农场）党组织

1956年2月至1958年9月，团结乡（即贾家店）党组织属中共大平房区委员会所辖的中共团结乡总支委员会：

中共团结乡（即贾家店）总支委员会（1956.02—1958.09）

书　记　王正君（1956.01—1958.04）

副书记　王汉复（1956.01—1958.04）

中共贾家店农场委员会（1958.09—1966.05）

书　记　陈　德（1958.10—1960.01）

闵守存（1960.01—1961.03）

赵宝贤（1961.04—1964.09）

王文礼（1961.09—1963.09）

杨致新（1962.02—1964.01）

吕　坤（1965.01—1965.12）

杨树槐（1966.03—1966.05）

副书记　乔松恩（1958.10—1960.01）

张绍雨（1960.01—1961.04）

尹甫廷（1960.11—1963.10）

丛殿阳（1964.11—1966.05）

杨树槐（1965.03—1966.02）

中共贾家店农场委员会（1966.05—1967.03）

书　记　杨树槐（1966.05—1967.03）

副书记　丛殿阳（1966.05—1967.03）

中共贾家店公社委员会（1971.07—1976.10）

书　记　赵　毅（1971.07—1972.12）

高景润（1973.06—1975.10）

李德宝（1975.09—1976.10）

赵文生（1976.01—1976.10）

副书记　吕景春（1972.08—1976.10）

李均学（1974.01—1976.10）

李德宝（1974.10—1975.09）

赵文生（1974.12—1976.10）

1976 年 10 月粉碎"四人帮"至中共十三大召开，辽宁省朝阳市朝阳县的基层组织机构于 1983 年 12 月撤销公社建制，改为乡村建制。

中共贾家店乡（场）委员会驻转转经村，辖二道湾子、敖汉波罗、胜利、胡杖子 4 个村支部。

中共贾家店乡（场）委员会（1976.10—1987.12）

书　记　李德让（1976.10—1977.09）

　　　　赵文生（1976.10—1978.12）

　　　　刘义富（1979.01—1981.08）

　　　　曹宝贵（1981.11—1983.12）

　　　　刘春学（1984.03—1985.11）

　　　　姚惠钧（1985.11—1987.12）

副书记　李均学（1976.10—1980.2）

　　　　吕景春（1976.12—1987.12）

　　　　李海文（1979.02—1982.09）

　　　　曹宝贵（1980.12—1981.11）

　　　　李树生（1984.03—1987.12）

　　　　李春峰（1985.10—1987.12）

　　　　尹凤山（1985.11—1987.12）

第二节　中共贾家店乡党员代表大会

一、中共贾家店乡第九次代表大会

1987 年 2 月 12 日，中共贾家店乡第九次代表大会召开，会期 1 天，出席会议代表 45 名。大会审议通过了第八届委员会《努力奋斗，深化改革，建设富裕文明的新农村》的工作报告；选举产生了中共贾家店乡第九届委员会，由 8 人组成。并召开了九届一次会议，选举产生了乡党委书记、副书记。

中共贾家店乡第九届委员会

书　记　姚惠钧（1987.12—1989.04）

李春峰（1989.04—1989.12）

孙玉军（1989.12—1990.03）

副书记　尹凤山（1987.12—1988.06）

李春峰（1987.12—1989.04）

吕景春（1987.12—1990.03）

孙玉军（1989.04—1989.12）

张海坤（1989.12—1990.03）

二、中共贾家店乡第十次代表大会

1990年3月8日，中共贾家店乡第十次代表大会召开，会期1天，出席会议代表45名。大会审议通过了第九届委员会《团结一心，群策群力，努力开创贾家店乡各项工作新局面》的工作报告；选举产生了中共贾家店乡第十届委员会，由7人组成；选举产生了中共贾家店乡纪律检查委员会，由5人组成。并分别召开了第一次委员会会议，选举产生了乡党委书记、副书记和乡纪检书记、纪检副书记。

中共贾家店乡第十届委员会

书　记　孙玉军（1990.03—1992.12）

副书记　吕景春（1990.03—1990.09）

张海坤（1990.03—1992.12）

霍玉德（1990.09—1992.12）

中共贾家店乡纪律检查委员会

书　记　霍玉德（1991.01—1992.12）

1993年1月至1995年1月，为1990年3月8日召开的中共朝阳县贾家店乡第十次代表大会选举产生的中共朝阳县贾家店乡第十届委员会和纪律检查委员会任期的延续。

中共朝阳县贾家店乡第十届委员会

书　记　孙玉军（1993.01—1995.01）

副书记　张海坤（1993.01—1994.01）

霍玉德（1993.01—1995.01）

吕建华（1994.10—1994.12）

金万智（朝鲜族，1994.12—1995.01）

三、中共贾家店乡第十一次代表大会

1995年1月21日，中共贾家店乡第十一次代表大会召开，会期1天，出席会议代表

85 名。大会审议通过了第十届委员会工作报告；选举产生了中共贾家店乡第十一届委员会，由 7 人组成；选举产生了中共贾家店乡纪律检查委员会，由 5 人组成。

中共贾家店乡第十一届委员会和纪律检查委员会分别召开第一次全体会议，选举产生乡党委书记、副书记和乡纪检委书记。

中共贾家店乡第十一届委员会

书　记　孙玉军（1995.01—1995.12）

赵炳玉（蒙古族，1995.12—1998.03）

周晓明（蒙古族，1998.03—1998.12）

副书记　霍玉德（1995.01—1998.11）

金万智（朝鲜族，1995.01—1998.12）

王宪华（1995.05—1997.01）

王剑锋（1997.01—1998.03）

王友信（1997.03—1998.12）

李珍三（1998.11—1998.12）

中共朝阳县贾家店乡纪律检查委员会

书　记　霍玉德（1995.01—1998.11）

李珍三（1998.11—1998.12）

四、中共贾家店乡第十二次代表大会

1998 年 12 月 10 日，中共贾家店乡第十二次代表大会召开，会期 1 天，出席会议代表 69 名。大会审议通过了第十一届委员会《勠力同心，携手并肩，以全新姿态跨入二十一世纪》的工作报告；选举产生了中共贾家店乡第十二届委员会，由 8 人组成；选举产生了中共贾家店乡纪律检查委员会，由 3 人组成。

中共贾家店乡第十二届委员会和纪律检查委员会分别召开第一次全体会议，选举产生乡党委书记、副书记和乡纪检委书记。

中共贾家店乡第十二届委员会

书　记　周晓明（蒙古族，1998.12—2001.03）

副书记　王友信（1998.12—1999.08）

李珍三（1998.12—2001.03）

金万智（朝鲜族，1998.12—1999.08）

孙福军（1999.08—2001.03）

安雨卿（1999.08—2001.03）

曹桂文（2000.04—2000.11）

中共贾家店乡（国营贾家店农场）纪律检查委员会

书　记　李珍三（1998.12—2001.3）

2001年3月至2003年12月，为1998年12月10日召开的中共朝阳县国营贾家店农场第十二次代表大会选举产生的中共朝阳县国营贾家店农场第十二届委员会、纪律检查委员会任期的延续。

中共朝阳县国营贾家店农场第十二届委员会

书　记　周晓明（蒙古族，2001.03—2002.09）

　　　　李金海（2002.09—2003.12）

副书记　安雨卿（2001.03—2003.03）

　　　　李珍三（2001.03—2003.12）

　　　　孙福军（2001.03—2001.12）

　　　　孙佳虎（2001.12—2003.12）

　　　　张玉琴（女，2003.06—2003.12）

中共朝阳县国营贾家店农场纪律检查委员会

书　记　李珍三（2001.03—2003.02）

　　　　孙佳虎（2003.03—2003.12）

五、中共朝阳县国营贾家店农场第十三次代表大会

2003年12月7日，中共朝阳县国营贾家店农场第十三次代表大会召开，会期1天，出席会议应到会代表71名，实到会代表68名。大会审议通过了第十二届委员会的工作报告；选举产生了中共贾家店农场第十三届委员会；选举产生了中共贾家店乡纪律检查委员会。

中共朝阳县国营贾家店农场第十三届委员会和纪律检查委员会分别召开第一次全体会议，选举产生农场党委书记、副书记和农场纪检书记。

中共朝阳县国营贾家店农场第十三届委员会

书　记　李金海（2003.12—2005.12）

副书记　李珍三（2003.12—2005.12）

　　　　孙佳虎（2003.12—2005.12）

　　　　张玉琴（女，2003.12—2005.12）

中共朝阳县国营贾家店农场纪律检查委员会

书　记　孙佳虎（2003.12—2005.12）

六、中共朝阳县国营贾家店农场第十四次代表大会

2005年12月20日，中共朝阳县国营贾家店农场第十四次代表大会召开，会期1天，出席会议代表67名。大会审议通过了第十三届委员会的工作报告；选举产生了中共朝阳县国营贾家店农场第十四届委员会；选举产生了中共朝阳县国营贾家店农场纪律检查委员会。

中共朝阳县国营贾家店农场第十四届委员会和纪律检查委员会分别召开第一次全体会议，选举产生了农场党委书记、副书记和农场纪检书记。

中共朝阳县国营贾家店农场第十四届委员会

书　记　李金海（2005.12—2007.10）

　　　　孙佳虎（2007.11—2011.01）

副书记　孙佳虎（2005.12—2007.11）

　　　　史金旭（2005.12—2011.01）

　　　　刘子文（2005.12—2011.01）

　　　　聂仁升（2007.11—2011.01）

中共朝阳县国营贾家店农场纪律检查委员会

书　记　史金旭（2005.12—2011.01）

七、中共朝阳县国营贾家店农场第十五次代表大会

2011年1月23日，中共朝阳县国营贾家店农场第十五次代表大会召开，会期1天，出席会议代表69名。大会审议通过了第十四届委员会的工作报告；选举产生了中共朝阳县国营贾家店农场第十五届委员会；选举产生了中共朝阳县国营贾家店农场纪律检查委员会。

中共朝阳县国营贾家店农场第十五届委员会和纪律检查委员会分别召开第一次全体会议，选举产生了农场党委书记、副书记和农场纪检书记。

中共朝阳县国营贾家店农场第十五届委员会

书　记　孙佳虎（2011.01—2012.03）

副书记　聂仁升（2011.01—2012.03）

　　　　史金旭（2011.01—2012.05）

中共朝阳县国营贾家店农场纪律检查委员会

书　记　史金旭（2011.01—2011.03）

八、中共朝阳县国营贾家店农场第十六次代表大会

中共朝阳县国营贾家店农场第十六届委员会

书　记　聂仁升（2012.03—2017.01）

　　　　石丰实（2017.03—2020.12）

　　　　张延东（2020.12—）

副书记　姜晓光（2012.03—2016.03）

　　　　李连春（2012.05—2017.02）

　　　　李国森（2016.03—2019.01）

　　　　于江涛（2017.02—2018.04）

　　　　蔡学飞（2018.04—2020.01）

　　　　姚振达（2019.04—2020.01）

　　　　孙大亮（2020.04—2021.12）

　　　　李新民（2020.12—）

第三节　基层党组织建设

一、党支部的建立

（一）1949年前贾家店（区）各村党支部的建立

转转经村　党支部于1947年建立。党支部书记郭振廷（1948.01—1949.09）。

二道湾子村　1947年建立，党支部未建。

敖汉波罗村　1947年建立，党支部未建。

贾家店村　1947年建立，党支部未建。

黄台子村　1947年建立，党支部未建。

柴周营子村　1947年建立，党支部未建。

桦杖子村　1947年建立，党支部未建。

周台子村　1947年建立，党支部未建。

沟门子村　1947年建立，党支部未建。

双庙村　1947年建立。党支部书记王连袋（1948.01—1949.09）。

报马营子村　1947 年建立。党支部书记张继珍（1947—1949）。

阎家窑村　1947 年建立，党支部未建。

郝杖子村　1947 年建立，党支部未建。

河南杖子村　1947 年建立，党支部未建。

（二）1949—1958 年的村级党组织

这一时期的贾家店区所辖村包含现今的北沟门乡、杨树湾镇的所有村，此节仅收录截至 2022 年贾家店农场所辖村，其他村从略。

1. 二道湾子村

党支部书记　颜立国（1965.01—1965.12）

2. 敖汉波罗村

党支部书记　王洪波（1949.10—1950.04）

李青环（1950.05—1951.12）

郭凤江（1952.01—1956.12）

3. 转转经村

党支部书记　郭振廷（1956.01—1956.12）

4. 姑子庵村

党支部未建。

5. 贾家店村

党支部书记　王洪信（1958.01—1958.10）

刘明山（1958.01—1958.10）

（三）1958—1966 年各大队党组织建设

1. 贾家店大队

党支部书记　王洪信（1958.10—1959.12）

刘明山（1958.10—1959.12）

2. 北扎兰营子大队

党支部书记　魏殿英（1958.10—1959.12）

任维钧（1960.01—1962.12）

1960 年 1 月，贾家店农场划分 4 个分场。

（1）一分场

党支部书记　魏殿英（1960.01—1964.12）

（2）二分场

党支部书记　王　焕（1962.01—1964.12）

（3）三分场

党支部书记　郭振英（1960.01—1961.12）

　　　　　　　任宝柱（1962.01—1964.12）

（4）四分场

党支部书记　郭凤江（1960.01—1961.12）

　　　　　　　王永会（1962.01—1964.12）

1965年1月，贾家店农场4个分场又改为8个大队。

（1）转转经大队

党支部书记　王洪信（1965.01—1966.02）

（2）敖汉波罗大队

党支部书记　姜万友（1965.01—1966.02）

（3）胡杖子大队

党支部书记　李凤章（1965.01—1966.02）

（4）马营子大队

党支部书记　张守才（1965.01—1966.02）

（5）程家沟大队

党支部书记　张永兴（1965.01—1966.02）

（6）二道湾子大队

党支部书记　颜立国（1965.01—1966.02）

（7）胜利大队

党支部书记　乔国文（1965.01—1966.02）

（8）南扎兰营子大队

党支部书记　梁振邦（1965.01—1966.02）

（四）1966—1976年各大队党支部建设

1.8个生产大队时期（1966.03—1970.12）

（1）胜利大队

党支部书记　侯广仁（1966.03—1970.12）

（2）二道湾子大队

党支部书记　颜立国（1966.03—1970.12）

（3）敖汉波罗大队

党支部书记　姜万友（1966.05—1966.12）

　　　　　　李春贵（1967.01—1970.12）

（4）胡杖子大队

党支部书记　李凤章（1966.03—1970.12）

（5）贾家店大队

党支部书记　王洪信（1966.03—1970.12）

（6）马营子大队

党支部书记　张守才（1966.05—1970.12）

（7）程家沟大队

党支部书记　张永兴（1966.03—1970.12）

（8）南扎兰营子大队

党支部书记　李国玉（1966.03—1970.12）

2.4个分场时期（1970.12—1976.10）

1971年，贾家店农场8个生产大队改为4个分场。

（1）一分场

党支部书记　李国玉（1971.01—1974.12）

　　　　　　魏文先（1975.01—1976.10）

（2）二分场

党支部书记　张永兴（1971.01—1976.10）

（3）三分场

党支部书记　王洪信（1971.01—1972.12）

　　　　　　李春贵（1973.01—1976.10）

党支部委员　辛彩平（1969.12—1976）、张宗兰、刘永春、王恩德、周广成、姜玉霞

（4）四分场

党支部书记　任维钧（1971.01—1976.10）

（五）1976—1987年生产大队（村）党政组织建设

1.分场

（1）一分场

党支部书记　魏文先（1976.10—1984.12）

（2）二分场

党支部书记　霍桂媛（1976.11—1977.12）

　　　　　　王福申（1978.12—1982.11）

　　　　　　李井和（1978.12—1982.10）

　　　　　　张永德（1983.01—1983.12）

　　　　　　王福申（1984.01—1984.12）

（3）三分场

党支部书记　郭凤江（1976.11—1976.12）

　　　　　　李春贵（1977.01—1981.12）

　　　　　　郭凤鸣（1982.01—1984.12）

党支部委员　在此期间，张文清、贾春祥、尹凤丽、程淑兰、李春贵、王洪轩（1982年1月开始）、贾甫军、魏振学分别担任过党支部委员。

（4）四分场

党支部书记　任维钧（1976.01—1976.12）

　　　　　　白云峰（1977.01—1981.01）

　　　　　　王恩海（1981.01—1984.12）

2. 行政村

1985年1月，贾家店农场4个分场改为4个行政村机构。

（1）胜利村

党支部书记　魏文先（1985.01—1986.06）

　　　　　　史广文（1986.01—1987.12）

（2）二道湾子村

党支部书记　王福申（1985.01—1987.12）

（3）敖汉波罗村

党支部书记　郭凤鸣（1985.01—1985.12）

（4）胡杖子村

党支部书记　王恩海（1985.01—1987.12）

（六）全面建设小康社会时期（1988.01—2022.12）

1. 一分场

党支部书记　毛步云（1989—1996）

　　　　　　王国柱（1997—2013）

于广泽（2015—）

2. 二分场

党支部书记　王福申（1988.01—1996.06）

赵树春（1996.06—1998.06）

程显林（1998.06—1999.06）

贾振芳（1999.06—2012.11）

马怀凯（兼，2012.12—2013.03）

尹占军（兼，2013.03—2014.04）

程谟超（2014.02—）

3. 三分场

党支部书记　张文清（1988.01—2003.03）

贾甫军（2003.03—2018.10）

尹占贺（2019.01—）

党支部委员　在此期间，贾甫军、魏振学、郭淑华（1988.06—2012.12）、王洪轩（2006.12离任）、郝诗学（1989.06开始）、尹占贺（1989.09开始）、韩冬（2013.03开始）、欧阳山英（2013.03开始）、张桂华（2013.04—2020.12）、王国林（2015.06开始）、王忠华（2019.01—2021.08）、梁效达等，分别担任过党支部委员。

4. 四分场

党支部书记　王恩海（1988.01—1993.01）

李维章（1993.01—1996.12）

王恩海（1997.01—2012.11）

李连春（兼，2012.12—2013.03）

胡景艳（兼，2013.03—2014.04）

王恩广（2014.04—2015.02）

赵景贤（2015.03—2017.03）

于江涛（兼，2017.03—2018.01）

王国飞（兼，2018.02—2020.07）

胡景艳（2020.07—2022.07）

李　光（兼，2022.07—）

二、中共党员发展

2013年，贾家店农场的基层组织建设得到明显加强，中共党员队伍不断壮大，中共党员干部的理论水平显著提高。2013 年，培养加入中国共产党的积极分子 15 名，吸收预备党员 8 名，转正式党员 18 名。

2016 年，培养入党积极分子 10 名，发展预备党员 6 名，转正式党员 6 名。

2021 年，提升各分场支部班子能力素质，优化党员队伍结构，培养年轻后备干部，新发展党员 5 人，培养入党积极分子 7 人。

三、党员活动

中共党员的先锋模范作用得到充分发挥。通过在各个支部和全体中共党员中积极开展创建"五个好"先进基层党组织，争当"五带头"优秀共产党员，争当"五个强"优秀党务工作者等活动，积极推进"五个一工程"，发展现代农业，培养新型农民，带领群众致富。截至 2013 年末，党员帮助群众解决生产生活中的实际问题 80 余件（次）。

2016 年，贾家店农场 10 个党支部按照换届选举程序，在规定时间内完成集中换届。7 月 7 日，农场各支部党员党费全部补交到位，并上交组织部。

2021 年是中国共产党百年华诞，农场党委紧扣县委党史学习教育主题，通过上党课、党史知识竞赛、举办篮球邀请赛、群众文艺演出、集中学习讨论等形式，深化党员干部干事创业谋发展的使命感，涵养全心全意为人民服务的宗旨意识，紧紧围绕县委、县政府发展目标，凝聚全场工人发展力量。

四、党员志愿服务

2015 年，贾家店农场以分场为单位成立了 4 个党员志愿服务中队，每 30 户成立 1 个志愿互助小分队，并且确保每个小分队都有 1 名农场或分场的党员干部。在党员干部的参与和引导下开展各种公益性活动，内容包括公益事业、文化活动、爱心活动等。制定《志愿者服务活动管理办法》，建卡立册，根据活动内容和次数，年终进行评比，被评为优秀志愿者服务队的，给予表彰。从而在全场形成富帮穷、强帮弱、好帮差的良好风气。

2016 年，以各分场党员干部和致富带头人为骨干人员，组建党群共同致富联合体 4 个，志愿服务小分队 92 个。每名党员干部都包扶 1 户贫困户，每家农户门口都挂牌公示包扶党员干部信息，共帮扶困难家庭 27 户。

五、意识形态工作

农场党委深入贯彻落实党中央和省、市、县委关于意识形态工作的决策部署和精神指示，牢牢把握正确的政治方向，坚决维护党中央权威。在思想上政治上行动上与以习近平同志为核心的党中央保持高度一致。把意识形态工作作为党的建设的重要内容，纳入重要议事日程，纳入党建责任，纳入领导班子、机关干部管理目标，与各项中心工作紧密结合，统一部署、落实、建设、考核，出现问题严格追究责任。同时，以政治理论学习为主线，以落实各项活动为抓手，以创新学习模式为载体。农场党委坚持把民主集中制作为第一要求，严格按照党委班子规则议事，实行"重大事项民主表决制"，健全"党委分工责任制"，按照"分工负责、认真负责、负责到底、分工不分家、相互监督、主动互补"的要求，将工作任务落实到每位领导，明确责权分工，健全集体领导。

六、党建基地建设

党建主题公园 贾家店农场党建主题公园位于三分场滨河路，公园铺设一条初心路，全长1.8千米，建有荷花塘、篮球场地，栽植各种绿化树木和花卉，设立各种党建展示牌和党建造型。

党建主题公园分为五个板块：

1. **党建主题广场**。党建主题广场又名"筑梦广场"，广场东侧建有浮雕体中国梦格式的党建图案。投资300万元，占地面积6000平方米，容纳群众6000余人。地面全部用大理石铺成，安装太阳能路灯40盏，健身器材10套。群众在这里既可以自娱自乐锻炼身体、陶冶情操，也可以在休闲之余学习党的大政方针，充实自己，紧随时代发展的脉搏。建有党旗与入党誓词于一体的标志性建筑物、健身器材5套及演出舞台、更衣室等，每年7月1日，农场党委都会组织全体党员干部在此重温入党誓词，铸牢初心使命。

2. **党史宣传长廊**。建有党史宣传展板8块，内容以建党百年历史为主题，涵盖百年党史、杰出革命先辈事迹、党和国家领导人重要思想理论等，不仅是全场工人汲取历史精神养分的又一源泉，也为全场工人凝心聚力共同擘画农场美好未来提供了强劲引擎。

3. **廉政教育基地**。建有廉风亭、初心路、党风廉政建设模块、石砌航船、习近平总书记重要讲话精神等内容，时刻警示农场党员干部以史为鉴，牢记为了谁、依靠谁，做清风廉政的基层公仆。

4. **水利景观带**。建有小型瀑布、小型水面、荷花池等。近年来，贾家店农场党委始终坚持绿色发展，贯彻落实习近平总书记"两山"理论，将农场建设成为"中国零碳示范村镇""国家级生态农场"。

5. **自然风景带**。保持主题公园内原有地理风貌，夏季绿树成荫，鲜花绿草相伴，成为放松心情、感悟自然美的优良场地，是远离喧嚣，宁心静气的天然氧吧。

贾家店农场党建主题公园被朝阳市委党校选为现场教学基地，每年接待众多企事业单位进行学习、参观、考察。仅 2021 年，就接待朝阳市农业银行，朝阳市、县党校干部培训班，朝阳市、县人大视察组共 500 余人次，为传承红色基因、坚定党员干部理想信念打下坚实的基础。

七、党建荣誉

2016 年 7 月，贾家店农场被朝阳市委组织部授予先进党委称号。2017—2018 年连续两年，贾家店农场代表辽宁省朝阳市朝阳县接受朝阳市委组织部基层党建拉练检查。2018 年 7 月，贾家店农场时任组织委员被朝阳县委组织部授予先进党务工作者称号。2018 年 11 月，贾家店农场二分场"两代表一委员"工作室被朝阳县委组织部授予五星级工作室称号。

第四节　学教活动

一、整党

1985 年 4 月—1987 年 1 月，根据中共十二届二中全会《关于整党的决定》和朝阳县委的统一部署，贾家店农场开展整党。整党的主要任务是统一思想，整顿作风，加强纪律，纯洁组织。整党工作按"学习文件，统一思想，提高认识；对照检查，开展批评和自我批评；组织处理，党员登记"三个阶段，分三期进行。整党工作重点紧扣"四个环节"：紧密结合经济体制改革，提高思想认识；抓住"以权谋私"的不正之风和对党对人民不负责任的官僚主义问题，边整边改，未整先改；做好清理"三种人"和党员处理工作，抓好"第三梯队"建设。农场党委着重对党员进行中共十一届三中全会以来的路线方针政策的教育，提高党员在思想上、政治上同党中央保持高度一致的自觉性；进行理想、宗旨、党性、党纪教育，检查纠正部分党员干部中存在的"一切向钱看"和"以权谋私"的问题。各党支部带领党员分期分批参加学习和"忆、摆、查、改"活动，各党支部班子成员及党员自上而下揭露和对照检查集体及个人存在的影响"四化"建设的主要问题，进行"改革意识""商品经济观念""尊重知识""尊重人才"观念的更新。

二、农村社会主义教育

1990—1992 年，贾家店农场党委按照朝阳县委的统一部署，分别利用两个冬春农闲时间，在全场深入开展以"反对资产阶级自由化，坚持社会主义方向，深化农村改革，办好农村公有制经济"为主题的农村社会主义教育。重点进行四个方面的教育：热爱中国共产党、热爱社会主义教育；坚持走建设有中国特色社会主义道路教育；为社会主义现代化建设奋发图强，艰苦奋斗教育；坚信党的领导是农村搞好社会主义改革和建设根本保证教育。乡党委组织党员认真学习中共中央《关于社会主义若干问题学习纲要（试用本）》，参加"社会主义好"大讨论，组织党员民主评议；结合基层党组织换届做好领导班子调整；进一步完善承包经营责任制，健全合作经济组织，巩固壮大集体经济；进一步坚定社会主义方向，为推动全乡改革和经济发展起到重要作用。在此期间，全乡党员参加了农村社会主义教育。

三、"三讲"教育

2000年4—10月，根据中共中央《关于在县级以上党政领导班子、领导干部中深入开展以"讲学习、讲政治、讲正气"为主要内容的党性党风教育的意见》和市委、县委的统一部署，贾家店农场开展"三讲"教育。农场党委领导干部按规定学习有关文件，提高思想认识和政治素质，加强党性修养。每人撰写个人剖析材料，剖析在党性、党风和工作上存在的突出问题，深挖思想根源，针对查摆出的问题，制定整改措施，取得"三讲"教育的成果。

四、"三个代表"重要思想学习教育

2001年2月，依据中共中央《关于在农村开展"三个代表"重要思想学习教育的意见》和市委、县委的具体部署，贾家店农场党委在全场开展为期一年的"三个代表"重要思想学习教育。农场党委制定《关于开展"三个代表"重要思想教育的实施意见》。明确要求学习教育分为学习培训、对照检查、整改提高三个阶段。对照检查阶段，农场和分场两级班子成员写出书面剖析材料，召开民主生活会，开展批评和自我批评；整改提高阶段，分场党支部制定整改方案，在党员大会和村民代表大会上通报。农场党委成员和副职以上领导干部每人带领1名乡机关干部联系1个分场，同时向各分场派出学习教育联络员负责督查指导学习教育。

五、保持共产党员先进性教育

2005年7—10月，根据中共中央《关于在全党开展以实践"三个代表"重要思想为主要内容的保持共产党员先进性教育的意见》和省、市、县委统一部署，贾家店农场党委按规定要求开展先进性教育各阶段各环节工作。全场全体党员参加了教育相关活动。

以调查为先导，做好党员队伍状况、流动党员状况、党员管理和基层组织状况"三个

摸清"。组织引导广大党员学习贯彻党章，坚定理想信念，坚持党的宗旨，认真解决党员和党组织在思想、组织、作风以及工作方面存在的突出问题。

农场党委书记以"保持共产党员先进性，构建和谐贾家店"为主题讲党课；开展"高效、富民、文明、平安、和谐农场"主题学习大讨论，重温入党誓词，进行"党在我心中"党性知识竞赛等主题活动。制定党员信息管理制度、党员民情联系制度、党务公开制度等，普遍进行"设岗定责"，设立"党员示范岗""党员责任区"，组织党员开展"联户帮带""扶贫帮困"等活动，促进党组织、党员与群众的联系和沟通。投资30余万元建立乡便民服务大厅，深化政务公开。先进性教育使党员受到教育，群众得到实惠，成为"群众满意工程"。

六、学习实践科学发展观

2008年10月，根据中共中央精神和省、市、县委部署，贾家店农场党委深入开展学习实践科学发展观。学习实践活动以领导班子和党员领导干部为重点，全体党员参加。分两批进行：第一批为农场机关（2008年10月—2009年2月）；第二批为各分场、场内企事业单位等（2009年3—8月）。农场党委对副科级以上领导干部提出"一个亲自，四个带头"的要求，即亲自抓学习培训，带头进行讨论发言，带头撰写心得体会，带头听取意见建议，带头遵守学习纪律。通过开展"我为贾家店科学发展建言献策"和"践行科学发展观，我为贾家店农场做贡献"系列活动，征集各类意见建议48条。农场党委领导班子召开民主生活会，综合各方面意见建议，制定有针对性的整改措施并全面落实整改。同时，新建制度5项，修改制度5项，以保障科学发展。经测评，群众对"深入学习实践科学发展观活动情况"的满意度为92.4%，比较满意度为7.6%；对"农场解决影响和制约科学发展突出矛盾和问题"的满意度为91.3%，比较满意度为8.7%。

七、党的群众路线教育实践

2013年6月，中共中央提出在全党开展党的群众路线教育实践，"照镜子、正衣冠、洗洗澡、治治病"是开展党的群众路线教育实践的总要求。

贾家店农场党委围绕"为民、务实、清廉"的主题，聚焦"四风"突出问题，紧密联系工作实际，扎扎实实完成学习教育、听取意见，查摆问题、开展批评，整改落实、建章立制几个环节的工作任务，达到了预期目标。自教育实践开展以来，农场全体党员参加教育实践活动，参与覆盖面达100%。农场党委在严格执行县委统一部署的基础上，立足于不同阶段的不同特点，创造性地开展工作，使整个教育实践"规定动作做到位，自选动作有特色"。

（一）周密部署

为确保教育实践活动有序开展，农场党委把深入开展教育实践作为首要政治任务和重大政治责任，在县委的部署下迅速召开会议学习中央精神，围绕活动的总体要求、目标任务、主要内容和方法步骤开展周密部署，为整体有序开展建立有效的组织保障和机制保障。一是健全组织机构。第一时间成立了由党委书记任组长的党的群众路线教育实践活动领导小组，集合全部力量，确保统一领导、分工明确、责任到人，为教育实践的顺利开展提供了组织保障。二是强化实施保障。制定下发教育实践工作方案，确保在组织推进、活动内容、进度安排和方式方法等方面不折不扣地贯彻中央和上级党委精神；制定教育实践开展计划并报督导组审核，建立起层层落实的机制保障。

（二）组织活动

全体党员干部把学习教育、听取意见作为基础环节，从加强学习、提高思想认识入手，为深入开展教育实践开好头、起好步。一是做到思想动员"全统一"。农场党委召开党的群众路线教育实践工作会议，动员全体党员干部深刻领会教育实践的重大意义，切实将思想与行动统一到中央和上级部门党委的部署要求上来。二是学习培训"全覆盖"。在带头学习方面，农场领导自觉做到带头记学习笔记、带头写心得体会、带头到联系点授课，在认真研读中央指定书目的基础上，组织全体党员集中学习 10 余次，传达习近平总书记在兰考指导县委常委班子专题民主生活会的重要讲话精神并观看专题纪录片，学习中央和省、市、县委关于教育实践活动的一系列会议文件精神，切实把思想和行动统一到中央和省、市、县委的部署要求上来。三是开展集中交流学习。通过集中学、自主学或讨论学等方式，先后邀请县委宣传部、县党校的同志到贾家店农场作群众路线专题讲座和集中辅导，组织领导干部围绕"为了谁、依靠谁、我是谁""常思常想自己也是百姓""践行焦裕禄精神"等主题召开学习讨论交流会 3 场（次），农场领导撰写心得体会 20 余篇。四是在对照反思学方面。农场党委把学习焦裕禄、杨善洲精神纳入重要学习内容，组织广大党员干部观看《焦裕禄》《杨善洲》等影片，以焦裕禄、杨善洲精神为镜子，通过一轮一轮地学习、一次一次地反思，进一步增强了宗旨意识和群众观念，为开好专题党员组织生活会奠定了思想基础。五是"全方位"听取意见。农场党委积极探索创新"自选动作"，累计召开座谈会 11 场次、参加人员 188 人次，发放征求意见表 110 份，开展谈心谈话 120 多人次。

（三）查摆问题

在县委的指导下，贾家店农场党委深刻严肃地进行查摆、开展批评和自我批评，确保学习教育达到发现问题、解决问题的预期目标。一是找准"四风"问题。农场党委围绕"为民务实清廉"要求,聚焦"四风",拓宽意见建议征求渠道,采取群众提、自己找、上级点、互相帮、集体议等方式,广泛听取意见,切实把问题找出来、理清楚、聚准焦、分到人。收集到"四风"及各类意见84条,通过整理分类后共6个方面、15条意见。二是与基层干部群众充分谈心交心。按照"四必谈"的要求,安排了10天相对集中的时间进行谈心交心,力求把问题谈开谈实,把思想谈深谈通。农场领导有针对性地与每名党员干部开展谈心谈话,一次谈不好的多次谈,还主动接受党员、干部和群众的约谈。通过推心置腹的谈心,交流了意见,沟通了思想,达成了共识,形成了相互批评意见,为开展批评和自我批评奠定了良好的思想基础。三是深刻剖析检查。为了召开组织生活会,领导班子成员在做好深入学习、广泛征求意见、自查、谈心的基础上,认真撰写个人对照检查材料,做到自己动手写、查摆问题全、分析原因透、整改措施明,个人的对照检查材料修改6稿以上。在个人对照检查材料的基础上综合形成领导班子对照检查材料,从政治纪律、"四风"问题等方面认真、深入地查找班子存在的突出问题,基本做到了"查找问题准、分析根源清、认识程度深、整改措施实"。为开好组织生活会,农场党委班子和每位党员都严格对照党章的具体要求,紧密联系自己的思想和工作实际,实事求是,查摆自身存在的不足,着重检查了理想信念、遵守纪律和立足本职、发挥先锋模范作用、廉洁自律等方面存在的突出问题,并列出具体表现。据统计,农场领导班子成员查摆出来问题15条。务实开好领导班子民主生活会,请县委督导组到会指导,班子成员在民主生活会上进行了深刻的自我剖析,肯定了工作成绩,也指出了存在的问题,明确了整改方向。切实做到自我批评触及思想,接触实质,具体深刻。据统计,全场党员对农场党委提出的批评意见共计15条,有36名党员参加民主测评,其中总体评价好的有36人。

(四) 分类整改

针对群众意见反馈和查摆发现的问题,贾家店农场党委以高度的紧迫感与责任感抓好整改,确保教育实践取得抓铁有痕、踏石留印的实效。在教育实践中边查边改。把解决群众关心的突出问题作为重要任务,边整边改,确保实效。针对群众提出的意见和建议,认真梳理,归纳分类,按"维护稳定、群众困难、生产发展、民生诉求"进行了责任分解,将责任落实到了具体干部头上,从群众关心的热点、难点问题入手,认真倾听群众呼声,突出抓了一些与群众生产生活密切相关的难点问题,密切了党群关系、干群关系,提高了在人民群众中的威信,增强了吸引力和凝聚力。一些事关人民群众切身利益的突出问题得到初步解决,立党为公、执政为民的要求进一步落实。

(五) 取得的成效

通过教育实践,初步建立起以制度建设统领全局工作的长效机制。其间,贾家店农场党委坚持开门搞活动，畅通听取意见渠道，扎实开展了听取意见工作。在第一阶段群众提、上级点、自己找、互相帮的基础上，从形式主义、官僚主义、享乐主义、奢靡之风、关系群众切身利益和联系服务群众"最后一公里"等6个方面进行了归纳梳理，农场领导班子征求意见建议15条。根据征求的意见建议，结合农场的工作实际，农场党委制定了会议、文件、简报等制度、领导干部履职尽责的相关制度、完善党员干部直接联系群众制度、公务用车制度、公务接待制度等。一方面把作风建设、队伍建设、能力建设等内容纳入制度轨道，以行得通、指导力强、能长期有效的制度将活动成果和成功经验固化下来。另一方面推动了制度"废、改、立"工作的经常化、长效化，确保宗旨意识得到全面、持续地体现。

贾家店农场开展此次党的群众路线教育实践，严格落实上级部门的各项部署，同时又能密切联系实际，创造性地开展工作。教育实践开展的过程求实、方向求准、标准求严、效果求真，既锤炼了干部队伍的思想作风，又推动了中心工作；既得到了上级部门的多次肯定，又以可用、可行、可持续的举措得到群众的好评。

八、"三严三实"专题教育

2015年4月10日，中共中央办公厅印发《关于在县处级以上领导干部中开展"三严三实"专题教育方案》，之后在全党开展"三严三实"专题教育。"三严三实"，即"严以修身、严以用权、严以律己，谋事要实、创业要实、做人要实"。贾家店农场党委按照朝阳县委的具体部署，重点对农场领导班子成员开展"三严三实"专题教育。领导班子成员对照"三严三实"，深刻反思，清醒认识"三严三实"在每个领导班子成员身上的具体体现，对照差距制定学习计划和整改措施。

九、"两学一做"学习教育

2016年，贾家店农场开展"两学一做"（学党章党规、学习习近平总书记系列讲话，做合格党员）学习教育，深入学习党章党规和习近平总书记重要讲话精神，认真开展专题讨论。农场党委理论学习中心组每月学习1次。机关党员干部每周集中学习1次，其他各支部每月组织党员集中学习1次。农场科级领导干部到所包分场党支部讲党课。

十、"不忘初心、牢记使命"主题教育

2017年10月18日，习近平总书记在十九大报告中指出，在全党开展"不忘初心、牢记使命"主题教育活动，用党的创新理论武装头脑，推动全党更加自觉地为实现新时代

党的历史使命不懈奋斗。2019 年 5 月 13 日，中共中央政治局召开会议，决定从 2019 年 6 月开始，在全党自上而下分两批开展"不忘初心、牢记使命"主题教育。

2019—2020 年，贾家店农场抓住"不忘初心、牢记使命"主题教育的契机，以党的政治建设为统领，抓创建做表率、抓规范固根基、抓融合促发展、抓队伍正作风，不断推动农场的高效高质量发展。通过主要领导、党员干部、分场党员群众讲党课，邀请党校老师宣讲等形式，教育引导党员干部不断增强"四个意识"、坚定"四个自信"、做到"两个维护"，开展党的政治自律和政治规矩教育活动，规范党员干部的政治言行，努力营造风清气正的良好政治生态。进一步推动党委制定落实党建主体责任清单，加强对党建工作的领导，切实履行党建主体责任，将党建工作和中心工作同谋划、同安排、同考核。严格履行党委书记抓党建工作为第一责任人职责，做到重大问题亲自研究，主要工作亲自部署，重要事项亲自督促落实，确保农场党建工作高位推进、高效落实。严格组织程序，充分保障党员权利，扎实做好各项选举工作。圆满完成了分场党支部换届选举，积极推行分场书记、主任"一肩挑"，发展新党员 5 名，充实基层党组织队伍。调整分场班子成员，优化基层党员年龄、学历结构，规范分场党支部"三会一课"、主题党日、党员发展工作程序。同时，进行了县党代表、市党代表、省党代表推选工作，完成了县人大代表、县政协委员推选和考察工作。党建统领脱贫攻坚和分场经济发展的模式实现破解，产业载体和工作体系取得深度探索。

十一、党史学习教育

2021 年是中国共产党建党一百周年，为隆重庆祝中国共产党的百年华诞，深入贯彻落实习近平总书记在党史学习教育动员大会上的重要讲话精神，按照中央和省、市、县委关于开展党史学习教育工作的相关通知要求，结合贾家店农场的工作实际，制定了党史学习教育方案。农场党委紧紧围绕百年党史学习教育开展了一系列活动，党史教育多点开花。与县图书馆联合开展了"讲党史·庆七一"知识竞赛，庆祝建党百年"永远跟党走"惠民演出 5 场，"初心不改·乡情难忘"——68 届知青专演 1 场，党史讲座 6 次，党史宣讲 10 次，理论学习中心组集体学习 3 次。通过一系列活动，使广大党员干部及青年一代做到了学史明理、学史增信、学史崇德、学史力行，不断提高政治判断力、政治领悟力、政治执行力，激励全场上下只争朝夕、真抓实干、奋力谱写新时代追赶超越的新篇章。

第五节　党风廉政建设

贾家店农场党委坚定党要管党、全面从严治党的政治责任，积极推进政治纪律、政治规矩落地生根。坚持以党的政治建设统领工作全局，切实将政治纪律、政治规矩摆在前面。坚决打击违反政治纪律、政治规矩的行为，系统把握党风廉政建设、责任体系建设，着力推进反腐倡廉工作行稳致远。党风廉政建设工作，党委负总责、各领域具体推进落实。以"抓党建、促发展"为总方略，始终坚持以德为先、恪尽职守、廉洁自律，注重加强农场党建工作、党政领导班子建设和党风廉政建设，注重改善民生和推进社会事业发展。农场党委带领全场广大党员干部群众，抢抓机遇，创先争优，埋头苦干，促进了贾家店农场经济社会的全面协调发展，各项工作呈现出良好的发展态势。

第六节　人民武装

一、贾家店区武装委员会

主　　任　任秀宗（1947.06—1947.10）

区小队长　刘　荣（1947.06—1949.05）

　　　　　刘自林（1949.06—1949.09）

二、贾家店（区）公社人民武装部

部　　长　李树清（1961.02—1965.12）

　　　　　梁友荣（1966.01—1967.12）

　　　　　范成明（1968.01—1969.12）

　　　　　吕景春（1970.01—1977.12）

　　　　　张明军（1978.01—1982.12）

　　　　　霍玉德（1983.01—1987.12）

三、贾家店乡（农场）人民武装部

部　　长　张学霖（1988.02—1990.12）

　　　　　张学霖（兼，1991.01—1991.12）

　　　　　王恩民（1993.01—1995.08 以副代正；1995.08—1999.08）

张志东（1999.08—2004.02）

李耀坤（2004.02—2005.10）

庞广斋（2005.10—2008.03）

王玉斌（兼，2008.03—2013.08）

李耀坤（2013.08—2015.04）

贾振峰（兼，2015.04—2018.02）

李耀坤（兼，2018.03—2019.12）

商海东（兼，2020.07—2021.04）

邴占胜（2021.05—）

副 部 长　王恩民（1992.01—1992.12）

第二章　行政组织

贾家店农场历经贾家店区人民政府，到乡建制、人民公社、革委会，再重新恢复贾家店农场，历届政府组成人员在中国共产党的领导下，励精图治，为贾家店农场的经济、社会发展作出了较大贡献。特别是进入 21 世纪以来，贾家店农场在招商引资、项目建设、民生发展等诸多领域，均取得了较大成绩，为提高人民群众生活水平，维护社会稳定贡献出了智慧和力量。

第一节　贾家店农场（公社、乡）历史沿革

在羊山、朝阳南北两县合并前的 1949 年 5 月 27 日，热河省政府发布第 20 号文件，决定将辽宁省葫芦岛市的根德营子和锦义县的七道岭区划归辽宁省朝阳市朝阳县。1950 年，经过一番调整，将两县合并时期的 24 个区合并为 18 个行政区，仍属区村建制。即：一区城厢区，二区他拉皋，三区召都巴，四区贾家店，五区西大营子，六区龙王庙（今联合乡），七区大平房，八区波罗赤，九区木头城子，十区梅勒营子（今胜利乡），十一区六家子，十二区羊山，十三区缸窑岭，十四区大屯，十五区七道岭，十六区二十家子，十七区北四家子，十八区十二台营子。行政村基本未变。

1954 年，又分建 1 个黑牛营子区，全县增加到 19 个行政区，行政村未变。1956 年 2 月搞小乡建制时，撤销原来的 19 个行政区的实体建制，建立 9 个区公所（工委性质）和 109 个乡（实体）。同年 8 月，又将 9 个区合并为 7 个区，将 109 个小乡合并为 85 个大乡（不包括城厢区）。1958 年 2 月又变成 53 个乡；同年 5 月又将 53 个乡合并为 41 个乡；同年 10 月撤销区建制，开始实行"政社合一"的人民公社建制。

一、贾家店区人民政府

区　长　郭长林
　　　　苘（mián）民生（1947.06—1948.08）
　　　　宋剑武（1948.07—1950.01）

荣公信（1949.06—1949.07）

姚振海（1950.05—1950.08）

耿宪章（1950.10—1951.11）

刘秀德（1951.08—1951.11）

张国治（1951.12—1953.04）

王正君（1953.10—1956.11）

副区长　李青山

徐明生

杨　昆（1947.10—1947.11）

李春芝（1947.11—1948.09）

姜秀峰（1947—1949）

耿宪章（1950.05—1950.10）

程少福（1950.10—1952.07）

杨永森（1953.03—1954.03）

李万林（1954.07—1955.05）

二、贾家店乡人民政府

乡　长　柳景彦（1958.05—1958.09）

副乡长　郭殿喜（1956.09—1958.04）

王洪信（1958.05—1958.09）

从 1958 年 9—10 月"人民公社化"至 1966 年 5 月，这一时期的农村建制是在撤销行政区和小乡的基础上实行"政社合一"体制。

三、贾家店人民公社（1958.10—1966.05）

社　长　冯朝阁（1958.10—1960.01）

张万良（1960.01—1965.01）

王德林（1966.01—1967.03）

副社长　张　俊（1958.10—1960.07）

李　华（1958.10—1959.08）

刘海清（1958.10—1960.06）

赫殿新（1964.01—1965.12）

齐广恩（1965.03—1967.03）

四、贾家店农场革命委员会（1966.05—1976.10）

主 任　王永久（1969.04—1973.01）

　　　　赵　毅（1971.07—1972.12）

　　　　高景润（1973.06—1975.10）

　　　　赵文生（1974.08—1976.10）

　　　　李德宝（1975.09—1976.10）

副主任　齐广恩（1968.05—1971.10）

　　　　尹凤山（1968.06—1969.03）

　　　　赵　毅（1969.11—1971.07）

　　　　吕景春（1970.10—1972.02）

　　　　张建华（1971.10—1974.04）

　　　　潘德发（1973.03—1976.10）

　　　　李均学（1974.01—1975.09）

五、贾家店乡（农场）人民政府（革委会）（1976.10—1987.12）

主 任　赵文生（1976.10—1979.02）

　　　　李德宝（1976.10—1977.09）

　　　　李海文（1979.02—1982.09）

乡 长　李树生（1984.03—1987.03）

代乡长　李春丰（1985.10—1987.03）

乡 长　李春丰（1987.03—1987.12）

副主任　李均学（1976.10—1980.08）

　　　　潘德发（1976.11—1978.01）

　　　　刘树丰（1979.04—1980.08）

　　　　贾玉坤（1980.08—1984.03）

　　　　刘　学（1980.08—1985.10）

　　　　张明军（1983.04—1984.03）

副乡长　贾玉坤（1984.03—1987.04）

　　　　张明军（1984.03—1987.04）

李春峰（1985.10—1987.03）

李树生（1987.03—1987.12）

督导员 王汉复（1984.01—1987.12）

贾春山（1985.12—1987.12）

第二节 人民（农场职工）代表大会

一、贾家店乡第九次人民代表大会

贾家店乡第九届人民代表大会主席团

主 席 姚惠钧（1987.11—1989.04）

李春峰（1989.04—1989.12）

副 主 席 王汉馥（1988.01—1989.12）

常务主席 王汉馥（1990.02—1991.12）

贾春玉（1991.12—1992.12）

1987年3月10日，贾家店乡第九次人民代表大会召开，选举产生了贾家店乡第九届人民政府。

乡 长 李春峰（1987.11—1989.04）

孙玉军（1989.04—1989.12）

副 乡 长 霍玉德（1987.11—1990.02）

二、贾家店乡第十次人民代表大会

1990年3月15日，贾家店乡第十次人民代表大会召开，选举产生了贾家店乡第十届人民政府。

乡 长 张海坤（1990.03—1992.12）

副 乡 长 霍玉德（1990.03—1990.09）

张学林（1990.09—1992.12）

金万志（1991.12—1992.12）

三、贾家店乡第十一次人民代表大会

1993年1月15日，贾家店乡第十一次人民代表大会第一次会议召开，会期1天，出席会议代表45名。大会审议通过了政府工作报告、人大主席团工作报告、1992年财政决

算和 1993 年财政预算（草案）的报告。选举产生了贾家店乡第十一届人大主席团主席；选举产生了人民政府乡长、副乡长。

贾家店乡第十一届人民代表大会主席团

主　　席　贾春玉（1993.01—1996.01）

贾家店乡人民政府

乡　　长　张海坤（1993.01—1994.01）

孙玉军（兼，1994.01—1995.04）

王宪华（1995.04—1996.01）

副 乡 长　金万智（朝鲜族，1993.01—1994.12）

张学林（1993.01—1996.01）

齐孝林（1995.12—1996.01）

张玉芹（女，1995.12—1996.01）

四、贾家店乡第十二次人民代表大会

1996 年 1 月 29 日，贾家店乡第十二次人民代表大会第一次会议召开，会期 1 天，出席会议代表 45 名。大会审议通过了政府工作报告、人大主席团工作报告、1995 年财政决算和 1996 年财政预算（草案）的报告。选举产生了贾家店乡第十二届人大主席团主席；选举产生了人民政府乡长、副乡长。

贾家店乡第十二届人民代表大会主席团

主　　席　贾春玉（1996.01—1998.11）

霍玉德（1998.11—1999.01）

贾家店乡人民政府

乡　　长　王宪华（1996.01—1997.01）

王剑峰（1997.01—1998.03）

王友信（1998.03—1999.01）

副 乡 长　齐孝林（1996.01—1999.01）

张学林（1996.01—1996.03）

张玉芹（女，1996.01—1999.01）

毛步学（1996.10—1999.01）

五、贾家店乡第十三次人民代表大会

1999 年 1 月 18 日，贾家店乡第十三次人民代表大会第一次会议召开，会期 1 天，出席会议代表 45 名。大会审议通过了政府工作报告、人大主席团工作报告、1998 年财政决算和 1999 年财政预算（草案）的报告。选举产生了贾家店乡第十三届人大主席团主席；选举产生了人民政府乡长、副乡长。

贾家店乡第十三届人民代表大会主席团

主　　席　霍玉德（1999.01—1999.12）

贾家店乡人民政府

乡　　长　王友信（1999.01—1999.08）

　　　　　安雨卿（1999.08—2001.03）

副 乡 长　张玉芹（女，1999.01—2001.03）

　　　　　毛步学（1999.01—2001.03）

　　　　　夏秉刚（1999.08—2001.03）

　　　　　齐孝林（1999.12—2000.05）

国营贾家店农场招商办

副 主 任　齐孝林（1999.08—1999.12）

　　　　　霍玉德（1999.12—2001.03）

2001 年 3 月至 2011 年 3 月，辽宁省朝阳市朝阳县选派到贾家店农场任职的场长、副场长如下：

场　　长　安雨卿（2001.03—2003.03）

　　　　　李珍三（2003.03—2005.12）

　　　　　孙佳虎（2005.12—2007.11）

　　　　　聂仁升（2007.11—2011.03）

工会主席　刘子文（2003.05—2011.03）

副 场 长　夏秉刚（2001.03—2004.12）

　　　　　张玉芹（女，2001.03—2003.06）

　　　　　毛步学（2001.03—2001.12）

　　　　　张志东（2003.12—2008.12）

　　　　　张文昌（2004.07—2006.02）

　　　　　李维胜（2004.12—2011.03）

　　　　　李连春（2006.02—2011.03）

　　　　　郭学凤（2008.12—2011.03）

2011 年 3 月至 2022 年 12 月，贾家店农场场长和副场长如下：

场　　长　聂仁升（2011.03—2012.03）

姜晓光（2012.03—2016.03）

李国森（2016.03—2019.01）

姚振达（2019.04—2020.01）

孙大亮（2020.04—）

副 场 长　郭学凤（2009.12—2012.09）

李维胜（2011.03—2015.07）

李连春（2011.03—2012.05）

申宪青（2012.09—2017.09）

庞广斋（2012.09—2016.12）

王树国（2016.01—2019.12）

李耀坤（2017.09—2019.12）

王国飞（2017.09—2021.05）

李　光（2020.04—）

杭百音（2020.04—）

商海东（2021.05—）

第三节　分场（村）行政沿革

一、1949 年前贾家店（区）各村人民政府的建立

1. **转转经村**。1947 年建立。

村主任　白俊儒（1947.09—1949.09）

2. **二道湾子村**。1947 年建立。

村主任　程绍增（1947.09—1949.09）

3. **敖汉波罗村**。1947 年建立。

村主任　魏连弼（1947.09—1949.09）

赵殿玉（1948.11—1949.09）

4. **贾家店村**。1947 年建立。

村主任　张久凤（1947.09—1948.10）

5. **黄台子村**。1947 年建立。

村主任　黄存志（1947.09—1947.12）

纪连珠（1948.01—1949.09）

6. 柴周营子村。1947 年建立。

村主任　张宗贵（1947.07—1947.11）

张宗臣（1947.11—1949.09）

7. 桦杖子村。1947 年建立。

村主任　华玖广（1947.10—1949.09）

8. 周台子村。1947 年建立。

村主任　李振生（1947.10—1949.09）

9. 沟门子村。1947 年建立。

村主任　张　绅（1947.11—1949.09）

10. 双庙村。1947 年建立。

村主任　李振青（1947.11—1948.03）

王连袋（1947.11—1948.03）

高刘氏（1947.11—1948.03）

王连袋（1948.03—1949.09）

11. 报马营子村。1947 年建立。

村主任　张振生（1947.11—1948.03）

安洪臣（1947.11—1948.03）

张守田（1947.11—1948.03）

张明林（1948.04—1949.09）

12. 阎家窑村。1947 年建立。

村主任　刘　存（1947.11—1948.03）

金跃先（1947.11—1949.09）

13. 郝杖子村。1947 年建立。

村主任　王景元（1947.11—1948.03）

刘彦珍（1947.11—1948.03）

田守连（1948.04—1949.09）

14. 河南杖子村。1947 年建立。

村主任　刘　富（1947.11—1948.03）

刘向阳（1947.11—1948.03）

徐宝三（1947.11—1948.03）

刘向阳（1948.04—1949.09）

二、基本完成社会主义改造和全面建设社会主义时期的村级政权

这一时期的贾家店区所辖村包含北沟门乡、杨树湾镇的所有村，此节仅收录截至2022年贾家店农场所辖村，其他村从略。

1. 二道湾子村

村主任　程绍增（1949.10—1950.09）

2. 敖汉波罗村

村主任　李青轩（1949.10—1950.12）

　　　　王殿元（1951.01—1956.02）

3. 转转经村

村主任　白俊儒（1949.10—1950.08）

　　　　张守才（1950.09—1950.12）

　　　　柳景彦（1951.01—1954.12）

　　　　白俊儒（1955.01—1955.12）

　　　　柳景彦（1956.01—1956.12）

4. 姑子庵村

村主任　程绍增（1949.10—1951.12）

　　　　姚　春（1952.05—1956.12）

5. 贾家店村

村主任　柳景彦（1958.05—1958.10）

三、人民公社时期各大队管委会

（一）4个分场

1960年1月，贾家店农场划分4个分场。

1. 一分场

管委会主任　梁振奎（1960.01—1960.12）

　　　　　　刘永荣（1962.01—1962.07）

2. 二分场

管委会主任　任来均（1960.01—1963.12）

　　　　　　赵桂英（1963.12—1964.12）

3. 三分场

管委会主任　王洪德（1960.01—1961.12）

　　　　　　杨瑞青（1962.01—1962.12）

4. 四分场

管委会主任　边义臣（1960.01—1964.12）

　　　　　　任维钧（1964.01—1964.12）

（二）8个大队

1965年1月，贾家店农场4个分场改为8个大队。

1. 转转经大队

管委会主任　王汉儒（1965.01—1966.05）

2. 敖汉波罗大队

管委会主任　魏庆和（1965.01—1966.05）

3. 胡杖子大队

管委会主任　王洪臣（1965.01—1966.05）

4. 马营子大队

管委会主任　周　春（1965.01—1966.05）

5. 程家沟大队

管委会主任　程绍栋（1965.01—1966.05）

6. 二道湾子大队

管委会主任　李井和（1965.01—1966.05）

7. 胜利大队

管委会主任　侯广仁（1965.01—1966.05）

8. 南扎兰营子大队

管委会主任　张洪才（1965.01—1966.05）

四、"文化大革命"时期各大队革委会

（一）8个生产大队时期 （1966.03—1970.12）

1. 胜利大队

革委会主任　侯广仁（1966.05—1970.12）

2. 二道湾子大队

革委会主任　李井和（1966.05—1970.12）

3. 敖汉波罗大队

革委会主任　魏庆和（1966.05—1970.12）

4. 胡杖子大队

革委会主任　王洪臣（1966.05—1970.12）

5. 贾家店大队

革委会主任　王汉儒（1966.05—1970.12）

6. 马营子大队

革委会主任　周　春（1966.05—1970.12）

7. 程家沟大队

革委会主任　程绍栋（1966.05—1970.12）

8. 南扎兰营子大队

革委会主任　张洪才（1966.05—1970.12）

（二）4个分场时期（1970.12—1976.10）

1971年，贾家店农场8个生产大队改为4个分场。

1. 一分场

场部场长　魏希春（1971.01—1976.10）

2. 二分场

场部场长　颜立国（1971.01—1974.04）

李井和（1974.05—1976.10）

3. 三分场

场部场长　李春贵（1971.01—1973.12）

李国华（1974.01—1976.10）

4. 四分场

场部场长　阚久成（1971.01—1975.01）

白云峰（1975.02—1976.10）

五、社会主义现代化建设新时期（1976.10—1987.12）

（一）4个分场

1. 一分场

场部场长　魏希春（1976.10—1981.12）

史广文（1982.01—1985.02）

2. 二分场

场部场长　李井和（1976.10—1981.12）

赵树春（1982.01—1987.12）

3. 三分场

场部场长　李国华（1976.10—1985.01）

4. 四分场

场部场长　白云峰（1976.10—1976.12）

阚久成（1975.01—1976.12）

程显福（1977.01—1985.01）

（二）4个行政村

1985年1月，贾家店农场4个分场改为4个行政村机构。

1. 胜利村

村民委员会主任　毛布云（1985.03—1987.12）

2. 二道湾子村

村民委员会主任　赵树春（1985.01—1987.12）

3. 敖汉波罗村

村民委员会主任　李国华（1985.01—1985.11）

张文清（1985.12—1987.12）

4. 胡杖子村

村民委员会主任　程显福（1985.01—1985.03）

赵景贤（1985.04—1987.12）

六、全面建设小康社会时期（1988.01—2022.12）

1. 一分场

场部场长　王国柱（1988.01—1996.12）

孙孝起（1997.01—2004.12）

史广春（2005.01—2015.01）

于广泽（2015.02—）

2. 二分场

场部场长　赵树春（1988.01—1996.06）

程显林（1996.07—1998.06）

程培才（1998.07—2001.06）

尹凤丽（2001.07—2005.06）

赵　强（2005.07—2006.10）

程显尊（2006.11—2010.12）

程谟超（2011.01—2014.01）

李向东（2014.02—　）

3. 三分场

场部场长　李春贵（1988.01—1994.03）

贾甫军（1994.04—2003.03）

郝诗学（2003.04—2014.01）

尹占贺（2014.02—　）

4. 四分场

场部场长　程显福（1988.01—1988.12）

李维章（1989.01—1992.12）

赵景贤（1993.01—2001.12）

李兴华（2002.01—2005.12）

郑学英（2006.01—2013.12）

张文彩（2014.01—　）

第三章　人民团体

贾家店农场人民团体包括农场工会、共青团、妇女联合会、科学技术协会等组织。

第一节　工　　会

一、贾家店农场工会组织机构建设

2022 年，贾家店农场有工会组织 19 个，其中分场工会 4 个，企业工会 15 个，共有会员 3688 人。

主　席　刘子文（2003.06—2012.04）

马怀凯（2012.08—2015.02）

许艳敏（女，2015.02—2019.01）

王海芳（2019.04—2021.05）

鞠凤军（2021.05—）

二、工会工作开展

（一）工会组织建设

以抓工会组织的队伍建设为突破口，加强工会干部的教育培训。2021 年共组织各分场工会主席学习培训 1 次，各种活动宣传 2 次。总工会在 2021 年组织农场全体职工植树活动 1 次，组织"讲党史·庆七一"知识竞赛活动 1 次，庆祝建党 100 周年篮球友谊赛 1 场，"永远跟党走、奋进新征程"建党百年文艺展演 2 场，职工趣味比赛 1 场，送清凉活动 1 次。4 个分场全部成立了工会组织。

抓分场工会主动参与企业安全生产和劳动保护等方面工作。各分场开始组织对外出打工和在本地企业打工的农民工进行安全生产、劳动保护、工作技能等方面的知识培训。这期间采取多种形式，如举办相关知识讲座、发放宣传资料等。

（二）组织职工活动

竞赛能激发工会热情，竞赛能迸发组织活力，竞赛能推动工作创新。结合争创"六好"

工会活动，在全场范围内相继深入地开展了"职工技术比武""双爱双评""当好主力军、建功'十二五'、和谐奔小康"和"女职工建功立业"等活动。这些活动的开展，极大地调动了职工的积极性，鼓舞了职工的士气，提高了企业的凝聚力。

（三）维权维稳

建立组织,确保改造正常运行。农场建立了工会劳动关系预警工作协调小组和劳动竞赛活动领导小组，充分发挥职工维权窗口的作用。

（四）职工之家

发挥农场职工之家的服务作用，完善农场的保障体系。一是建立健全社会保障救助体系。二是建立健全就业服务体系，在协助政府做好就业再就业工作中发挥作用。为实现农场充分就业的目标，通过培育科技致富带头人，配合县劳动主管部门和科技部门积极开展就业培训和技能培训，实现农场劳动力的充分就业。三是做好帮扶救助工作。农场工会组织发挥自身职能，认真做好"送温暖"和"金秋助学"工作，在中秋节和春节等重大节日期间，发放困难工人慰问金，努力让农场每一名工人都能安居乐业。

农场工会组织以创建文明农场为主线，发挥职工之家阵地优势，开展"文明家庭"创建、争当"文明农工"等活动，倡导文明礼貌、诚实守信、互助互爱、邻里和谐的文明风尚。一是加强农场职工之家设施建设。各分场场部内建立了健身文化娱乐设施，为工人提供了良好的休闲娱乐场所，每个分场都建成了集图书室、棋牌室、音乐休闲室等于一体的文体活动场所，并建立了与辖区内企业的文化资源共享制度。二是开展丰富多彩的文体活动。农场每年都与辖区企业单位共同举办各种竞赛联欢活动，由农场工会具体组织，坚持常年开展活动，陶冶职工情操，营造良好的社会氛围。

第二节　共　青　团

一、组织沿革

新民主主义青年团贾家店区委员会

书　记　白焕章（1948.07—1949.06）

共青团贾家店农场委员会

书　记　周广德（1956.01—1957.04）

郭福田（1957.05—1960.12）

梅永会（1961.01—1963.12）

李景阳（1964.01—1970.10）

王洪全（1970.11—1970.12）

曹凤阁（1971.01—1976.09）

霍玉德（1976.10—1983.06）

于成云（1983.07—1986.11）

杨丽娟（女，1986.12—1987.12）

共青团贾家店乡委员会

书　记　杨丽娟（女，1988.01—1990.12）

孙显贺（兼，1991.01—1991.12）

毛步学（1992.01—1992.12）

胡景艳（女，1993.01—1995.02）

丁存芝（女，1995.03—1996.04）

李耀坤（1996.05—2003.08）

程伟新（女，2003.09—2008.09）

杭百音（女，2008.10—2016.04）

柳秀天（女，2016.05—2021.05）

陈美慧（兼，女，2021.06—2021.08）

王　雪（女，2021.09—）

二、农场共青团工作开展情况

1948年7月，成立了新民主主义青年团贾家店区委员会。在中国共产党的领导下，新民主主义青年团贾家店区委员会组织广大青年，积极参加土地改革、农业合作化、社会主义改造等一系列运动，和广大群众一起平整土地、兴修水利、大搞农田基本建设。

1983年以后，农场共青团在农场党政领导的支持下，举办乒乓球、篮球、"青少年读书有奖竞赛"等活动。

2015年"五四"前夕，举办"手拉手共创美好家园"主题活动启动仪式，号召农场广大青少年在全国文明村镇创建工作中争当文明使者，自觉传播文明的种子，践行文明行为；青年团员代表宣读文明行动倡议书，与农场学生代表共同宣誓，努力做到"十大文明行为"，摒弃"十大不文明行为"；青年志愿者自发组织宣传志愿者分队、环境保护志愿者分队、文明监督志愿者分队以及扶老助困志愿者分队，在农场内开展宣传、环保、助老等志愿者服务。

2022年初，组织广大青年学生，举办"创建全国文明村镇——低碳减排，人人有责，争做环保小卫士"宣传实践活动。2022 年，贾家店农场作为东三省唯——家"零碳村镇"，通过农业农村部专家评审。农场共青团带领广大青年为此作出了贡献。

第三节　妇女联合会

一、组织沿革

贾家店区妇女联合会

主　任　杨云清（1947.05—1950.01）

　　　　刘桂珍（1947.10—1949.03）

　　　　刘瑞丰（1947.12—1949.12）

　　　　刘凤英（1949.06—1949.09）

　　　　李春枝（1950.04—1950.12）

　　　　辛彩霞（1958.04—1963.12）

　　　　李淑英（1964.01—1969.12）

　　　　唐文灿（1970.01—1971.03）

　　　　李淑华（1971.04—1987.12）

贾家店乡（农场）妇女联合会

主　任　李淑华（1988.01—1992.12）

主　席　傅维华（1993.01—1996.07）

　　　　胡景艳（1996.08—2009.02）

　　　　程伟新（2009.03—2016.03）

　　　　杭百音（2016.04—2021.04）

　　　　王丽娜（女，2021.05—）

二、荣誉

2000 年，贾家店农场被辽宁省朝阳市朝阳县授予婚育新风进万家先进单位；2012 年 3 月，贾家店农场妇女联合会被辽宁省朝阳市朝阳县授予"三八红旗手"称号；2013—2015 年连续三年，贾家店农场妇女联合会被辽宁省妇联授予优秀妇女信访案例代理称号；2016 年 3 月，时任贾家店农场妇女联合会主席被辽宁省朝阳市妇联授予系统先进工作者称号。

三、主要工作业绩

中华人民共和国成立初期，贾家店区妇女联合会组织妇女宣传《中华人民共和国婚姻法》，实行男女婚姻自由；鼓励妇女参加农业生产、扫盲识字班等社会主义建设活动。1966年，组织传达朝阳地区妇女工作会议精神，分别召开妇女干部会进行讨论，动员妇女出勤参加劳动。

1980—2015年，农场妇女联合会组织广大妇女，积极配合计划生育工作，宣传优生优育知识，组织妇女开展勤劳致富奔小康活动。

在贾家店农场创建并打造"七美"品牌阶段，农场妇女联合会组织妇女争当"勤劳诚信致富美、助人为乐品德美、庭院整洁环境美、邻里团结和谐美、孝老爱亲心灵美、健康文娱风尚美"的标兵，使全场的女工人成为"七美"品牌创建的主力军。

第四节 科学技术协会

贾家店乡（国营农场）科学技术协会人事沿革：

主　席　王恩海（兼，1993.01—1999.08）

胡景艳（兼，女，1999.09—2001.03）

刘宗波（兼，2001.04—2011.03）

王晓丽（兼，女，2011.04—2016.03）

杭百音（兼，女，2016.04—）

第五节 其他政务管理

一、土地管理

1986年，《中华人民共和国土地管理法》颁布。1987年，设立贾家店乡土地管理办公室。1996年4月，土地管理体制改革，乡镇改土地管理办公室为土地所。

主要负责人人事沿革：

土地助理　尹凤来（1987.01—1996.03）

土地管理所所长　尹凤来（1996.04—2002.02）

所　员　卢玉霞、王洪杰、郝诗国

土地管理所所长　贾振明（2002.03—2005.03）

刘永平（2005.04—2010.03）

所　员　卢玉霞　王洪杰　贾振明　张文武　贾云富　卢玉霞　王文军

2010 年 4 月，国家部制改革，基层成立中心国土资源所，贾家店国土资源所下辖北沟门子乡、杨树湾乡。

贾家店国土资源所所长　孟宪峰（2010.04—2015.07）

吴玉志（2015.08—）

所　员　贾振明　张文武　王立志　贾云富　王文军　牛文龙

二、农经站站长人事沿革

赵国学（2003—2010）

孟未然（2011—）

三、种子站站长、经理人事沿革

郭凤江（1975—1982）

王恩发（1983—1995）

齐孝林（1996）

毛步云（1997）

赵树春（1998—2000）

郝成祥（2001）

王恩友（2002）

王恩发（2003）

2004 年至 2022 年，于广泽、梁云伟二人共同出资承包经营贾家店种子站。

四、人事助理人事沿革

齐孝林（1949.11—1988.05）

史广文（1988.06—2001.05）

安秀梅（2001.06—2016.01）

王晓丽（2016.02—2018.12）

安　丽（女，2019.01—）

五、财政所所长人事沿革

李青田

郑得志

王洪林

贾福生（1997—2000）

崔　庆（2000—2006）

李　振（2006—2007）

王志刚（2007—2012）

张亲富（2012—2021）

王志刚（2021—）

第五编

宣教文卫

中国农垦农场志丛

第一章　宣　传

在贾家店农场党委的安排部署下，农场开展文明乡村创建，通过打造"图说我们的价值观"一条街，创建"七美"品牌。2015年2月，贾家店农场荣获中央精神文明建设指导委员会颁发的"全国文明村镇"。

第一节　宣传委员人事沿革

齐广恩（已去世）

李青环（已去世）

韩素珍（1989.01—1991.06）

王振东（1991.07—2004.01）

陈恩礼（2004.02—2013.08）

刘宗波（2013.09—2015.09）

赵　晗（兼，2015.10—2019.10）

王玉斌（兼，2019.11—2020.12）

郝淑丽（女，2021.01—）

第二节　精神文明建设

一、文明乡村创建

2015年，贾家店农场加强宣传阵地建设，打造了"图说我们的价值观"一条街，将5千米的"朱馒线"公路沿线作为主线，以北德蒙古族聚集屯为亮点，投资30余万元安装电子显示屏2块、擎天柱宣传牌3个、宣传橱窗14个、宣传板500余块、手绘宣传画2215平方米、张贴宣传标语63条，在路灯杆上安装宣传标语牌1000余个。

2016年，贾家店农场又投资200万元，将"朱馒线"沿线5万平方米墙体进行抹平、粉刷及绘制宣传画，共绘制宣传图画422幅、宣传标语358条。

二、创建"七美"品牌

2015 年，贾家店农场加强载体建设，叫响"七美"品牌，开展"七美"创建活动。

（一）成立领导小组

贾家店农场道德银行暨"七美"评比工作领导小组组长由农场党委书记和场长担任。

（二）制订评比实施方案

为进一步践行中国梦和社会主义核心价值体系，构建"乡风文明、治理有效"的新型农村社会治理体系，结合解放思想推动辽宁省朝阳市朝阳县高质量发展，以新风培树为切入点，进一步提振群众精气神，引导群众养成好习惯、形成好风气。根据农场实际，制定评比实施方案。

1. **指导思想**。深入学习贯彻习近平总书记重要讲话精神，以社会主义核心价值体系为重点，以生态宜居为基础，以乡风文明为主线，以治理有效为目的，以生活富裕为目标，以道德银行为载体，大力弘扬中华民族传统美德。根据广大工人的生产特点和生活规律，倡导广大工人多做好人好事，养成良好的行为习惯。通过开展"七美"评比活动，引入银行管理模式，构建以积分分享物质和精神文明成果，持续提升工人道德素质。

2. **实施办法**。坚持问题导向，针对一些陈规陋习和不文明现象，分场成立积分评定小组，围绕"思想进步、实用技能、律己守法、移风易俗、环境卫生、创业致富、敬老爱亲、热心公益、扶助感恩"等方面内容，各分场根据实际制定量化细化村民道德积分标准和具体行为评分细则。每个家庭每年道德积分基础分为 100 分，在此基础上实行加分和扣分。农场设立"爱心超市"作为"道德银行"积分兑换点，也可年终统一兑换（100 分及以下分数不兑换）。

3. **实施步骤和程序**。（1）宣传申报。农场印制积分申报表及奖励办法，各分场干部、组长要逐户宣传讲解到位，鼓励工人以家庭为单位广泛参与。同时填写积分申报表。（2）成立评议机构。以分场为单位，组织和发动群众进行积分评定的群众性组织。从分场"两委"干部、村民组长、党员代表和村民代表（组织推选办事公道、为人正直、组织协调能力较强的人员）作为评议领导组成员，也可按评比内容成立多个评比小组。（3）评议范围和内容。以积分评定实施细则及村规民约等内容为积分评定工作的重要依据，并结合基层党建、新民风建设、环境卫生、志愿服务、信访稳定及社会治理等重点工作落实情况开展积分评定。常住本村家庭户每月参与评议；不在一个户口本上，但在同一院内居住的村民设立一个账户。农场干部、分场干部及直系亲属参与积分，但不能兑换积分物品。（4）评比公示。每个村民小组成立 3～5 人的积分评议小组（由组长、村民代表、老干部、老党员及爱心人士等组成），由积分评议小组每月筛选出本组各类典型向分场积分评定领导小组提出加分或扣分事项。分场积分评定领导小组在下月初对照评分细则对上月各组所报户申报的积分事项进行民主评定，确定加分或扣分分值；积分评定领导小组将审核后的加减分事项，在分场公示栏及各组微信群及时公布评比积分结果，公示3天，接受群众监督，群众有异议的，分场积分评定领导小组要及时核对并重新公示。（5）奖励政策和结果运用。每年12月31日前，各分场积分评定领导小组对每个家庭全年的积分进行汇总并公示，对超出道德积分基础分100分的平均积分，按照分值多少到分场兑换相应的生产生活用品（每分价值1元），同时积分清零。

各分场年终根据村民家庭总体积分情况，每大项（共七项）按照得分高低原则评选出一等奖1名、二等奖2名进行统一奖励，事迹在分场公示并发放奖牌。

农场组织评议小组对各分场评议出的第一名家庭进行综合评议，选出各奖项7人，农场另行奖励并向上级部门推荐表彰，连续三年获得第一名的将获得"最美贾家店人"荣誉称号，其事迹列入农场史馆展示。

家庭成员中有以下情形的，实行"一票否决"，不予兑换积分物品：

一是家庭成员中有违法犯罪行为，且在服刑期内的；党员有违纪违规行为并受到处分，且在处分期内的。

二是家庭成员中有不当言行，对集体和社会造成不良影响的。

三是家庭成员中有公开煽动、阻挠公益事业建设及各项公益活动开展的。

（三）工作要求

一是精心组织，扎实推进。各分场成立"道德银行"管理领导小组，根据分场实际情况制定具体实施方案，安排专人组织开展好各项活动，提升广大群众对"道德银行"建设的知晓度、支持度和积极性。

二是公开透明，严格评分。积分评定领导小组严格按照程序、标准进行加减分，严禁搞形式、走过场，坚持公开透明、公平公正。评议小组每月评比1次，每季度兑现1次积分成果，确保积分的公信力和影响力。

三是培育典型，示范引领。通过村民代表大会、广播喇叭、微信群等多种形式强化宣传，做到活动内容、积分条件和操作办法家喻户晓，激发村民主动参与积分活动的积极性。大力宣传活动中涌现的先进典型，曝光不文明行为，对积分结果设榜公示、在微信群公示，宣扬先进，鞭策后进，促进村风、民风持续向好。

农户对自己的优势项目进行认领参评，并在每户门口挂牌，同时公开参与互助活动的党员干部姓名和电话。年末在全场范围内推选出每个参评项目的最美家庭和工人，并在全场正月秧歌会演时现场表彰 15 人。

第三节　场史馆建设

一、场史馆建设的起因

2022 年 2 月 23 日，朝阳县精神文明建设办公室下发文件，按照年初省、市委宣传部部长会议和文明办主任会议精神要求，在全县范围内开展村史室建设试点工作。村史室建设试点工作可选在一个村开展，也可分别在不同村开展。此项工作纳入 2022 年辽宁省朝阳市朝阳县对各乡镇场（街道）乡村文化振兴重点工作考评。县文明办于 2022 年 6 月底前对此项工作进行检查验收。

二、场史馆建设启动

按照辽宁省朝阳市朝阳县精神文明办的文件要求，贾家店农场党委专门召开党委会，结合贾家店农场的实际情况，全场仅有 4 个分场，而且分场之间距离很近，农场党委决定在场部所在地的三分场建设贾家店农场场史馆，既整合了 4 个分场的历史资源，又节省了资金。

（一）选址

经过农场党委领导的多方考察，选定了位于三分场的原贾家店市场管理所旧址。该旧址位于场部南 1000 米，在"朱馒线"（朱碌科—馒头营子）公路西侧，独立成院，产权为国有，不涉及百姓房屋的拆迁和产权纠纷。占地面积 1000 平方米，其中室内 400 平方米，室外水泥地面 600 平方米。

（二）投资及建设内容

从 2022 年 3 月开始筹建贾家店农场场史馆，到 2022 年 10 月竣工。贾家店农场共投资 80 万元。

整个场史馆，分室外和室内 2 个展区。

1. **室外展区**。室外展区摆放着一些贾家店前人使用过的生产、生活用具，还有老井、碾盘、石磨等。室外的一座平台上展示 1 台推土拖拉机，这台推土机是贾家店农场最珍贵的文物，也被称为贾家店农场场史馆的"镇馆之宝"。很多游客都喜欢在这里拍照留念，因为遇到推土机，有留住"机遇"的美好寓意。这台推土机是农场在 1967 年购置的第一台、洛阳产的 75 马力链轨推土机。这台推土机在 20 世纪 70 年代，是田间地头最火的"明星"。作为"功勋推土机"，它见证了农场的进步和发展，成了场史馆最重要的标志。

2. **室内展区**。室内展区，分走廊区域和房间区域两部分。

（1）走廊部分。这一区域是对贾家店农场的总体介绍。一进门，左手边映入眼帘的，是习近平总书记的一句话"历史是最好的教科书"，这也是贾家店农场建场史馆的意义和目的。左手边的三个板块，分别是"场情简介""大事记"和"我们的荣誉"。右手侧的第一部分是"前言"板块。右手侧的第二个板块，以时间为轴线，详细介绍了农场自 1946 年至 2021 年的历史沿革。右手侧的第三个板块，堪称场史馆的一篇力作《农场赋》，其作者高树彦，是辽宁省朝阳市朝阳县的文联原主席，也是《辽宁贾家店农场志》的主编。

（2）房间部分。分 4 个房间，从进门开始，4 个房间四个主题分别是"沧桑岁月""农场印象""农场骄傲""继往开来"。

第一个房间是"沧桑岁月"，第一个单元为"物换星移"，是农场历任党委书记、场长名录，时间跨度为 75 年。在这里，收藏和展示了许多珍贵的老照片：在三分场王国林家里，征集到的民国初期土地执照的影印件，图片的沧桑感很有历史的穿透力；有中华人民共和国成立初期，四分厂马营子队长鲁成彩与班子成员在田间劳动休息时，进行政治学习的场景；有 1966 年建成的石龙坝工程照片，该工程已成为贾家店最早修建的水利工程；有"68"届知青 1998 年在贾家店的合影；有 20 世纪 60 年代贾家店的民居照片，在老一辈眼里，那些低矮的土房就是最熟悉的家的模样；有 20 世纪 70 年代四分场班子成员合影，从他们当时戴的帽子、穿西服的装束上，让人们感受到了此时的贾家店，已经吹来了改革发展的新鲜空气。有 1997 年工人维修水利设施的场面；有"辽西第一大井"之称的二分场头道湾坝下大口井的老照片。第二个单元为"治水改土"。1978 年以后，广大农村逐渐实行了家庭联产承包责任制。贾家店的农业生产也发生了深刻变化，在治水改土上走在了全县的前列，并在全市、全省范围内，引起了人们的关注。第三个单元的主题是"创业维艰"。有 2002—2006 年期间上级领导到贾家店农场指导工作的图片。有农场万亩梯田的一角。第四个单元为"春风化雨"。图片展示的，是 2022 年现任农场领导班子谋篇布局的工作场景。有农场新貌航拍图，充分展示了贾家店美丽乡村的独特魅力。

第二个房间是"农场印象"。展示农场所辖的 4 个分场的各自情况。

第三个房间是"农场骄傲"。在"农场骄傲"主题房间，划分了四个小单元，分别是"农场之子""乡贤典型""道德模范"和"学子名录"。

第四个房间是"继往开来"。分别有"记住乡愁""知青部落""流年溢彩""党建引领""未来可期"等单元。在"流年溢彩"单元又呈现出五大亮点，即"璀璨花海""七美品牌""农垦记忆""尊师重教""名企名品"。

第二章　教　　育

自恢复高考以来，考入大中专院校的学生共有218名。北德立吉村有50多名学生考入大中专院校，辽宁电视台、中央电视台都曾经进行过专题报道。

第一节　教育发展概况

一、农场中小学教育发展概况

中华人民共和国成立前及成立初，贾家店农场范围内有2所小学，分别是敖汉波罗小学和北德小学。敖汉波罗小学始建于1946年，成立之初有6个班级，辐射周边的杨树湾、北沟门、桦杖子等乡村。1953年发展到高峰，有教学班10个，分别是五年级和六年级，教师达到20名。1952年，在敖汉波罗小学建立总校，管辖北沟门、贾家店、杨树湾的小学教育。1954年，随着社会的发展，学生数量的增多，又建立了胜利小学。1960年，贾家店成立农场，建场后即建成了胡杖子小学、梁营子小学。1962年，建立了贾家店小学，随后敖汉波罗总校迁到杨树湾，成立贾家店农场总校。到1962年，贾家店农场有7所初具规模的完全小学，小学教育开始步入正轨。

1964年前，农场的小学毕业生只有个别尖子生可以升入大平房中学，每年考入的不超过10人。1968年，在贾家店小学院内，建起了贾家店中学，8～9年级。1972年，赵营子"五七干校"撤走后，贾家店中学搬到"五七干校"旧址，贾家店农场中学就此正式成立，学制3年，当时分别是7、8、9年级，由农场总校统一管理。"文化大革命"结束后，1977年恢复高考，农场的中、小学教育在上级教育行政部门的领导下，步入了健康发展的轨道。通过全体教师的努力，到1985年，农场中、小学的教育教学质量均步入了全县前列。1988年，农场总校撤销，成立了农场中心小学，从此中、小学分别为两个独立的单位。1998年，在农场党委政府的大力支持下，学校危房得到彻底改造，教学条件有了明显改善。农场中、小学代表辽宁省朝阳市朝阳县接受省政府的"普九"验收，并顺利通过。

2008年，在各级政府的大力支持下，农场九年一贯制教学楼落成。2009年3月，农场中、小学合为一体，成立贾家店年场九年一贯制学校。2012 年，原北沟门中学合并到贾家店农场九年一贯制学校。

农场有中学 1 所，小学 6 所，自恢复高考以来，考入大中专院校的学生共有 218 名。全场学习氛围浓厚，有"不修墙、不盖房、培养子女上学堂"的传统。

2022 年，贾家店农场九年一贯制学校已经拥有了非常完善的教育教学设施（文化气息浓郁的教室、标准化的实验室等），水平高、能力强、团结进取的教师队伍（教师总数 59 人，本科学历 58 人，研究生学历 1 人，高级教师 42 人）。现有在校生 407 人，其中小学部 229 人，中学部 178 人。寄宿生 243 人，非寄宿生 164 人。

二、"五七"大学

1975 年建贾家店"五七大学"，校长张耀先，郭凤来任支部书记，设 4 个平行班：卫生班（地区医院）、木工班（综合厂）、农学班（石佛沟）、林果班（胜利组）。

（一）卫生班

教育组决定成立卫生班，王恩旭任团支部书记，左淑萍担任班长，学生共 54 人，其中男生 6 人，女生 48 人，在医院（朝阳地区贾家店地区医院）实习礼堂上课一年，授课老师于老师，班主任于占生，院长刘奔。聘请医院医生、护士授课，正规课堂制，教授临床（西医中医）中药学等知识，课间做操，能做阑尾炎手术，医院有一定名气，多个乡的村民都前来就医。

（二）木工班

为综合厂成立的，学生 40 余人。

（三）农学班

农场 40 余人。

（四）林果班

胜利大队有葡萄园，学生 40 余人，头道大队有果树园，带领学生现场操作剪枝。

三、历任校长

历任中心小学校长　张耀先（兼，贾家店农场教育助理）

白玉昌（1979—1985）

王海青（1988.09—2003.10）

杨井泉（2004.10—2005.12）

侯振山（2006.03—2008.02）

历任中学校长　郭凤来（1972—1984）

程显艾（1985—1989）

张明春（1990.01—1997.03）

刘汉彬（1997.03—2003.07）

程培兴（2004.09—2009.03）

九年一贯制学校校长　程培兴（2009.03—2016.03）

于水鑫（2017.03—2021.02）

谢立明（2021.02—）

第二节　学前教育

一、学前教育起步

根据1981年朝阳县教育工作会议的决定，贾家店农场开始筹办创建学前教育。1985年春季条件具备，学前教育开始起步。当时的7所小学都分别办起了学前班，主要招收6周岁学前儿童。各班的儿童12～18个，学前儿童全场总数120多人。2019年建成贾家店农场中心幼儿园，相对独立，设施齐全，并于2021年投入使用，正式开始招生，仅设大班1个，学龄儿童35人。

二、学前教师的招聘

学前教师是从社会上招聘的优秀初、高中毕业生，工资从学前儿童收费中自行解决。根据上级文件精神，学前教育实质上是校办校管，一直延续至2021年。

2021年，贾家店农场中心幼儿园园长鲁春艳，为在职高级教师，专攻学前教育。学前教师2人，是教育局公开招聘的本科毕业大学生。

第三节　学校基础设施建设

一、学校历史规模

贾家店农场敖汉波罗村有1所小学，始建于解放初期。成立之初，生员包括农场本地，还有来自周边乡镇（杨树湾东北部，北沟门桦杖子以南）的学生近200人，5个班级。教职工人数30人左右。20世纪50年代，随着人口数量的增加，根据人口分散状况，相继建立了姑子庵（胜利）、头道湾子分校，班级由5个增加到9个，教职工增加到近40

人，教育教学都由中心学校管理。20世纪60年代，受国民经济影响，教育发展缓慢。迫于生计，大部分学生辍学，回生产队劳动，学校工作陷入低谷。20世纪70年代初，百业待兴，为适应社会发展，在原有基础上进一步扩大规模，贾家店农场建起了农场中学，后发展成正式中学。这时学校已达4所，教职工近60人。这一时期教师与学生的目标一致，人们对知识的追求激发了教师对教育的热情，农场教育在经济腾飞中飞速发展，借助农场对教育的投入，学校校舍面积逐年扩大。截至20世纪90年代末，学校规模达7所，学生总数达600人，教职工达70人。

二、校舍建设

（一）截至2005年贾家店中小学校舍情况

1. **农场中学**。校舍70间，总面积4700平方米，其中平房26间、650平方米，老滚水房7间、180平方米，人字架44间、3870平方米。

2. **一分场**。胜利小学40间、840平方米，其中太阳能平房20间、440平方米，普通平房20间、400平方米；梁营字小学10间、240平方米。

3. **二分场**。二道小学有太阳能平房校舍24间、600平方米。

4. **三分场**。贾家店小学26间、520平方米，敖汉波罗小学22间、800平方米，人字架瓦房20间、500平方米。

5. **四分场**。北德立吉小学20间、440平方米，为人字架瓦房。胡杖子小学16间、420平方米，其中人字架瓦房12间、320平方米，平房4间、100平方米。

（二）农场中学教学楼建设

2006年，贾家店农场九年一贯制中学新建1～9年级综合教学楼1处，总面积7043平方米，全场中小学办学条件全部达标。2006年始建的九年一贯制教学楼于2008年9月1日正式投入使用，在校学生达到900人。学校配备了高标准教学设施，设有微机室、语音室、多媒体教室、理化实验室、小学综合实验室。校园实施了美化、绿化，达到了全县一流水平。

第四节 北德民族小学发展概况

一、发展历史

北德立吉民族小学（以下简称北德小学）始建于1938年，起初只有5间土平房，第一任教师只有鲍如海、赵守藩两位。1941年变卖荒地后增建了5间土平房，但仅有2

个教学班。新中国成立后学生逐年增多，房舍又太旧，直到 1984 年，在县教育局和农场党委及政府、村委会、村民组的扶持和协助下，10 间土平房才得以翻建。盖上了 20 间宽敞明亮的大瓦房，在以后的几年里，县教育局和县民委又分批拨款，学校购置了新课桌、办公桌，配备了微机室、实验室、球架、水泵等，修建了水房、围墙等。同时，学校也壮大了师资力量，扩大了教师编制，其中蒙文专职教师 1 人，兼职 1 人，其他教师 5 人。

二、教育成果

自 1984 年以来，北德小学全体教师尽职尽责、尽心尽力，心往一处想，劲往一处使。自高考恢复以来，北德立吉村的民族教育结出了累累硕果。一个北德立吉村，竟考出 50 多位大中专院校学生，毕业后都在自己的岗位上发挥着光和热。该村的民族教育取得的丰硕成果，使北德村和北德民族小学名声在外，令人称赞。1991 年，辽宁电视台专程采访了学校的领导和北德村的村民，在电视上报道了恢复高考后北德村考上 50 多名大中专院校学生的事迹；中央电视台也以"山沟沟里的秀才村"为题进行了报道。1995 年，《朝阳日报》登载了题为"朝阳县有个大学村"的文章。2005 年 8 月，《内蒙古日报》记者金山采访了学校和退休教师鲍湘清。

北德立吉村共有 62 户口人，大中专学生就有 42 名，约占总人口的 68％。如村民鲍相清、邵新，他们两家各自都有 4 个孩子，都是 3 个大学生、1 个中专生。

第五节　普及九年义务教育

1986 年 7 月 1 日，《中华人民共和国义务教育法》颁布实施。贾家店农场自 1989 年开始，进入普及初等义务教育实施阶段。1993 年，经朝阳市政府验收，达到验收标准。之后就开始实施普及中等义务教育工作，即"普九"工作。1994 年，农场逐年对"普九"进行自查、整改。1998 年，进入"普九"攻坚阶段，场部高度重视，投入大量资金，极大地改善了中小学的办学条件，硬件建设基本达到普九验收标准。1998 年 10 月，学校代表朝阳县接受辽宁省"普九"检查验收。普及程度、教师水平、办学条件、教育经费、教育质量、执法要求六项 A 级指标均达到验收标准，顺利通过。"普九"验收过后，学校又按照辽宁省两类新三片的要求标准，不断巩固、完善、提高"普九"标准，2005 年达到了提高片的验收标准，2008 年通过了双高片的验收工作。

第六节 教学质量

1977 年恢复高考，农场的中、小学教育在上级教育行政部门的领导下，步入了健康发展的轨道。通过全体教师的努力，到 1985 年农场中、小学的教育教学质量均步入了全县前列（1994 年、1996 年贾家店中学中考成绩分别列居全县第六位和第四位）。

表 5-2-1 贾家店农场中学升学情况一览表

毕业年度	毕业生人数（人）	升学人数（人）	升学率（%）
2009	104	84	81
2010	97	73	75
2011	90	71	79
2012	98	84	86
2013	84	70	83
2014	92	84	91
2015	122	110	90
2016	126	107	85
2017	91	81	89
2018	78	57	73
2019	49	34	69
2020	68	45	66
2021	58	42	72
2022	63	41	65

表 5-2-2 一分场 1977—2022 年高考录取学生名单

组别	姓名	性别	入学年份	毕业学校	所学专业	学历	现工作单位	职务/职业
梁营子	窦玉华	女	1977	渤海大学	—	—	—	—
梁营子	梁玉华	女	1978	辽宁大学	—	—	银行	科员
梁营子	梁云坤	男	1979	朝阳师范高等专科学校	—	—	朝阳市政府	科长
梁营子	窦兴旺	男	1985	朝阳师范高等专科学校	—	—	朝阳四高	教师
北扎	苏静	女	1989	海南师范大学	—	—	北沟门	教师
北扎	魏丽梅	女	1989	沈阳建筑大学	—	—	朝阳	设计师
北扎	苏庆利	男	1989	大连	—	—	大连	软件工程师
北扎	贺宏光	男	1989	哈尔滨工业大学	—	—	湖南	印刷员
梁营子	程培胜	男	1995	江苏军校	—	—	大连部队	正团副师
瓦房店	赵井利	男	1997	鞍山警校	—	—	县公安局	公安
瓦房店	魏志平	男	1998	沈阳药科大学	—	—	周末商报	记者

（续）

组别	姓名	性别	入学年份	毕业学校	所学专业	学历	现工作单位	职务/职业
梁营子	魏新伟	女	1999	辽宁石油化工大学	—	—	朝阳教师宏达公司	科员
梁营子	窦延君	男	1999	东北财经大学	—	—	辽宁省供销合作联社	办公室秘书
胜利一	齐菲	女	2000	上海电力大学	电力	本科	—	—
胜利	郭海东	男	2000	丹东财经	—	—	丹东机船	工人
胜利	郭海洋	男	2001	辽宁警校	—	—	凌源	科员
瓦房店	于井云	女	2001	兰州铁路	—	—	中铁十四局	电气工程师
瓦房店	夏志远	男	2001	辽宁大学	—	—	沈阳东软	网络工程师
南扎	高宏伟	男	2002	西安航空学院	—	—	西安咸阳机场	修理工
南扎	于得成	男	2002	河北石油职业技术大学	—	—	朝阳教师宏达公司	会计
瓦房店	白春洋	男	2002	四川烹饪学院	—	—	武汉酒店	经理
胜利	乔海龙	男	2002	东北财经大学	—	—	深圳科技	科长
胜利	素广贤	女	2003	丹东财经学院	—	—	朝阳农机销售	科员
胜利	张志成	男	2003	沈阳医科大学	—	—		工程师
胜利	张文静	女	2003	鞍山师范学院	—	—	大平房高中	教师
胜利	苗轻松	女	2003	朝阳师范高等专科学校	—	—	杨树湾	教师
胜利	张志坚	男	2004	沈阳航空航天大学	—	—	贵州	飞机制造师
胜利	齐得利	男	2004	师范	—	—	柳城	教师
胜利	程磊	女	2005	朝阳师范高等专科学校	—	—	胜利乡	教师
南坡	王树勇	男	2005	—	—	—	葫芦岛	测试员
南坡	王静	女	2006	渤海大学	—	—	园林管理	员工
胜利	素得岩	男	2006	大连警校	—	—	大连海事	科长
梁营子	王晓慧	女	2006	渤海大学	—	—	师范	教师
南扎	魏胜利	女	2006	丹东东北工业大学	—	—	北京东方电子厂	员工
梁营子	王晓光	女	2007	河北机电职业技术学院	—	—	—	教师
瓦房店	王金光	男	2007	渤海大学	—	—	北票	科员
瓦房店	王文东	男	2007	沈阳工业大学	—	—	园林管理	职员
南坡	王丽丽	女	2007	渤海大学	—	—	凌源	科员
南坡	王红	女	2008	渤海大学	—	—	朝阳商务	会计
瓦房店	郝英蕾	女	2008	渤海大学	—	—	北票	科长
梁营子	魏新影	女	2008	沈阳工程学院	电气工程及其自动化	专科	大唐国际锡林浩特发电有限责任公司	公司职员
南坡	白雪	女	2009	鞍山师范学院	应用数学	专科	沈阳市第七中学	教师
胜利二	张志松	男	2010	辽宁工业大学	自动化	本科	沈阳远大电力电子科技有限公司	职员

（续）

组别	姓名	性别	入学年份	毕业学校	所学专业	学历	现工作单位	职务/职业
胜利一	綦得强	男	2012	沈阳工业大学	土木工程	本科	无业	—
南扎	于景冉	女	2012	沈阳建筑大学	电气	本科	北京市政	建筑师
南坡	王树超	男	2013	沈阳工程学院	机械设计制造及其自动化	专科	河北大唐国际新能源有限公司	—
南坡	王莹	女	2013	锦州师范高等专科学校	室内设计	专科	欧亚商场	店长
胜利二	贾岩	男	2013	沈阳农业大学	水利水电工程	专科	中国水电建设集团十五工程局有限公司	技术员
梁营子	魏更宇	男	2013	辽宁工程技术大学	工程测量	专科	—	—
南坡	梁宏庆	男	2013	沈阳体育学院	体育教育	专科	朝阳县退役军人事务局	科员
北扎二	贺宏俊	男	2014	辽宁石油化工大学	建筑环境与能源应用工程	本科	中国建筑第八工程局有限公司	项目商务经理
瓦房	于丽萍	女	2014	沈阳职业技术学院	证券管理	专科	清晨公司	健康顾问
胜利二	贾长军	男	2014	辽宁交通高等专科学校	地下工程与隧道工程	专科	梵宁教育	课程顾问
北扎二	苏蕾	女	2015	沈阳工业大学	计算机	本科	沈阳建设商城	文职
南坡	梁宏伟	男	2015	沈阳工程学院	房地产开发与管理	专科	上海立信资产评估有限公司	项目经理
胜利二	张天姿	女	2015	辽阳职业技术学院	学前教育	专科	北沟门子乡中心小学	教师
梁营子	梁露露	女	2015	营口职业技术学院	数字媒体艺术设计	专科	—	学生
南坡	白中育	男	2016	辽宁石油化工大学	测控技术与仪器	本科	山东京博石油化工有限公司	员工
南扎	于宏嘉	男	2016	沈阳理工大学	制造及自动化	本科	沈阳芯原公司	工程师
南坡	梁宏超	男	2016	辽宁装备制造职业技术学院	移动通信技术	专科	朝阳金达集团	销售
南坡	梁蕊	女	2016	铁岭卫生职业学院	护理	专科	沈阳医学院	销售
瓦房店	王金蕾	女	2017	辽宁农业职业技术学院	中药学	专科	四川宏骏建设工程有限公司	后勤秘书
南坡	王润璐	女	2017	铁岭师范高等专科学校	语文教育	专科	—	学生
南坡	王雪	女	2017	青岛港湾职业技术学院	国际邮轮乘务管理	专科	青岛鼎世国际货运代理有限公司	海运操作
南坡	梁宵	女	2017	邵阳学院	体育教育	专科	—	学生
南坡	梁宏涛	男	2017	辽宁农业职业技术学院	汽车营销与服务	专科	丹东信宝行宝马4s店	员工
南坡	王梓萱	女	2017	沈阳体育学院	休闲体育	专科	北京嘉明伽瑜伽健身有限公司	瑜伽老师
南坡	梁景玲	女	2018	辽宁建筑职业学院	建设工程管理	专科	朝阳鑫烨建筑工程有限公司	安全员

（续）

组别	姓名	性别	入学年份	毕业学校	所学专业	学历	现工作单位	职务/职业
瓦房店	薛宝洁	女	2018	辽宁机电职业技术学院	电子商务	专科	杭州谦品供应链管理有限公司	直播招商
南坡	梁宏波	男	2018	北软信息职业技术学院	数控	专科	长城钻探研究院	职工
南坡	梁宏旺	男	2018	内蒙古科技大学	应用化学	专科	—	学生
胜利二	张宇	男	2018	辽宁地质工程职业学院	电气自动化	专科	东旭体育	篮球教练员
南坡	郭瑞雪	女	2018	大连大学	会计学	本科	江门楠府包装制品有限公司	会计
胜利一	綦广岳	男	2019	湖南铁道职业技术学院	铁道交通运营管理	专科	中国铁路沈阳局集团有限公司	车务调车
南坡	郭瑞香	女	2019	沈阳医学院	医学检验技术	专科	辽宁华银康医学检验实验室	技术员
南坡	梁宏扬	男	2019	沈阳航空航天大学	自动化	本科	—	学生
梁营子	赵东晧	男	2019	辽宁盘锦职业技术学院	油气开采	专科	辽宁辽河油田澳维检测有限公司	无损检测辅助员
胜利二	张嘉欣	女	2019	辽宁地质工程职业学院	电气自动化	专科	力神电池（苏州）有限公司	统计员
瓦房店	包胜男	女	2019	保定学院	历史学	专科	—	学生
瓦房店	王林	男	2019	营口职业技术学院	计算机应用技术	专科	大连未来体育有限公司	—
梁营子	张红阳	女	2020	辽宁民族师范高等专科学校	小学教育	专科	—	学生
梁营子	梁硕	女	2020	阜新高等专科学校	学前教育	专科	—	学生
南坡	王乐	女	2020	黑龙江农垦职业学院（宾西）	护理	专科	—	学生
南坡	梁宏羽	男	2020	辽宁轻工职业学院	大数据技术与应用	专科	澳鹏数据科技（上海）有限公司	实习生
南坡	王硕	女	2020	沈阳医学院	护理学	专科	—	学生
南坡	王梦	女	2021	沈阳化工大学	化学工程与工艺	本科	—	学生
胜利一	綦靖	女	2021	华北理工大学迁安学院	环境监测技术	专科	—	学生
胜利二	罗妍	女	2021	朝阳师范高等专科学校	幼师	专科	—	学生
南坡	王晓瑜	女	2021	辽东学院	医学	专科	—	学生
瓦房	于耀辉	男	2021	辽宁现代技术学院	烹饪技术营养	专科	—	学生
瓦房店	王悦	女	2021	辽宁省交通高等专科学校	会展策划与管理	专科	—	学生
南坡	梁佳怡	女	2022	沈阳医学院	中草药栽培与加工技术	专科	—	学生
南坡	王润生	男	2022	渤海船舶职业学院	轮机工程技术	专科	—	学生

（续）

组别	姓名	性别	入学年份	毕业学校	所学专业	学历	现工作单位	职务/职业
南坡	郭青峰	男	2022	辽宁农业职业技术学院	建筑工程技术	专科	—	学生
梁营子	刘畅	男	2022	辽宁地质工程职业学院	分析检验技术	专科	—	学生
南坡	王灿	女	2022	沈阳工业大学	物流管理	本科	—	学生
南坡	王润豪	男	2022	辽宁广告职业学院	计算机	专科	—	学生
南坡	王浩	男	2022	太原师范学院	数学	专科	—	学生

表 5-2-3　二分场 1977—2022 年高考录取学生名单

组别	姓名	性别	入学年份	毕业学校	所学专业	学历	现工作单位	职务/职业
二道	李秀芬	女	1982	卫校	—	—	医院	医生
头道	程漠喜	男	1982	辽宁人民警察学校	—	—	朝阳市人民银行	主任
头道	程淑娟	女	1986	朝阳师专	—	—	贾家店中学	教师
头道	程玉芹	女	1986	大连电子学校	—	—	朝阳市农业银行	职员
头道	程漠阁	男	1986	朝阳师专	—	—	朝阳县四中	职员
头道	程漠尊	男	1988	朝阳师范专科学校	—	—	贾家店小学	教师
程家沟	程淑红	女	1991	大连医科大学	—	—	大连市医院	副主任医师
赵家沟	邢凤英	女	1993	锦师	—	—	贾家店	教师
头道	程漠辰	男	1994	辽宁师范大学	—	—	辽宁师大附中	教师
赵家沟	邢玉龙	男	1995	沈阳航空航天大学	—	—	本溪市消防局	消防局科长
程家沟	程培旺	男	1996	朝阳技校	—	—	—	工人
头道	程淑英	女	1997	朝阳师范高等专科学校	—	—	朝阳县职业高中	教师
赵家沟	任维元	男	1997	朝阳师范高等专科学校	—	—	贾家店	教师
头道	程木伟	男	1997	辽宁仪器仪表工业学校	仪表	专科	丹东沐阳网络科技公司	总经理
南窝铺	王尚坤	男	1998	锦州师范学院	—	—	朝阳市七中	教师
赵家沟	魏立飞	男	1998	丹东纺织学校	—	—	—	修理人员
赵家沟	贾丽君	女	1999	凌源师范学校	—	—	凌源师范学校	教师
颜家沟	孙宏宝	男	1999	沈阳师范大学	—	—	柳城高中	教师
头道	程显然	男	1999	辽宁广播电视大学	—	—	上海显然装饰公司	董事长
头道	程玉静	女	1999	沈阳师范大学	—	—	朝阳柳城	教师
头道	程淑莹	女	2000	辽宁财专	—	—	房地产宏利集团	财务部长
赵家沟	魏丽宝	女	2001	吉林化工学院	—	—	长春新势力广告公司	创意人员
赵家沟	魏凤丽	女	2003	内蒙古科技大学	—	—	包头市环境设计院	公务员
头道	程漠强	男	2004	沈阳师范大学	—	—	朝阳县消防局	副中队长

（续）

组别	姓名	性别	入学年份	毕业学校	所学专业	学历	现工作单位	职务/职业
颜家沟	孙宏光	男	2004	沈阳建筑大学	—	—	大连第一互感器有限公司	工程师
程家沟	孔凌峰	男	2004	辽宁交通高等专科学校	—	—	朝阳柴油机	工人
二道	李泽新	女	2004	鞍山	—	—	新玛特	售货员
南窝铺	王亚红	女	2004	抚顺职业技术学院	—	—	抚顺伊利公司	统计员
二道	李泽文	男	2005	武汉生物工程学校	—	—	武汉广告公司	广告师
赵家沟	李进颖	女	2005	沈阳广播电视大学	—	—	—	—
程家沟	程玉娇	女	2005	大连理工大学	—	—	凌源市北炉中心小学	教师
赵家沟	刘静	女	2006	朝阳师范高等专科学校	—	—	—	—
南窝铺	吴海燕	女	2006	沈阳职业技术学院	—	—	可口可乐	打字员
南窝铺	李程程	女	2006	朝阳师范高等专科学校	—	—	英德学校	教师
南窝铺	李翠军	女	2006	山西太原师范学院	—	—	朝阳博睿双语学校	教师
南窝铺	吴海艳	女	2006	沈阳职业技术学院	文秘	专科	—	—
二道	李泽南	男	2007	河北工业大学	—	—	天津忠旺铝业	机械工程师
赵家沟	赵宏营	女	2008	中国医科大学	—	—	朝阳县第三人民医院	护士
赵家沟	赵宏宝	男	2008	朝阳市劳动技术学校	—	—	大连瓦房店百通轴承	机床操作
赵家沟	雷颖	女	2008	哈尔滨学院	—	—	沈阳铁路第五小学	教师
赵家沟	刘洁	女	2008	清华大学	—	—	—	学生
赵家沟	李英盼	女	2008	阜新高等专科学校	—	—	—	—
程家沟	程培峰	男	2008	沈阳农业大学	—	—	个体工商业	经理
程家沟	程培剑	男	2008	辽宁装备制造学院	—	—	饮品销售公司	设备管理
程家沟	程木谣	男	2008	丹东市东北工业学校	—	—	物流	司机
头道	程志伟	女	2008	沈阳医学院	—	—	—	—
西山	张万生	男	2008	西安华西专修大学/中国人民大学	广告策划/市场营销	本科	尚典艺术馆（沈阳）有限公司	企业经理人/文化艺术策展人/收藏协会法律事务部研究员
程家沟	程培贺	男	2008	西安华西大学机械学院	—	专科	沈阳自动化科技有限公司	电器工程师
程家沟	梁彩娜	女	2008	朝阳师范高等专科学校	—	专科	—	—
赵家沟	赵振彪	男	2009	大连港务专修学院	国际贸易	本科	中石化西北局监督中心	钻井监督

（续）

组别	姓名	性别	入学年份	毕业学校	所学专业	学历	现工作单位	职务/职业
头道	程威	女	2009	渤海大学	英语（师范）	本科	朝阳县大庙镇初级中学	教师
二道	李洪芹	女	2009	江西科技学院	机电专业	本科	—	—
程家沟	程玉娇	女	2009	大连理工大学	研究生	本科	凌源市北炉中心小学	教师
南窝铺	吴江华	女	2010	辽宁省交通高等专科学校	物流管理	专科	—	—
南窝铺	李新	男	2010	江西电力职业技术学院	新能源应用技术	专科	东电一公司	锅炉专工
二道	李洪珍	女	2010	大连工业学院	网络工程	本科	—	—
西山	杜呈欣	女	2010	辽宁农业职业技术学院	物流管理	专科	辽宁欣明朗仕人力资源服务有限公司	—
南窝铺	李翠娟	女	2011	大平房高中	艺术设计	—	沈阳熙延印务工作室	打印与设计
四新	程培微	男	2012	吉林体育学院	体育教育专业	本科	朝阳县退役军人事务局	科员
二道	李洪超	男	2012	辽宁省交通高等专科学校	建筑工程	专科	交通银行沈阳分行	销售
程家沟	程培尧	男	2012	辽河石油学院	机械专业	专科	万联证券股份有限公司	—
二道	李泽英	女	2013	营口职业技术学院	建筑工程	专科	朝阳市辽宁慧衡	预算员
头道	程谟剑	男	2013	辽宁工程技术大学	机械工程（矿山机电工程）	本科	中国航发沈阳黎明航空发动机有限责任公司	职员
二道	姚大庆	男	2014	辽宁建筑职业学院	建筑工程	专科	奎屯锦疆化工有限公司	外操班长
赵家沟	赵宏志	男	2014	抚顺职业技术学院	汽车检测与维修	专科	北京创新易通技术有限公司	实施工程师
赵家沟	赵宏宇	男	2014	辽宁石油化工大学	石油工程	本科	锦州银行股份有限公司	项目经理
程家沟	程阳阳	女	2014	辽宁民族师范高等专科学校	—	专科	广发银行	—
赵家沟	刘阳	男	2015	辽宁工业大学	自动化	本科	苏州汇川控制技术有限公司	嵌入式软件工程师
二道	李凤娟	女	2015	辽宁现代服务技术学院	酒店管理	专科	北京辽宁大厦	—
头道	程明慧	女	2015	辽宁理工职业学院	酒店管理	专科	沈阳新峰扬翔种猪繁育有限责任公司	服务中心负责人
西山	张万军	男	2015	辽宁装备制造职业技术学院	汽车检测与维修	专科	沈阳轮语汽车服务有限公司	员工
赵家沟	贾兴达	男	2017	大连科技学院	软件技术	本科	北京神州数码有限公司	技术工程师

（续）

组别	姓名	性别	入学年份	毕业学校	所学专业	学历	现工作单位	职务/职业
程家沟	程培召	男	2017	辽宁工业大学	—	本科	山东五征集团有限公司	整车设计师
南窝铺	吴江丽	女	2018	辽宁装备制造职业技术学院	移动通信技术	专科	—	—
赵家沟	赵宏达	男	2018	沈阳师范学院	市场管理	本科	—	—
头道	程谟达	男	2018	辽宁机电职业技术学院	电气自动化	专科	中国一重	电工
赵家沟	王红	女	2018	石家庄工程职业学院	护理	专科	河北地质大学华信学院	学生
头道	程培爽	男	2018	辽宁理工职业大学	物流管理	专科	—	—
南窝铺	吴海坤	男	2019	辽宁省交通高等专科学校	工程测量	专科	中铁十九局集团二公司	测量员
程家沟	程雪	女	2019	锦州渤海大学	—	本科	—	学生
二道	李金凤	女	2019	渤海船舶职业学校	学前教育	专科	朝阳财经学校幼儿园	教师
二道	李显奇	男	2019	丹东建筑学院	建筑工程	本科	吉林小洋人分公司	销售
南窝铺	李福贺	男	2020	贾家店九年一贯制学校	—		蒙古族中学（高中）	学生
西山	张新卓	女	2021	河南洛阳师范学院	制药工程	本科	—	学生
西山	张万辉	男	2021	辽宁装备职业技术学院	汽车工程	专科	辽宁装备职业技术学院	学生
颜家沟	颜海林	男	2021	辽宁城市建设职业技术学院	建筑装饰	专科	—	学生
赵家沟	贾兴超	男	2021	广西工程职业学院	大数据	专科	—	学生
头道	徐靖雨	男	2022	辽宁科技大学	机械设计及其自动化	本科	—	学生
南窝铺	李翠爽	女	2022	辽宁机电职业技术学院	机械制造及其自动化	专科	辽东学院（专升本）	学生
南窝铺	李福庆	男	2022	辽宁机电职业技术学院	智能控制技术	专科	—	学生
赵家沟	赵宇励	男	2022	大连装备技术学院	电子商务	专科	浙江海警二支队	士兵
程家沟	魏盛巍	男	2022	大连科技学院	—	本科	—	学生
程家沟	李梦然	女	2022	营口职业技术学院	—	专科	—	学生

表 5-2-4　三分场 1949—2022 年高考录取学生名单

组别	姓名	性别	入学时间	毕业学校	专业	学历	现工作单位	职务/职业
转转经	周海新	女	2001	沈阳师范大学	计算机	本科	朝阳市第九中学	教师
转转经	周海滨	男	2002	沈阳体育学院	体育教育	本科	朝阳市第四高中	教师
转转经	王新新	女	2008	辽宁工业大学	楼宇智能化工程技术	专科	沈阳上汽大通汽车销售服务有限公司	DCAC

（续）

组别	姓名	性别	入学时间	毕业学校	专业	学历	现工作单位	职务/职业
转转经	张莹	女	2008	鞍山师范学院	教育技术	本科	辽阳县八会镇宗舜九年一贯制学校	教师
贾家店	赵丽华	女	2008	辽宁林业职业学院	计算机应用	专科	待业	—
贾家店	刘建新	男	2008	辽宁对外经贸学院	英语	本科	驻港部队	现役军人
贾家店	魏双双	女	2008	辽宁地质工程职业学院	应用韩语	专科	沈阳中驰盛达技术有限公司	总监
转转经	王润岐	男	2008	辽宁警察学院	治安管理	本科	朝阳县公安局	警察
黄杖子	郭金凤	女	2008	辽东学院	服装设计与工程	本科	沈阳市昌达印刷有限公司	业务
贾家店	贾压男	女	2008	河北联合大学	测绘工程	本科	福建省南平市政和县应急管理局	—
转转经	王春峰	女	2009	渤海大学	经贸英语	本科	辽宁理工学院	财务
贾家店	李凤丽	女	2009	鞍山师范学院高等专科学校	应用英语	专科	—	个体
转转经	王树龙	男	2009	沈阳工贸学院	汽车制造与维护	本科	—	—
周台子	李鹏飞	男	2009	辽宁装备制造职业技术学院	模具设计与制造	专科	欧百特（辽宁）科技有限公司	销售代表
周台子	姜志超	男	2009	辽东学院	专业电子信息工程技术	专科		
贾家店	贾玉红	女	2009	黑龙江鹤岗师范高等专科学校	语文教育	专科		—
转转经	王树超	男	2009	辽宁理工职业学院	汽车电子技术	专科		—
贾家店	贾占超	男	2010	长春工程学院	道路桥梁工程技术	本科	沈阳	
河北	王国磊	男	2010	朝阳县职业中专	机电一体化	专科	个体理发店	理发师
转转经	王蕾	女	2010	辽宁科技大学	电气自动化	专科	榻乡智能家居（大连）有限公司	出纳
转转经	王晓庆	女	2010	辽宁科技大学	电气自动化	专科	中国建筑第四工程局有限公司	资料员
转转经	王兴华	男	2010	沈阳工业大学	机械管理	专科	北京荣耀	
转转经	王彩杰	女	2011	锦州师范高等专科学校	初等教育语文	专科		无
周台子	李玉萍	女	2011	沈阳大学	—	本科	河北天华文化传媒有限公司	编辑
河北	王晓红	女	2011	辽宁商贸职业学院	社区管理与服务	专科	—	无
贾家店	贾成真	女	2011	海军士官学校	酒店管理	本科		现役军人 班长
贾家店	穆旭	男	2011	江苏海事职业技术学院	船舶电气工程技术	专科		

（续）

组别	姓名	性别	入学时间	毕业学校	专业	学历	现工作单位	职务/职业
周台子	姜杰	女	2012	沈阳职业技术学院	证券与期货	专科	北京中方信富投资管理咨询有限公司沈阳分公司	客服
周台子	姜志涛	男	2012	沈阳航空航天大学	汽车检测与维修	本科	—	—
黄杖子	王文君	女	2012	黑龙江交通职业技术学院	食品营养与检测	专科	沈阳我乐橱柜	财务
转转经	王玉	女	2012	辽阳职业技术学院	学前教育	专科	东大道乡中心小学	教师
贾家店	李洋洋	女	2012	沈阳医学院	护理	本科	龙江社区卫生服务中心	护士
贾家店	李万强	男	2012	渤海大学	应用电子技术	专科	大连飞驰汽车运输有限公司	司机
贾家店	贾占涛	男	2012	大连交通大学	材料成型及控制工程	本科	上海陶铝新材料有限公司	工程师
贾家店	刘克鹏	男	2012	辽宁省交通高等专科学校	道路与桥梁工程技术	专科	辽宁国皓科技有限公司	—
转转经	王润祥	男	2012	辽宁石油化工大学	化学工程与工艺	本科	辽宁金华泽信息技术服务有限公司	软件测试工程师
转转经	梁子冬	男	2012	沈阳航空职业技术学院	材料工程	专科	—	—
转转经	王影	女	2013	大连海洋大学应用技术学院	房地产经营与估价	专科	—	—
转转经	周健伟	男	2013	辽宁水利职业学院	建筑工程	专科	—	—
转转经	梁坤	男	2013	大连职业技术学院	船舶工程技术	专科	沈阳富创精密设备股份有限公司	质量工程师
转转经	周静	女	2013	辽宁现代服务职业技术学院	航空服务	专科	—	—
河北	王国柱	男	2013	辽宁林业职业技术学院	建筑工程管理	专科	公牛电器朝阳运营中心	—
河北	王艳丽	女	2013	大连医科大学	护理学	本科	辽阳市第二人民医院	护师
贾家店	李万超	男	2013	辽宁工业大学	建筑环境与能源应用工程	本科	中北工程设计咨询公司朝阳分公司	城市规划设计师
周台子	李少旭	男	2013	东北石油大学	音乐表演	本科	—	自媒体
转转经	王树乐	男	2013	沈阳工业大学	煤化工生产技术	专科	平安产险天津分公司	—
转转经	付荣丽	女	2009	沈阳医学院	临床医学	本科	—	—
			2014	中国医科大学		研究生	锦州医科大学附属第一医院	主治医师
周台子	李欣欣	女	2014	辽宁建筑职业学院	建筑经济管理	专科	如浩网络科技有限公司	运营

（续）

组别	姓名	性别	入学时间	毕业学校	专业	学历	现工作单位	职务/职业
贾家店	贾明君	女	2014	沈阳理工大学	—	本科	中国银行朝阳支行	—
转转经	杨薇	女	2014	辽宁铁道职业技术学院	高速铁道技术	专科	中国建设银行	—
转转经	王润欣	女	2014	黑龙江农垦职业学院	护理	专科	朝阳市中心医院	护士
转转经	王乐	女	2014	沈阳师范大学	物理学（师范）	本科	建平县实验中学	教师
转转经	王润泽	男	2014	沈阳航空航天大学	汽车设计	本科	长安汽车	设计
转转经	王风雪	女	2015	沈阳医科大学	高护	本科		
转转经	王树宇	男	2015	辽宁职业学院	物流管理	专科	顺丰速运（沈阳）有限公司	营业部经理
河北	李丽荣	女	2015	青岛黄海学院	电子商务	本科	—	—
贾家店	刘浩丽	女	2015	抚顺师范高等专科学校	语文教育专业	本科	王营子乡中心学校	教师
转转经	王倩	女	2015	辽阳职院技术学院	会计	专科	沈阳学途教育有限公司	财务监管
贾家店	李万生	男	2015	渤海船舶职业学院	物流管理	专科	朝阳浪马轮胎有限公司	—
贾家店	李岩	男	2015	长春职业技术学校	酒店管理	专科		文书
黄杖子	柳兴昊	男	2015	南华大学	通信工程	本科	视源股份	售前经理
黄杖子	王文静	女	2015	长春东方职业学院	医学检验技术	专科	中国人民武装警察部队吉林省总队医院	检验师
转转经	周艳芳	女	2016	辽宁农业职业技术学院	管理会计	专科	沈阳美腾装饰广告有限公司	会计
转转经	王树越	男	2016	朝阳师范高等专科学校	数学教育	专科	朝阳县东大屯乡人民政府	—
周台子	姜瑶	女	2016	阜新高等专科学校	动物医学	专科	中企动力科技股份有限公司沈阳分公司	客户代表
黄杖子	柳英奇	女	2016	辽宁工程职业学院	财经管理	专科		
河北	郭佳麒	男	2016	沈阳职业技术学院	汽车检测与维修	专科	辽宁省级直属森林消防综合救援朝阳支队	班长
周台子	李英超	男	2016	大连医科大学	临床医学	本科		
黄杖子	辛宏亮	男	2016	鞍山师范学院	汉语言文学	本科	朝阳市长江路小学	教师
黄杖子	王明月	女	2016	辽阳职业技术学院	学前教育	专科		—
黄杖子	刘雅慧	女	2016	邯郸学院	生物科学（师范）	本科	吉林农业大学研究生在读	党支部宣传委员（研究生菌物）
贾家店	贾穷	男	2016	盘锦职业技术学院	汽车服务与营销	专科		个体户
贾家店	贾甫健	男	2016	辽宁工程技术大学	能源与动力工程	本科	朝阳平达电力建设公司	—

（续）

组别	姓名	性别	入学时间	毕业学校	专业	学历	现工作单位	职务/职业
贾家店	谢国青	男	2016	渤海大学	微电子科学与工程	本科	待业	—
贾家店	李万航	男	2016	辽宁财贸学院	体育	本科	北票信用社	—
周台子	周振博	男	2017	辽宁机电职业技术学院	电子商务	专科	沈阳辽创科技有限公司	数据分析
转转经	王颖超	女	2017	抚顺师范高等专科学校	学前教育	专科	—	—
河北	王国山	男	2017	渤海大学	土木工程	本科	个体物流	—
黄杖子	王兴华	女	2017	渤海大学	机械工程	本科	沈阳益川科技有限公司	工程师助理
贾家店	李悦	女	2017	大连交通大学	会计学	本科	中铁建设集团	—
贾家店	郭爽	男	2017	辽宁省中等职业学校	航空服务	专科	待业	—
贾家店	程振宇	男	2017	朝阳工程技术学校	机电	专科	待业	—
周台子	姜波	女	2018	辽宁林业职业技术学院	工程造价	专科	听雨轩茶楼	茶艺师
贾家店	贾占方	男	2018	沈阳航空航天大学	飞行器动力工程	本科	待业	—
贾家店	贾鑫宇	男	2018	营口职业技术学院	电梯工程技术	专科	朝阳环境集团	—
周台子	姜淑苓	女	2009	阜新高等专科学校	移动通信技术	专科	中国电信朝阳分公司	职员
			2018	吉林财经大学	行政管理	本科		
转转经	王树辉	男	2018	沈阳化工大学	电气工程及其自动化	研究生	在读	—
转转经	王超跃	女	2018	辽宁财贸学院	社会体育指导与管理	本科	辽河油田第一高级中学	体育老师
转转经	王润阳	男	2019	铁岭师范大学	机械制造与自动化	—	—	—
转转经	梁子友	男	2019	辽宁广告职业学院	市场营销	专科	盛力网络有限公司	—
黄杖子	王明星	女	2019	朝阳师范高等专科学校	生物教育	专科	—	—
黄杖子	辛怡	女	2019	沈阳科技学院	生物工程	本科	—	—
黄杖子	柳中鹏	男	2019	辽宁省交通高等专科学校	地下与隧道工程技术	专科	—	—
河北	李政	男	2019	辽宁生态工程职业学院	建筑工程技术BIM	专科	中天建设集团有限公司东北分公司	施工员
转转经	王思禹	女	2019	朝阳县职业中专	—	专科	—	—
转转经	王如钰	女	2020	大庆师范学院	日语	本科	—	—
河北	王建新	男	2020	辽宁省交通高等专科学校	道路桥梁工程技术	专科	辽宁第一交通工程监理有限公司	监理员
河北	崔文迪	女	2020	朝阳师范高等专科学校	数学计算机	专科	—	—

（续）

组别	姓名	性别	入学时间	毕业学校	专业	学历	现工作单位	职务/职业
黄杖子	辛慧姝	女	2020	朝阳劳动高级技工学校	电子商务	专科	在读	班长/学习委员/学生会
黄杖子	赵泽伟	男	2020	大连职业技术学院	机械设计与制造	专科	在读	学习委员
转转经	于学春	男	2020	辽宁职业技术装备学院	数控技术	军招	—	—
转转经	梁子阳	男	2020	辽宁技术装备学校	汽修与营销	专科军招	大连亚航物业管理有限公司	运营管理部华东地区执行人
转转经	杨丹	女	2020	大连医科大学	临床医学（"5＋3"一体化）	本科	—	—
黄杖子	辛佳琪	女	2020	朝阳师范高等专科学校	学前教育	专科	在读	学习委员
转转经	刘汉顺	男	2020	辽宁职业学校	计算机信息技术	军招	—	—
转转经	梁子博	男	2020	辽宁工程职业学院	风力发电工程技术	专科	—	—
转转经	王思凯	男	2021	朝阳县职业中专	新能源	专科	—	—
转转经	王鑫	女	2021	朝阳师范高等专科学校	小学教育	专科	—	—
转转经	王尚泽	男	2021	朝阳县职业中专	朝阳新能源汽车学校	专科	—	—
转转经	王润雪	女	2021	锦州师范专科学校	小学教育	专科	—	—
贾家店	孙佳莹	女	2021	沈阳师范大学	舞蹈	本科	在读	学生
转转经	王惠研	女	2021	朝阳师范高等专科学校	学前教育	专科	—	—
黄杖子	王兴烁	男	2021	渤海船舶职业技术学院	智能焊接技术	专科	在读	学生
黄杖子	任红程	男	2021	辽宁科技大学	软件工程	本科	—	—
黄杖子	柳中鹭	女	2022	辽宁中医药大学	护理	本科	—	—
南台	郭琪	女	2022	沈阳化工大学	化学工程与工艺	本科	在读	学生
黄杖子	王中宇	男	2022	辽宁铁道职业技术学院	现代通信技术	专科	在读	学生
转转经	王润昊	男	2022	湖南财经工业职业技术学院	大数据与会计	专科	—	—
转转经	周江崎	男	2022	四川中国民用航空飞行院	公共事业管理	本科	—	—

表 5 - 2 - 5　四分场 1949—2022 年高考录取学生名单

组别	姓名	性别	入学年份	毕业学校	所学专业	学历	现工作单位	职务/职业
北德	包永贵	男	1976	吉林大学	经济	—	市检察院	副县级检查员
北德	程桂丽	女	1979	大连医学院	—	—	朝阳市中心医院	主任
北德	鲍建华	女	1979	—	数学	—	朝阳县蒙中	教师

（续）

组别	姓名	性别	入学年份	毕业学校	所学专业	学历	现工作单位	职务/职业
北德	于海军	男	1979	朝阳市卫生学校	—	—	朝阳县医院	护士长
北德	杭淑芹	女	1981	林东师范	—	—	朝阳市向阳小学	主任
北德	高升	男	1984	辽宁营师	—	—	朝阳市民委	主任
北德	包永安	男	1985	北京民族学院	—	—	朝阳市人大	退休
北德	鲍玉华	女	1985	—	中文	—	一高	教师
北德	鲍海鹏	男	1985	朝阳工校	—	—	—	个体
北德	吴淑娴	女	1985	朝阳师专	—	—	一高	教师
北德	杭丽	女	1985	通辽师范大学	—	—	市卫校	教师
北德	鲍中华	女	1985	西北民族学院	—	—	新疆阿克苏市司法局	科员
北德	高玉梅	女	1985	朝阳卫校	—	—	县计划生育指导站	副站长
北德	包永顺	男	1987	东北财经大学	—	—	朝阳市工商局	副科长
北德	高颖	女	1987	辽宁蒙师	—	—	朝阳师专	教师
北德	谢海福	男	1987	大连警校	—	—	锦州高山子监狱	警察
北德	谢海星	男	1988	沈阳音乐学校	—	—	葫芦岛	教师
北德	高桦	女	1988	辽宁营师	—	—	贾家店学校	教师
北德	鲍刚	男	1991	朝阳卫校	—	—	朝阳县医院	医生
北德	高雅杰	女	1992	辽宁营师	—	—	贾家店学校	教师
北德	鲁春艳	女	1993	辽宁营师	—	—	贾家店学校	教师
赵营子	张学贺	男	1994	朝阳第一师范学校	—	—	贾家店九年一贯制学校	教师
赵营子	白忠军	男	1994	朝阳第一师范学校	—	—	贾家店九年一贯制学校	教师
胡杖子	金艳丽	女	1995	朝阳县卫校	—	—	四分场卫生所	村医
胡杖子	王恩辉	男	1995	沈阳农业大学	—	—	北沟门动物卫生监督所	会计
赵营子	白忠英	女	1996	本溪化工学校	—	—	台子乡	教师
北德	鲍泳	女	1996	北票卫校	—	—	朝阳县六家子镇中心卫生院	护士
北德	谢宏伟	女	1996	辽宁广播电视学校	—	—	朝阳广播电视局	—
北德	吕庆丰	男	1999	凌源师范学校	—	—	贾家店学校	教师
北德	吕庆珍	女	2000	辽宁师范大学	—	—	葫芦岛	教师
胡杖子	赵亚财	男	2000	—	—	—	大连金州区	中学教师
胡杖子	党仕伟	男	2000	辽宁工学院	—	—	凌源劳改分局	警察
北德	谢洪奎	男	2001	武汉大学	—	—	朝阳重型	—
北德	马海明	男	—	朝阳农校	—	—	—	书记
北德	程培东	男	—	沈阳电力学校	—	—	宁波电场	—
北德	程培艳	女	—	鞍山卫校	—	—	市中心医院	医生
北德	鲍秀芬	女	—	朝阳卫校	—	—	—	医生

（续）

组别	姓名	性别	入学年份	毕业学校	所学专业	学历	现工作单位	职务/职业
北德	鲍桂芬	女	—	朝阳卫校	—	—	—	医生
北德	高杰	女	—	纺织学校				
北德	谢中华	男	—	海南财经学校		—	朝阳兴隆大家庭	—
北德	吴振合	男	—	东北师范大学	—	—	沈阳	教师
北德	杭志坚	男	—	阜新师范专科学校	—	—	建平中学	教师
北德	杭志强	男	—	朝阳卫校	—	—	朝阳县第三医院	主任
北德	于海深	男	—	沈阳体育学院	—	—	朝阳市体校	教师
北德	鲍国庆	男		朝阳师范高等专科学校	—	—	财经学校	科员
北德	魏艳珍	女	—	朝阳第一师范学校	—	—	育红小学	校长
北德	高云	男	—	沈阳药学院	—	—	朝阳市卫校教师	教师
北德	高鹏	男	—	辽宁师范学院	—	—	一高	主任
北德	鲍树芳	女	—	阜新师专	—	—	市农校	教师
北德	程显东	男	—	大连师范学院	—	—	—	—
北德	程显玉	男	—	沈阳建筑学院	—	—	—	—
北德	程淑华	女		朝阳师范高等专科学校				
北德	李德珍	女	—	大连医科大学				
北德	李德青	女	—	西安交通大学				
北德	高煜辉	女	2002	辽宁营师	—	—	培训班	培训教师
北德	杭宇	女	2002	渤海大学	—	—		个体户
北德	高秀艳	女	2002	内蒙古师范大学	—	—	朝阳县六家子中学	教师
赵营子	张晓玲	女	2003	辽东学院	—	—	沈阳信息	电子导航工程师
北德	高冠男	女	2003	成都医学院	—	—	—	—
北德	高国军	男	2003	阜新矿工机械	—	—	海拉尔	—
北德	胡彦杰	女	2003	本溪科技大学				
北德	高煜蒙	女	2004	天津石油学院	—	—	朝阳电源厂	
北德	鲁菲	女	2004	内蒙古师范大学	—	—	杨树湾中学	教师
后魏	魏凤丽	女	2004	内蒙古科技大学	热能与动力	本科	中智国际工程技术（北京）有限公司包头分公司	员工
赵营子	张吉春	男	2005	辽宁交通大学			中铁十九局	—
赵营子	梁越	女	2006	朝阳职教中心	—	—	北京电子厂	
北德	胡彦杰	女	2006	辽宁科技学院	—	—	沈阳师范大学沈北附属小学	教师
赵营子	白忠凯	男	2007	辽宁机电学院	机械制造与自动化	专科	凌源钢铁集团	—
北德	高煜浩	男	2007	沈阳师范大学	初等教育	本科	朝阳市廉政教育基地	留置看护工作者

（续）

组别	姓名	性别	入学年份	毕业学校	所学专业	学历	现工作单位	职务/职业
北德	高阳	男	2007	朝阳农校	机械维修	专科	鞍钢集团朝阳钢铁有限公司	班长
北德	高秀芳	女	2007	辽阳职业技术学院	—	—	—	—
后魏	李英盼	女	2008	阜新高等专科院校	移动通信	专科	天巍集团	财务
赵营子	程萌	男	2008	沈阳理工大学	机械设计制造	本科	朝阳市消防救援支队	大队级副职
北德	杭航	男	2008	朝阳师范高等专科学校	—	—	哈尔滨市公安局	警察
胡杖子	王薇	女	2008	辽宁大学	—	—	—	—
赵营子	白忠旭	男	2008	辽宁中医药大学	—	—	—	—
赵营子	白忠雪	女	2008	丹东技术学校	—	—	山东电子厂	技工
赵营子	张兆国	男	2008	沈阳职业技术学院	—	—	—	—
赵营子	王玉梅	女	2009	辽宁科技大学	材料化学	本科	辽宁瑞雨计量检测服务有限公司	技术员
后魏	任凤敏	女	2009	大连医科大学	护士	本科	医科大学附属医院	—
北德	杭天璐	女	2009	朝阳卫生学校（中专）	护理	专科	朝阳汇德医院	—
西湖	阚树彬	男	2009	大连教育学院	数控技术	本科	浪马轮胎有限公司	成型硫化
北德	胡成杰	男	2009	朝阳农校	机械维修	专科	金达钛业	班长
魏杖子后魏	李进昆	女	2009	辽宁省农业经济学校	园林规划与设计	本科	—	—
西湖	李兴阳	男	2010	辽宁铁道职业技术学院	铁道工程	专科	沈阳铁路局沈阳高铁基础设施段	工人
北德	吴迪	女	2010	山东理工大学	外语	本科	大连市良机予人	职务前端开发工程师
西湖	曹斌	男	2010	大连交通大学	汽车电器维修	本科	朝阳市金达钼业	—
西湖	杨春影	女	2010	大连交通大学	城市轨道交通	本科	—	—
后魏	李进萍	女	2010	盘锦职业技术学院	会计电算化专业	专科	盘锦悦享时光母婴护理中心	销售
后魏	魏英飞	女	2010	西安培华学院	应用日语	本科	辽宁盛恒律师事务所	助理
北德	高林霞	女	2011	朝阳师范高等专科学校	会计电算化	专科	朝阳县松岭门蒙古族乡人民政府	农经站职员
北德	鲁慧	女	2011	辽东学院	韩国语（韩朝贸易）	本科	丹东市振兴区红房大药房	店长
赵营子	梁思明	女	2011	湖南大众传媒职业技术学院	艺术设计	专科		
北德立吉	佟蕾	女	2011	鞍山师范学院	旅游管理	本科	圣嘉新医疗美容医院	医美顾问
赵营子	赵志杰	男	2012	黑龙江林业职业技术学院	焊接技术及自动化	专科	朝阳华信机械有限公司	焊接操作员
魏杖子后魏	李晨瑜	女	2012	辽宁职业技术学院	会计	专科	新科物业	—
赵营子	赵晓雨	女	2012	辽宁科技大学	无机非金属材料专业	本科	成都研创智汇科技有限公司	

（续）

组别	姓名	性别	入学年份	毕业学校	所学专业	学历	现工作单位	职务/职业
西湖	李丽超	女	2012	辽宁现代服务职业技术学院	旅游管理	专科	长川制靴大连有限公司朝阳分公司	社员
北德	高秀明	女	2012	朝阳师范高等专科学校	广告设计	专科	—	—
魏杖子后魏	李云贺	女	2012	沈阳北软信息职业技术学院	计算机应用	专科	—	—
西湖	曹丽丽	女	2012	—	应用电子技术	—	—	学生
西湖	祖静园	女	2012	辽宁何氏医学院	公共事业管理	本科	—	—
后魏	李宏丽	女	2012	辽宁商贸职业学院	物流管理	专科	—	—
赵营子	白晓雪	女	2013	辽阳职业技术学院	老年服务与管理	专科	朝阳县机关事务管理局	值机员
赵营子	梁晓东	男	2013	阜新高等专科学校	计算机多媒体	专科	沈阳挖窝网络科技有限公司	—
赵营子	白忠美	女	2013	辽宁中医药大学	中西医临床医学	本科	石家庄以岭药业股份有限公司	临床监察员
魏杖子前魏	魏然	女	2013	阜新高等专科学校	会计	专科	龙威（营口）建设有限公司沈阳市分公司	会计
魏杖子前魏	李英利	男	2013	西安邮电大学	光电信息科学与工程	本科	上海朗力半导体有限公司	软件工程师
西湖	李丽荟	女	2013	辽宁农业职业技术学院	农产品质量检测	专科	朝阳环境集团	科员
后魏	李进凤	女	2013	辽宁石油工业大学	金融	本科	中国建设银行大连金州支行	员工
北德	鲁琦	男	2014	辽宁警察学院	—	—	—	—
北德	鲁鑫	男	2014	内蒙古科技大学	—	—	—	—
西湖	谭家龙	男	2014	沈阳工业大学	机械设计制造及其自动化	本科	沈阳自动化研究所	设计员
西湖	李旺明	男	2014	辽宁省交通高等专科学校	大地测量与卫星定位技术	专科	北京凯通物资有限公司	商务经理
西湖	赵宝杰	男	2014	大连海洋大学	设计制造及其自动化	本科	沈阳香雪面粉股份有限公司	技术员
后魏	李晓双	女	2014	辽宁师范高等专科学校	英语教育	专科	青岛西岸新区树然国际英语教育	英语老师
赵营子	白晓松	男	2015	辽宁科技学院	机械制造与自动化	本科	中铁九局集团有限公司	—
后魏	李晨榆	女	2015	辽阳职业技术学院	技术	专科	—	家庭主妇
魏杖子后魏	李进凤	女	2015	抚顺石油化工大学	会计	本科	建设银行	职员
东湖	党校	女	2015	辽阳职业技术学院	会计电算化	专科	朝阳市中韵通达速递有限公司	操作客服
魏杖子后魏	李云杰	女	2015	阜新高专	公路养护	专科	书香阁文化传媒有限公司	文员

（续）

组别	姓名	性别	入学年份	毕业学校	所学专业	学历	现工作单位	职务/职业
魏杖子前魏	李英旭	男	2015	长春科技学院	汽车检测	专科	—	—
西湖	王萍	女	2015	沈阳师范大学	软件工程	本科	深圳市长亮科技股份有限公司	数据开发工程师
后魏	任建盛	男	2015	大连外国语学院	软件程序员	本科	北京南天软件有限公司	—
赵营子	白鑫宇	女	2016	东北大学	土木工程	本科	辽宁盛夏网络信息科技有限公司	培训师
西湖	谭磊	男	2016	辽宁建筑职业学院	工程造价	专科	沈阳欣荣基建筑工程有限公司	技术员
西湖	谭静	女	2016	大连工业大学	通信工程	本科	常石（上海）船舶设计有限公司	设计师
西湖	李丽莹	女	2016	辽宁金融职业学院	资产评估与管理	专科	丹东四海建材有限公司	会计
西湖	祖金辉	男	2016	大连职业技术学院	电气自动化	专科	英特尔半导体存储技术（大连）有限公司	技术员
后魏	魏英新	男	2016	辽宁科技大学	通信工程	本科	辽宁科技大学	硕士研究生
后魏	李云伟	男	2016	辽宁铁道技术学院	铁路	专科	锦州机务段	员工
魏杖子前魏	李英林	男	2016	辽宁广播电视大学	汽车运用与维修技术	专科	车理念汽车美容改装俱乐部	店长
北德	杭雪	女	2016	辽宁民族师范高等专科学校	语文教育	专科	朝阳县木头城子镇中心小学	班主任
北德	刘宁宁	女	2016	内蒙古师范大学	生物科学	本科	朝阳市第十八中学	生物教师
魏杖子前魏	魏英贺	男	2016	辽宁工程职业技术学院	汽车车身维修技术	专科	仲鲜生水果捞店	老板
赵营子	王鼎森	女	2017	辽宁装备制造职业技术学院	电子商务	专科	云洋集团	—
赵营子	赵智超	男	2017	体育专业学院	体育教育	专科	沈阳北塔中学	教师
西湖	李祥苹	男	2017	辽宁建筑职业学院	应用电子技术	专科	非凡智能机器人有限公司	电气工程师
魏杖子后魏	李云超	男	2017	朝阳技师学院	电子商务	专科	阜新外屋地烹鲜小馆	餐饮
西湖	谭佳琳	女	2017	朝阳师范高等专科学校	学前教育	专科	新一竹幼儿园	教师
魏杖子前魏	魏艳龙	男	2017	东北大学	社会体育	本科	中建	技术员
西湖	李兴宝	男	2017	辽宁理工学院	会计	本科	沈阳闵商大厦代账公司	会计
西湖	刘思嘉	女	2017	铁岭师范高等专科学校	英语教育	本科	酷尔教育	小学英语教师

（续）

组别	姓名	性别	入学年份	毕业学校	所学专业	学历	现工作单位	职务/职业
西湖	谭杨	男	2017	大连工业大学	生物工程	本科	—	专业负责人
西湖	谭佳琳	女	2017	朝阳师范高等专科学校	学前教育	专科	新一竹幼儿园	教师
西湖	李兴宝	男	2017	辽宁理工学院	会计	本科	沈阳闽商大厦代账公司	会计
赵营子	白忠金	男	2017	辽宁机电职业技术学院	物流管理	专科	京东世纪贸易有限公司	前端主管
赵营子	白晓璐	女	2018	辽宁建筑职业学院	市政工程	专科	朝阳鑫烨建筑工程有限公司	技术员
赵营子	白晓元	女	2018	大连艺术学院	环境设计	专科	—	—
赵营子	白明月	女	2018	辽宁机电职业技术学院	物流管理	专科	国运通达通信集团有限公司	—
魏杖子前魏	邢娜	女	2018	黑龙江商业职业学院	高速铁路客运乘务	专科	北京日日豪工程建设监理有限责任公司	文员
西湖	李兴杰	男	2018	辽宁农业职业技术学院	食品加工	专科	沈阳猿力科技有限公司	辅导老师
西湖	谭晓旭	女	2018	辽宁医药职业学院	医学检验技术	专科	沈阳艾迪康医学检验所有限公司	检验员
前魏	刑龙美	女	2018	辽宁水利职业技术学院	食品加工技术	专科	沈阳伊利乳品有限责任公司	检验员
后魏	魏立敏	男	2018	锦州医科大学	临床医学	本科	在读	学生
北德	杭大志	男	2018	辽宁职业学院	汽车制造与装配	专科	—	—
四分场	鲁晓勇	男	2018	辽阳职业技术学院	老年服务与管理	专科	全民健祥颐老年公寓	护理员
北德	鲁晓猛	男	2018	沈阳城市学院	—	—	—	—
北德	高阳	男	2019	辽宁工程技术大学	—	—	—	—
赵营子	张传浩	男	2019	大连枫叶职业技术学院	金融管理	专科	星途传媒	经纪人
赵营子	张吉坤	男	2019	朝阳职业技术学院	高铁服务	专科	在读	学生
马营子	鲁俊兴	男	2019	铁岭卫生职业学院	口腔医学技术	专科	（东莞）现代牙科集团	职工
西湖	阚辰辉	男	2019	辽阳建筑职业技术学院	道路桥梁	专科	辽河油建有限公司	技术员
魏杖子后魏	李晨铭	男	2019	辽宁师范大学	体育教育	本科	—	—
西湖	祖静芳	女	2019	辽宁大学	金融学	本科	在读	学生
魏杖子后魏	李云庆	男	2019	辽宁广播电视大学	行政管理	专科	朝阳中天学校	班主任兼政教处干事
西湖	阚辰辉	男	2019	辽阳建筑职业技术学院	道路桥梁	专科	辽河油建有限公司	技术员
西湖	刘忠博	男	2019	锦州医科大学医疗学院	口腔医学	专科	在读	学生

（续）

组别	姓名	性别	入学年份	毕业学校	所学专业	学历	现工作单位	职务/职业
西湖	阚继成	男	2019	辽宁轻工职业学院	自动互联应用技术	专科	—	军人
西湖	李新月	女	2019	辽宁医药职业学院	专业护理	专科	朝阳诺贝尔口腔门诊部	护士
后魏	李宏婷	女	2019	鞍山师范学院	英语（儿童教育）	本科	—	学生
赵营子	赵靖	女	2020	鞍山职业技术学院	护理	专科	鞍山市中医院实习	—
赵营子	张钊芮	男	2020	渤海船舶职业学院	船舶工程技术	专科	苏州易艾克自动化有限公司	—
赵营子	贾占旭	男	2020	营口职业技术学院	物流管理	专科	辽宁京邦达供应链科技有限公司	—
魏仗子前魏	李策	女	2020	辽宁师范大学	国际商务	本科	—	学生
魏杖子后魏	李云旺	男	2020	国家开放大学	汽车运用与维修技术	专科	抚顺市顺城区消防救援大队新城路消防救援站	消防员
后魏	李晨铭	男	2020	大连师范学校	师范	本科	—	学生
后魏	李明昊	男	2020	辽宁铁道职业技术学院	铁路	专科	—	学生
西湖	谭佳雨	男	2021	大连职业技术学院	计算机网络技术	专科	—	学生
前魏	魏常宇	女	2021	朝阳师范高等专科学校	政治经济	专科	—	学生
西湖	谭浩	男	2021	辽宁省交通高等专科学校	给排水工程技术	专科	—	学生
西湖	曹丽宏	女	2021	—	—	—	—	—
后魏	任建宇	男	2022	成人高考	—	—	—	—
后魏	李云杰							
赵营子	王乐	女	—	大连职业技术学院	金融管理	专科	—	—
北德	佟建为	男						
西湖	曹蕊	女						
北德	鲁鑫	男	—	内蒙古科技大学	材料与冶金	本科	—	—
胡杖子	党树旗	—	—	辽宁大学	—	本科		
胡杖子	党慧	—	2009	辽宁大学	—	本科		
胡杖子	张玉杭	—	2008	北京林业大学	—	本科		
胡杖子	张吉奇	—	2011	沈阳大学	—	本科		
胡杖子	赵航	—	2019	辽宁农业职业技术学院	—	专科		
胡杖子	赵亚涛	—	2010	抚顺职业技术学院	—	专科		
胡杖子	赵俊强	—	2016	辽宁科技学院	—	本科		
胡杖子	赵格雅竹	—	2018	朝阳师范高等专科学校	—	专科		

（续）

组别	姓名	性别	入学年份	毕业学校	所学专业	学历	现工作单位	职务/职业
胡杖子	赵丹丹	—	2007	锦州师范	—	本科	—	—
胡杖子	赵亚慧	—	2010	辽宁大连师范学院	—	本科	—	—
胡杖子	张国伟	—	2016	辽宁建筑职业学院	—	专科	—	—
胡杖子	赵嘉琪	—	2016	沈阳大学	—	本科	—	—
胡杖子	赵亚丽	—	2008	沈阳理工大学	—	本科	—	—
胡杖子	王树宝	—	2012	大连装备职业技术学院	—	专科	—	—
胡杖子	王静	—	2008	辽宁理工大学	—	本科	—	—
胡杖子	王苗	—	2009	铁岭工业学院	—	本科	—	—
胡杖子	赵佳宇	—	2019	朝阳师范高等专科学校	—	专科	—	—
胡杖子	赵佳慧	—	2016	朝阳师范高等专科学校	—	专科	—	—
胡杖子	赵亚薇	—	2007	东北大学	—	本科	—	—
胡杖子	赵俊欢	—	2012	沈阳理工学院	—	本科	—	—
胡杖子	郑广超	—	2008	辽宁建筑学院	—	本科	—	—
后魏	任凤瑞	女	—	沈阳化工学校	生物制剂	本科	—	—
后魏	任建贺	男	—	国家开放大学	计算机	专科	辽河油田消防队四大队沈北中队	—

第三章　文　　化

　　贾家店农场文化底蕴深厚，场内文物古迹较多。2012 年以来，农场党委充分利用贾家店的文化优势，在各分场、自然屯新建文化广场，为人民群众的业余文化生活提供了便利条件。贾家店农场的文艺演出团队不断发展壮大，在省、市、县的各类文艺活动中屡获大奖。

第一节　公共文化

一、文化站人事沿革

　　贾家店农场文化站于 1974 年成立。
　　韩素珍（1974.07—1988.12）
　　付维华（1989.01—1993.05）
　　谢　坤（1993.06—2004.07）
　　尹占军（2004.08—2014.02）
　　郝淑丽（女，2014.03—）

二、机构与设施

　　2014 年，贾家店农场建文化广场 6 处，共计 1.2 万平方米。2015 年，贾家店农场加强文化活动场所设施建设。农场有 500 平方米的文化活动中心，内设书画活动室、道德讲堂、图书室、棋牌室。各分场都有文化书屋和 2000 平方米以上的大型文化广场或篮球场。广场内都安装健身器材，每个村民组都有一个小型文化广场。贾家店农场是辽宁省唯一一个农民舞蹈辅导基地及朝阳市书法培训创作基地。2016 年，投资 210 万元，在贾家店农场三分场滨河景观带沿线，建设大理石广场 5000 平方米，安装路灯 40 盏，健身器材 10 套。

表 5 - 3 - 1　2013—2018 年贾家店农场文化广场统计表

分场	广场名称	面积（平方米）	是否硬覆盖	建设时间	文化墙或宣传栏（米）	是否配备体育器材	是否有戏台
一分场	南扎广场	1264	是（砖）	2014	38	有	有
	胜利广场	1039.5	是（水泥）	2015	—	—	—
	北扎广场	620	是（水泥）	2014	—	—	—
二分场	二分场院内广场	1452	是（水泥）	2016	7	有	—
	南窝铺广场	457.5	是（砖）	2016	9	—	—
	二道广场	900	是（砖）	2016	—	—	—
三分场	敖汉广场	1160	是（水泥）	2014	38	有	有
	贾家店广场	2047.5	是（砖）	2013	—	—	有
	黄杖子广场	1050	是（砖）	2018	—	有	—
	筑梦广场	3313.5	是（大理石）	2016	150	有	有
	转转经广场	480	是（砖）	2014	—	有	—
	前进广场	629	是（砖）	2015	—	—	—
	河北广场	320	是（砖）	2013	—	—	—
四分场	赵营子广场	448.5	是（砖）	2015	30	有	—
	马营子广场	644	是（水泥）	2013	13.4	—	—
	北德广场	1650	是（水泥）	2014	100	—	—
	花海演艺广场	6870	是（砖）	2016	—	—	有
	魏杖子广场	926.25	是（砖）	2018	—	—	—
	胡杖子广场	725	是（砖、水泥各半）	2016	—	—	—

第二节　文化活动

自 2013 年开始，贾家店农场工人的业余文化活动方兴未艾、精彩纷呈，丰富了广大工人的业余文化生活，为贾家店农场增添了生机和活力。贾家店农场广大工人的业余文化活动，得到了省、市、县有关领导的大力支持和精心指导。2014 年 6 月 12 日，朝阳县文化局来贾家店农场审查演出的 20 个节目。2014 年 6 月 15—17 日，朝阳县文化局姚旭东、王艳等老师来贾家店农场辅导艺术表演。2014 年 6 月 19 日，市文化局局长牛驰、县文化局局长苑珉，来贾家店农场考察排练情况，审查了舞蹈、三句半、快板、女声表演唱等。2014 年 6 月 30 日，朝阳县文化局捐赠给贾家店农场 80 把扇子、6 台电脑、60 套秧歌服、5 个音响等。2016 年 1 月，贾家店农场被选为中共朝阳市委党校现场教学基地、朝阳市舞蹈家协会活动基地，被朝阳县文广新局、朝阳县文化馆评为"大地放歌"群众文化活动基地。同月，省级文化示范项目"大地放歌"活动现场推进会在贾家店农场召开。2019 年 3 月 25 日，"学雷锋活动月"期间，贾家店农场艺术团 16 名骨干参加县文化局培训班，学习培训了《最美的中国》《丝绸之路》《天蓝蓝》《吉祥谣》《万树繁花》《天南地北唱中华》等歌舞表演。

一、大地放歌

"大地放歌"是朝阳县文化局自 2013 年起在全县推出的文化品牌，得到省、市、县领导的高度评价。贾家店农场把"大地放歌"活动在全场开展得红红火火。

2013 年 6—10 月，贾家店农场举办"大地放歌"专场演出 8 场次。

2014 年 4 月 8—9 日，在贾家店农场举办"大地放歌"百姓健康舞培训班，由各乡镇文化站站长带队参加培训。

2016 年 7 月 16 日，在贾家店农场举办朝阳县"大地放歌"首届文化艺术基地精品展演，有 6 个乡镇、7 个基地参演。

2018 年 7 月 6 日，贾家店农场艺术团在木头城子镇西营子村，参加"唱响新时代·大地放歌"演出。

2018 年 9 月 29 日，贾家店农场艺术团参加朝阳县北四家子乡"大地放歌"第七届群众文化艺术节，庆祝第一个农民丰收节暨扫黑除恶治标年宣传专题演出（快板《走进新农村》）。

2019 年 7 月 1 日，在新县城人民广场，贾家店农场艺术团参加朝阳县"庆七一·迎国庆"柳城之夏、"大地放歌"之群众文化艺术节演出。

二、秧歌会演

2015 年 1 月，贾家店农场举行秧歌会演、百人健身舞和魏杖子黄河阵。2015 年 1 月 12 日，举办"七美"创建活动表彰大会和全场秧歌会演。

2016 年 2 月 20 日，贾家店农场举行秧歌会演，共有 13 拨秧歌队、广场舞展演。

2017 年 3 月 18—19 日，三分场举办敖汉庙会，有 32 支秧歌队参加表演，并进行了唱戏、耍中幡、二人转等文艺表演。

2018 年 2 月 25 日，贾家店农场举行秧歌会演。2 月 27 日，贾家店农场举办自制花灯比赛。3 月 2 日，贾家店农场举行"跑黄河、纳吉祥"秧歌表演、施放烟花等活动。

2019 年 2 月 14 日，贾家店农场组织秧歌会演，共有 19 支秧歌队参演。

三、工人文化节

2014 年，贾家店农场以"大地放歌"为依托，举办第二届工人文化艺术节。从 2014

年 6 月 28 日开始至 9 月 2 日结束，历时两个多月。成功举办农场第二届工人文化艺术节专场演出 8 场，专场演出先后顺序为开幕式 6 月 28 日、老年协会 7 月 4 日、农场学校 7 月 15 日、三分场 7 月 25 日、一分场 8 月 1 日、二分场 8 月 8 日、四分场 8 月 15 日、闭幕式 9 月 2 日。各专场统一由程培然录制。参演演员达到 1500 多人次，观众 2 万多人次。表演形式丰富多彩、种类齐全，有歌曲、歌伴舞、三句半、诗朗诵、评剧、黄梅戏、扇子舞、小品、双簧、二人转、快板、器乐合奏等，展现了贾家店工人的多才多艺，以及对文化生活的追求。参加演出的演员无论年龄、身份职务，只要有一技之长愿意登台演出，都有展示才艺的机会。

2015 年 7—9 月　举办贾家店农场第三届工人文化艺术节。7 月 2 日，举办开幕式。9 月 2 日，举行闭幕式。期间共有 10 场演出。

四、凌河之夏

2013 年 8 月 5 日，贾家店农场师生参加朝阳市"凌河之夏"演出，表演手语节目《中国》，表演者为程培然、程雪。

2014 年 7 月 13 日，贾家店农场参加朝阳市"凌河之夏"演出，歌手有梁子波（《求索》）、张瑞民（《女驸马》）、周慧茹（《和谐中国》）、欧阳山英（《宁舍一顿饭，不舍二人转》），12 人藏族舞蹈由贾凯、程培然带队。同时有 36 人参加"大地放歌"伴舞，获得优秀表演奖。主持人是杭百音。

2017 年 9 月 28 日，贾家店农场参加朝阳市"凌河之夏"演出，表演群口快板《高歌唱响朝阳县》。

2018 年 7 月 23 日，贾家店农场艺术团参加朝阳市"凌河之夏"演出。

2019 年 7 月 19 日，贾家店农场参加朝阳市第十七届"凌河之夏"文化艺术节朝阳县专场，表演歌舞《筑梦朝阳县、拥抱新时代》。

2019 年 9 月 10 日，贾家店农场艺术团参加朝阳市第十七届"凌河之夏"文化艺术节"农民欢歌"专场演出。

五、其他演出

2013 年 12 月 25 日，在朝阳市人民会堂，参加朝阳县"三会演出"，郝淑丽表演了曲目《刘巧儿》选段。

2014 年 10 月，参加朝阳市百姓健康舞展演，贾家店农场代表队荣获"优秀表演奖"。

2014 年 10 月 27—28 日，贾家店农场有 12 人参加在海城举办的全省乡镇农民健身秧歌大赛，由市舞蹈家协会副主席于立、县文化局副局长郭继民辅导的歌曲《梦圆我家乡、大地放歌》，荣获一等奖。

2014年12月24日，梁子波、欧阳山英参加朝阳县"三会"演出，演出地点为凤鸣大剧院，演出节目有《庄稼院里的故事》《山村小夜曲》。

2015年7月3日，贾家店农场有12人参加朝阳市第四届文化艺术节"百姓梦想秀"文艺展演。

2015年8月15日，由中共辽宁省委宣传部、辽宁省文化和旅游厅主办的"植根沃土、筑梦辽宁"全省广场舞展演，在辽宁大剧院广场演出，贾家店农场艺术团表演了《幸福朝阳》《大地放歌》等精彩节目。

2015年8月，举办贾家店农场"好声音"大赛。

2015年9月29日，贾家店农场参加朝阳市民政局、老龄委市区内中老年广场舞大赛初赛，初赛地点在朝阳市体育场。初赛共85个队，其中农民代表队53个，贾家店代表队是唯一一个进入决赛的农民舞蹈队。

2015年10月13日，贾家店农场代表队参加辽宁省在抚顺市举办的全省乡镇农民健身秧歌大赛，表演的《幸福朝阳》《放歌凌河》荣获辽宁省乡镇农民健身秧歌金奖。

2015年10月25日，朝阳市民政局、老龄委市区内中老年广场舞大赛决赛在尚志公园举行。参加决赛的共有15支队伍，贾家店农场是唯一一个进入决赛的农民舞蹈队。贾家店农场代表队参赛的曲目是《幸福朝阳》《放歌凌河》，荣获二等奖和"最佳创编奖""优秀组织奖"。

2016年7月9日，在"朝阳银行杯"第五届群众文化节广场舞大赛中，贾家店农场代表队荣获"最佳优秀奖"。

2016年7月10日，喀左县民族文工团在贾家店农场举行专场演出，共演出11个节目。

2016年7月15日，在贾家店农场举办朝阳县首届文化艺术基地精品节目展演，共表演23个节目。

2016年7月22—23日，朝阳市第二届好声音朝阳县分赛区选拔赛在贾家店农场举行，有36人进入了复赛，有20人参加了决赛。

2016年8月5日，贾家店农场举行"七美"艺术团专场演出，共表演16个节目。

2016年8月12日，凌塔酒业艺术团在贾家店农场举行专场演出，共表演24个节目。

2016年8月14日，四海民间艺术团在贾家店农场举行专场演出，共表演16个节目。

2016年8月20日，九大妈佳慧艺术团在贾家店农场举行专场演出，共表演16个节目。

2016年8月29日，朝阳市教师合唱团在贾家店农场举行专场演出，朝阳市优秀文艺教师及社会各界精英人士均亮相。

2016年9月6日，宏凤艺术团在贾家店农场举行专场演出，共表演15个节目。

2016年9月7日，慧美婚庆爱心艺术团在贾家店农场举行专场演出，共表演23个节目。

2016年9月8—9日，朝阳市总工会在喀左县龙源湖举办朝阳市职工全健排舞展演比赛，贾家店农场艺术团荣获二等奖。

2016年9月10日，举办贾家店艺术节闭幕式。

2016年9月19日，由辽宁省政协经济委员会、体育局、农民体育协会举办"大梨树杯"辽宁省乡镇农民健身秧歌大赛，贾家店农场代表队荣获"优秀表演奖""优秀组织奖"。

2016年9月29日，在沈阳师范大学星河剧场举办的"舞协杯"群众舞蹈比赛中，荣获金奖，朝阳市舞协辅导基地——贾家店农场广场舞队荣获一等奖。

2016年10月18日，贾家店农场参加朝阳县首届大型老年文艺演出"最美夕阳红"（展示老年风采、共谱敬老乐章）专场演出。

2017年2月27日，贾家店农场举行"七美"艺术团专场演出，共表演15个节目。

2017年5月9日，在贾家店农场举行朝阳市第二届职工全健排舞展演。

2017年7月8日，在朝阳市第二届职工全健排舞展演中，贾家店农场代表队荣获一等奖。

2017年7月18日，贾家店生态旅游度假区举行"盛世花开·醉美年华"旅游季启动仪式，共表演8个节目。

2017年7月23日，喀左文工团来贾家店农场进行专场演出，共表演13个节目。

2017年7月26—28日，贾家店农场艺术团队在朝阳市河东体育场，参加广场舞培训。

2017年7月30日，朝阳凌塔酒业艺术团来贾家店农场进行专场演出，共表演16个节目。

2017年8月9日，贾家店农场举行二人转专场演出，共表演8个节目。

2017年8月12日，贾家店农场举行"七美"艺术团专场演出，共表演15个节目。

2017年9月30日，"七美"艺术团在贾家店农场供销社门口举行"热烈庆祝中华人民共和国成立68周年"专场演出。

2018年1月26日，贾家店农场参加朝阳县第二届大型中老年文艺演出"最美夕阳红"新春文化惠民活动，有8人表演了音舞快板。

2018年2月8日，贾家店农场举办冬季旅游"红红火火过大年"开幕式，共表演7个节目。当日晚，举办蒙古族年俗祭火活动。

2018年3月12日，在贾家店农场举办"慕容山河春来早"文艺专场演出，共表演11个节目。

2018年3月21日，《红红火火醉美年》赴上海市参加"2018新时代群众歌曲优秀作品交流展示暨采风送欢乐文化走亲活动"，该原创作品受到热烈欢迎，扩大了辽宁省朝阳市朝阳县知名度和美誉度。

2018年5月19日，贾家店农场"七美"舞蹈队12人参加朝阳市第九届老年文艺展演，歌舞伴舞《红梅赞》获各乡（区、市）优秀演出奖。

2018年6月21日，贾家店农场艺术团参加2018年"辉煌伟业·时代新歌"全省农民广场舞展演比赛，荣获一等奖。

2018年6月29日，贾家店农场代表队参加朝阳县第三届诗歌音乐会比赛，获"优秀奖""优秀组织奖"。

2018年7月1日，贾家店农场艺术团参加朝阳市第九届老年文艺展演"东屹日盛杯"集体舞，获最佳演出奖。

2018年7月6日，贾家店农场艺术团到木头城子镇卜显仁大院举办专场演出。

2018年7月18日，在贾家店生态旅游度假区举办"盛世花开·醉美年华"旅游季启动仪式，共表演9个节目。

2018年7月21日，国营贾家店农场知青纪念上山下乡五十周年联谊会（1968—2018年），"追梦五十年·情系贾家店"专场演出，共表演17个节目。

2018年7月23日，贾家店农场参加朝阳市第七届群众文化艺术节"红红火火醉美年"，共表演12个节目。

2018年9月22日，朝阳市农委组织朝阳市丰收中秋农歌会，贾家店农场的欧阳山英、郝淑丽等参加演出。

2018年10月12日，一分场举办扫黑除恶文艺专场演出。

2018年10月15日，贾家店农场代表队参加朝阳县重阳节诗歌朗诵会演出。

2018年11月，贾家店农场新时代文艺宣传队作品《红红火火醉美年》在2018年"辉煌伟业·时代新歌"全省农民广场舞展演中，荣获辽宁省文化和旅游厅颁发的一等奖。

2018年11月3日，四分场在魏杖子村举办"醉美农场·和谐家园"专场演出。

2018年12月28日，二分场在头道广场举办"迎新春"专场演出。

2019年1月24日，举行贾家店农场第二届"红红火火过大年"开幕式，"七美"艺术团共表演13个节目。

2019年6月11日，贾家店农场艺术团参加朝阳市第四届老年艺术节暨第四届老年文艺展演。

2019年6月29日，贾家店农场艺术团举办"庆七一"演出。

2019年7月14日，贾家店农场参加杜康老酒杯星光大道群星演唱会，共表演7个节目。

2019年7月18日，贾家店农场举办"中国朝阳乡村文化旅游节"暨2019年"盛世花开·醉美年华"乡村生态旅游季开幕式，共表演8个节目。

2019年7月28日，贾家店农场在黄杖子村举办"玉河之夏"文艺晚会，共表演20个节目。

2019年9月11日，南扎组老年秧歌队举办"庆中秋·喜迎国庆70周年"联欢会，共表演18个节目。

2019年9月12日，转转经组"七美"艺术团举办"迎国庆·今夜月正圆中秋晚会"，共表演19个节目。

2020年9月2日，中共朝阳市委统战部在贾家店农场举办"促进健康"专场演出，表演舞台剧《健康才幸福》。

2020年10月1日，贾家店农场举办"迎中秋·庆国庆"大地放歌专场演出，共表演13个节目。

2021年3月24日，朝阳龙翔文化传播有限公司旗下的新凤演艺公司到贾家店农场，表演舞台剧《健康才幸福》。

2021年6月15日，举办热烈庆祝中国共产党百年华诞《永远跟党走》——贾家店农场九年一贯制学校专场演出，演职人员300人，共表演19个节目。

2021年6月23日，举办热烈庆祝中国共产党百年华诞《永远跟党走》——贾家店农场专场演出，演职人员50人，共表演11个节目。

2021年6月30日，一分场南扎组庆祝中国共产党成立100周年"初心不改·乡情难忘"暨一分场工人与1968年老知青联欢会，演职人员60人，共表演15个节目。

2021年7月15日，贾家店农场举办"七美"艺术团专场演出。

2021年9月28日，在贾家店农场举办热烈庆祝中国共产党"百年华诞·喜迎国庆"专场文艺演出——县文化馆专场，演职人员50人，共表演12个节目。

第三节 民 俗

一、秧歌

（一）贾家店秧歌溯源

贾家店农场整体文化构成是多元的，既有北方文化，也有中原文化，既有塞外淳风，又有齐鲁西北风范的文化基因。从全场 20 支秧歌的特色表演、节目风格，足可以得到证明。如以四分场马营子为首，包括赵营子、东西胡丈子，一分场的南坡、梁营子，三分场的转转经，几支秧歌是典型的晋文化，以山西腰鼓为由来。

（二）各分场秧歌表演风格

贾家店农场一分场的南扎、北扎就是蒙古语中南扎兰营子、北扎兰营子的简称，"扎兰"是官员的名字。据说南扎兰、北扎兰居住安家的是一佟姓蒙古族人，兄弟俩，当时朝廷封的是扎兰的官位。最早办起秧歌的是一个叫佟二爷的人，以小高跷为原型（寸脚）办起，后发展到比大高跷低、比寸脚高二者之间。秧歌角色以耍公子为主，并辅有阔大爷、老丑婆、瞎子观灯、傻柱子接媳妇等打诨逗趣。

三分场的河北、南台、敖汉、波罗秧歌队则是典型的齐鲁文化，男女角色化妆打扮，则以帝王将相、才子佳人为主，以戏剧《七仙女》《打渔杀家》《牛郎织女》《八仙传说》《白蛇传》等为素材，宣传追求幸福、向往幸福的主题，倡导人神共舞，天人合一的理念，表现人们追求美好生活，暗衬"活法既是佛法，佛法既是活法"。前进、周台子和贾家店秧歌队主要以提倡时代性、现实性为主题，提倡勤劳勇敢、诚实可爱、朴实无华。欢快明亮的东北大秧歌，讲究欢呼跳跃，表现人们勇敢拼搏的精神。

二分场程家沟秧歌队则以舞狮为主题，以宗教文化为主导。据说原始的程家沟秧歌和北沟门黄台子秧歌都有狮子、马叉、中帆、霸王鞭等，打法相同，耍法相似，且每年初会之前，都要拜菩萨。程家沟秧歌队在灯节（正月 14 日、15 日、16 日）三天必须祭拜菩萨，并接待秧歌，要舍油、舍蜡烛祈祷菩萨保佑天下五谷丰收、风调雨顺、国泰民安。

一分场的胜利组秧歌队，男角色多数头束英雄胆，或扎武生巾，且有旱船做陪衬。男角色多为《隋唐英雄传》各人物扮相，且演员阵容强大，高跷尺码也比其他秧歌队略高一筹。男女演员表演苍劲有力，绝无矫揉造作，动作到位、整齐，化妆出众，且角色都是年轻人，体质好，适合大场面、长时间连续作战，是一般秧歌队所不能做到的。提倡一种扶危济困，除暴安良，宁死不屈的精神。

瓦房店秧歌队则表现一种多民族风情结合民间传统的一种扮相与扭法。衣着则以蒙古族、藏族、满族、汉族、维吾尔族的衣着服饰为主。在扭的过程中，文武场的演员要甩袖舞蹈几个回合。舞蹈表现出各族人民大团结，各族人民载歌载舞，共同欢庆的美好时光。

贾家店农场居民主要以汉族、蒙古族为主，历经多年的民族融合，不同民族之间的习俗虽然略有不同，但基本与辽宁省朝阳市朝阳县诸乡镇一致。

二、生活习俗

生活习俗体现在婚丧嫁娶等诸多方面。

（一）订婚

1. **媒人牵线搭桥**。中华人民共和国成立以前，男女青年几乎没有自由恋爱的，男女订婚都是父母之命、媒妁之言。媒人巧舌如簧一番说辞，如果双方父母同意，就算把关系确定下来了。到结婚入洞房之前，男女双方大多没见过面。自20世纪60年代以来，此类情况有了很大改观，需要征得男女双方的同意，而且也能够见面相亲了。

2. **相家**。男女双方及父母初步达成婚配意向后，女方选派几位亲属来到男方家，相门户。如果没有相中，可能稍坐片刻就要返程；如果能留下吃饭，而且场面融洽，就意味着相家过关。

3. **换盅**。从20世纪70年代末开始，订婚要有一个仪式，即所谓的"换盅"。在媒人的从中斡旋下，男女双方父母选择一个"吉日"，女方父母及亲属若干人来到男方家吃酒席。"换盅"的主角是男女双方的父亲，酒过三巡、菜过五味，支客的（仪式主持人，一般由村中德高望重之人担任）就要发话了，请双方的父亲在酒桌上面对面坐好，男方父亲给女方父亲倒满一盅酒。"换盅"酒一般是喝3盅，第一盅是双方认识酒，以后就是"亲家"了；第二盅倒满后，双方交换酒盅，然后一饮而尽；第三盅时，倒满酒，把酒盅换回来，再次干杯。

2000年以后，开始流行双方父母共同来"换盅"，不再是双方父亲的"专利"了。

酒席之后，男方父母要给"准儿媳"一些现金，数额视男方家庭条件而定。女方的亲属要先走，留下女青年稍后再走，男青年送女朋友一程，这也是给男女双方一个互相沟通的时机。在男女青年分手时，一般情况下，女青年会从刚才拿到的红包中取出一部分回赠给男青年。

（二）聘礼

订婚之后，经过媒人的撮合、沟通，男女双方父母就要为聘礼达成一致意见。20世纪70年代之前，女方要的彩礼，真正的纸币或现大洋很少，彩礼一般几十元到上百元不等，视男方的家庭条件而定。聘礼一般是 4～6 匹家织布，每匹家织布大约 50 尺①。女方还会向男方要一些"猪酒钱"，用来招待亲戚。

（三）结婚

1. **选日子**。结婚由男方选日子、时辰，选好的结婚日子一般与"下聘礼"不超过 100 天。

2. **送"四合礼"**。男女双方经过协商，确定结婚日期后，男方要准备一份"四合礼"，在结婚日的前几天，由媒人送到女方家。"四合礼"为：带两根肋骨的猪肉；粉条2～3斤；两块香皂（或肥皂）；毛巾及黑线。均用红头绳或红纸条扎好。

3. **包"子孙饺子"**。结婚当日，女方家用"四合礼"的猪肉包饺子，此饺子被称为"子孙饺"，寓意婚后多子多福。"子孙饺子"由 4 个未结婚的小姑娘包，剩下的面做长寿面。包的饺子数量也有讲究：按这位结婚女青年的年龄每岁一对、天一对、地一对、公公一对、婆婆一对。这个饺子很小，饺子皮一般仅有小酒盅那么大。

4. **送嫁妆**。结婚日前一天晚上，女方派两位亲属把陪送的嫁妆送到男方家，送嫁妆的人也要住在男方家，等第二天女方送亲的队伍来。

5. **"盖头"**。20 世纪 60 年代以前，新娘子出嫁时要有红盖头，或者用红被蒙上头，不能让别人看到新娘的脸。随着时代的变迁，这个习俗逐渐淡化和消失了。

6. **送亲和迎亲**。送亲人员及送亲车辆都是双数。送亲的人员数量及构成，随着时代的变迁也有了很大变化。

20 世纪 80 年代前，一般送亲的人员 4～6 人，有新娘子的大娘、哥哥弟弟、嫂子，有 1～2 个小孩来押车，一般是侄子或侄女。从 20 世纪 90 年代开始，特别是 2000 年以后，送亲的队伍逐渐壮大，有的达到 10～20 人，新娘的父母也可以来送亲了。男方派长辈、小辈来接，车到男方家门口时，开始放鞭炮。

结婚时所需的交通工具，贾家店农场的各村不尽相同，有的村是男方出车接，有的村是女方家出车送。交通工具的变化是最大的，中华人民共和国成立前后，女方还有坐花轿来的，之后就是生产队的大马车、各家的自行车、农户的拖拉机电动车，近几年的家用小轿车，甚至有婚庆公司提供的整齐划一的豪华轿车。

女方到男方家下车时手拿盆，盆里装着用手绢包的一半饭给婆婆，寓意"添仓"。

早在 20 世纪 40—50 年代，用花轿迎娶时，花轿到男方家门口，要用毡子铺地，新娘子的脚不能沾到土，新娘子要迈过一个马鞍子、一个火盆，而且要踩着"角糕"（将充分

---

① 尺为长度单位，1 尺≈0.333 米——编者注

冷却的角糕用红布包好）上炕。20 世纪 70 年代前，新房里的炕席都是农户自家编或在供销社买来的，而且铺炕席也有讲究，必须要等新娘子马上进新房时才能铺上。

7. **抢福和坐福**。男女双方入新房抢被子坐福，寓意"抢福"。新娘子坐在炕上铺的红被上，这叫"坐福"。

在新娘子刚刚坐炕上时，新房窗户外提前贴好的一张"粉红纸"就要被新郎的哥哥或弟弟撕掉，有的撕红纸的人会故意恶作剧，顺带把整个窗户纸都撕破，目的是让新房透风，给新郎新娘"使坏"。

8. **吃"子孙饺子"**。"坐福"片刻，支客的就会吩咐男方家属去煮"子孙饺"，由小姑子或晚辈女孩来煮"子孙饺子"。这些饺子就是前面提到的女方家提前包好的饺子，饺子煮好后，新娘子吃，公公婆婆也吃。

9. **挂门帘**。送亲来的新娘哥哥（或弟弟）在新房"挂门帘"，要左手托帘，右手挂，而且只挂左侧和中间的"挂扣儿"，最右侧的"挂扣儿"不能挂上，门帘的右侧悠荡着。男方要给挂门帘的亲属赏钱，20 世纪 60—70 年代，一般给 2～4 元即可，到 2010 年以后，至少要给 200 元。

10. **被褥垛**。新房里的被褥最少有 4 铺（褥子）4 盖（被子），富裕的家庭甚至达到 8 铺 8 盖。

11. **离娘肉**。新亲返回时，男方要给拿"离娘肉"。"离娘肉"至少要有两根猪肋骨。

12. **婚宴**。新娘子"坐福"、吃"子孙饺"完毕后，就等待婚宴开席了。20 世纪 80 年代前，新婚时新亲的宴席一般是"6 碟 4 碗"或"8 碟 8 碗"，80 年代后，都用盘子，不再用碟、碗。对新亲来说，婚宴席分两种：

拱子席：不出席中午宴席，新亲吃完早宴就返回女方家。

满子席：新亲早餐上半席，即少上几个菜。到中午的宴席，再吃"6 碟 4 碗"或"8 碟 8 碗"。

婚宴开始，村中左邻右居的年轻人（大多是小伙子）要来"唠忙"（义务服务员），负责端水、端菜等诸多杂活。谁家婚宴上来"唠忙"的人多，说明这家在村中"有人缘"。

2010 年以后，婚宴大都由婚庆公司来承办，或者直接到饭店举办。

参加中午宴席的都是男方的亲戚、朋友。生活困难时期，大多随礼 2 毛、5 毛，2 元、5 元就是大礼了。2010 年以后，参加婚宴随礼至少 100 元，有的随 200 元、500 元也很正常。

13. **压炕**。结婚当晚有小辈压炕，喝交杯酒的风俗。

14. **回门**。有结婚第二天或第三天，新娘子回娘家，俗称"回门"的风俗。

（四）生育

20世纪80年代前，产妇生孩子第5天，娘家送来小孩用的小被子、小裤子、小肚兜，还有鸡蛋、面粉、粉条等。

生孩子第9～12天，男女双方的亲属会陆续到产妇家，大多是送来鸡蛋、面粉。因为那个时期白面属于奇缺物品，所以每家送来的面粉都是用纸糊一个小袋子盛上，每个小袋子也仅有2～3斤面粉，纸袋子外面贴上一块红纸。

12天以后，都是村中的亲戚、朋友、老邻旧居来祝贺，所带礼物也都大致同上。

20世纪90年代以后，特别是进入21世纪以来，谁家生小孩，亲戚朋友的贺礼大多改为用现金随礼，少则50～100元，多则200元以上。

出满月后，产妇家要张罗"满月酒"，把12天以后随过礼的亲戚、朋友、左邻右居都请来，喝"满月酒"，以示答谢。

（五）丧事

1. **入殓**。蒙古族人去世后，遗体要从窗户抬出，而且是脚朝前。抬棺材上山时，也是脚在前，埋葬的时候棺材尾朝坟门。汉族人去世后，遗体从房门抬出，是头朝前；抬棺材上山时，棺材头朝前；埋葬的时候，棺材头朝坟门。

2. **穿孝服**。家人去世后，家属要穿孝服、戴孝帽。而且孝服、孝帽因亲属的身份不同而有所区别，儿子、女婿的孝服比其他人的长，孝帽上缝上一缕麻，腰间扎麻绳；孙子辈在孝帽上缝一块红布；没结婚的准女婿，孝帽上缝一块蓝布。20世纪90年代以后，穿孝服的逐渐少了，大多是在袖子上戴黑纱，黑纱上绣着"孝"字。

3. **送"浆水"**。所谓的送"浆水"，就是亲属对死者的一个追思仪式。蒙古族人到喇嘛庙上，汉族人到村头的土地庙上，需要送"浆水"一次。死者咽气后送一次，入殓时送一次，出殡时送一次。

4. **吊唁**。老人去世后，亲戚、朋友和村中的邻居都要来吊唁。早先的时候前来吊唁都是拿三张烧纸，后来至少都拿一沓烧纸。

5. **停尸**。过去讲究要停尸三天，以示对死者的尊重。后来这个习俗基本消失，除非因为子女在外不能及时返回，停尸三天等待子女看最后一眼。

6. **"开框子"**。所谓的"开框子"，就是挖出墓坑。在墓坑旁点燃一堆篝火，东家拿来几盒烟、饼干、热水，供"开框子"的人用。

7. **出殡**。早先没有实行火化的时候，出殡时需要十几个男性壮劳力将棺材抬到墓地，而且中途不得使棺材落地。起灵（棺材抬起）以后，女眷哭送一程，但不允许女眷到墓地。实行火化以后，有的人家还是把骨灰盒放进大棺材里，由于农村劳动力的外流，村中已经没有足够的抬棺人，就改为用车拉到山上。

8. **"送盘缠"**。从去世那天算起，第三天"送盘缠"，2000 年以后，有的人家第二天就"送盘缠"。烧纸、纸包等祭祀用品，死者是女性的，要烧一头纸牛；死者是男性的，要烧一头纸马。在烧完这些祭祀用品后，在一位主持人的领送下，由儿子（一般为长子）为死者"指路"，指路词一般为："爸爸（妈妈）啊，你走西南大路……"云云。

9. **纸节**。死者去世后，有若干个纸节，如头七、三七、五七、头周年、二周年、三周年。其中烧"五七"、烧"三周年"是最重要的纸节，这两个纸节，仪式感也最强。尤其在三周年的时候，死者家属要"扎纸丧"。所谓的"纸丧"，就是工匠用纸糊出来的房子、车等诸多祭祀物品。

1953 年，贾家店农场一大户人家，曾经在逝者三周年的时候，为逝者扎了一个 10 米高的三层"宫殿"，同时举行了一个庄重的仪式，称为"走殿"。在三周年的前一天去上坟请牌位，在高桌上放牌位、香炉碗，死者的儿子、女婿依次上香、三叩首。然后开始"上殿"，死者的儿子、女婿迈着类似京剧舞台上的步伐，围绕"宫殿"，以示对逝者的追思。将这个"宫殿"拉到坟地，拉车的是讨饭的穷苦人。

三、岁时节日习俗

贾家店农场居民的节日习俗与朝阳地区的节日习俗大致相同。

（一）送灶王

腊月二十三，过小年这天，先向灶王爷像上香、祭拜，然后把上年贴的灶王爷像请下来，烧掉灶王爷像的同时，要念念有词地祷告，希望灶王爷"上天言好事，下界保平安"。

（二）贴春联

从除夕的上午开始，家家户户开始贴春联、贴"挂钱儿"，大人小孩穿上新衣服，屋里屋外肉味飘香，充满浓浓的年味儿。

（三）请年

除夕这天吃完中午饭，太阳未下山之前，各家派出男子到祖坟上烧纸，请老祖宗和逝去的长辈回家过年。在估计请年人快回来的时候，家里的人把尘封一年的家堂请出来，挂在墙上。请年人回来的时候，必须先到挂家堂的这个屋里，面向家堂上香、叩首。

（四）守岁

除夕晚上，全家人坐在一起唠家常，男孩子一般打扑克，女孩子喜欢玩"攒嘎啦哈"（猪、羊脚的一小块关节骨）。从 1984 年开始，有电视的人家就围坐在电视机前看春节联欢晚会。大人们贴财神、灶王、天地像。一般从除夕夜的 9 时开始，各家各户燃放鞭炮，然后吃饺子、喝酒，几乎整夜不眠。

（五）送年

正月初二晚上或者正月初三早晨，要举行送年仪式。到户外朝祖坟方向祷告，放几个炮仗，祝福祖先一路走好，保佑后人。送年的同时，家里的家堂也要撤下来。

送年之后，其他人家的已婚女性才能来串门拜年。正月初二、初五早晨，都要吃饺子。

（六）送灯

正月十四、十五、十六，连续3天，各家都派男子到祖坟送灯，过去都是用玉米瓤砸成碎块，拌上油，到祖坟各坟门口点燃。2010年以后，随着时代的进步，更多是出于防火的需要，人们给祖坟送灯都改成用电池的专用小灯，集市上就有卖此灯的商铺。

（七）秧歌队"开箱"

早年的时候，各村的秧歌队都是正月十三"开箱"，然后去"拜庙"，到村部和各家各户打场子，到正月十六，秧歌队就"封箱"了。2000年以后，有的村正月初三就"开箱"，一直到正月十六秧歌会演之后才"封箱"。2016年以后，贾家店农场的秧歌队常年活动，成为群众自娱自乐、锻炼身体的一项活动。

四、方言

贾家店农场的当地方言属于中国北方方言区，场内通行的某些方言土语，有的已经逐渐被弃用。现将搜集到的方言土语划分为二十类，并将方言土语的读音和词义罗列出来，供后人回味。

（一）天文地理等

白毛儿旋风——暴风雪

暴土——灰尘

坟圈子——坟地

天狗吃日头——日食

老爷儿——太阳

河勒沟儿——小沟岔

小蒙噜雨——蒙蒙细雨

热呼啦——热辣辣

死热黄天——酷热天气

月亮地儿——有月亮的夜晚

月黑头——没有月光的夜晚

（二）时间、时令

明儿个——明天

大后儿个——大后天

多前儿——几时

过晌儿——下午

黑不擦的——天将黑时

小晌忽——接近中午

着紧崩子——关键时刻

晌忽头儿——中午时

早不离儿——早着呢

夜来个——昨天

一半会儿——一时半刻

一崩子——一段时间

晚三春——过时了

（三）农事

粑粑蛋儿——球形粪便

撇绳——驾车犁的大绳

煞绳——捆绑物体的粗绳

快马子——伐木的大锯齿

找补儿——补种

搥房子——用水泥、白灰抹平房顶以防水

杀地——犁地、疏松土壤

上笆——建房上房盖

踩隔子——踩实保墒播种法

捂眼儿——蒙上牲畜眼睛的布

（四）植物

婆婆丁——蒲公英

马莲菜——马齿苋

毛嗑儿——向日葵籽

挺杆儿——高粱秸秆的末端

柳树狗儿——柳树的嫩穗芽

寡拉叶子——植物的干黄叶子

鬼子辣菜——菊芋

蒺藜狗子——蒺藜

转心莲——向日葵

车轱辘菜——车前子

嗓子棵——苍耳

（五）动物

抱窝——鸡鸟等孵卵

跑卵子——种公猪

马蛇子——蜥蜴

打圈子——猪配种

赖歹——狼

老抱子——孵卵的母鸡

蛤蟆蝌子——蝌蚪

蝴蝶唠唠——蝴蝶

居拉蝈——大飞蛾

小嘎嘎儿——猪崽子

山猫儿——山兔

野狸子——豹猫

蜗拉牛儿——蜗牛

（六）房屋、器具

包棱——包裹

被当头——被头

偏厦子——简陋低矮的小偏房

房山头儿——房山墙的上部

盖顶——锅盖、盖帘

擀面轴子——擀面杖

家伙什儿——工具、武器

界壁儿——隔壁

臭球子——卫生球

洋棒子——泛指玻璃瓶子

洋蜡——蜡烛

洋起灯儿——火柴

（七）　对人的描述

白吃饱儿——无用的人

半大桩子——接近成年的男子

宝贝疙瘩——受宠爱的人

马鞑子——土匪

魔怔——精神病

大肚子汉——饭量大的人

囊囊膪——懦弱无能的人

老娘婆——接生婆

格楞子——处事特殊或个别的人

梗梗儿——刺头

滚刀肉儿——无赖

锅台转儿——整天做饭的女人

孩伢子——小孩子

花舌子——花言巧语的人

犟眼子——倔强、不服从领导的人

该溜子——城镇里游手好闲之人

小打儿——供人驱使的打杂人

小抠儿——吝啬

直巴筒子——直性子的人

（八）　亲属、称谓

全命人——指父母兄弟姐妹齐全的人

收——叔叔

大爷——伯父

大掰子——丈夫的哥哥

小叔子——丈夫的弟弟

大掰嫂子——丈夫的嫂子、妯娌

大姑姐——丈夫的姐姐

老娘们儿——已婚的妇女、妻子

老爷们儿——成年男子、丈夫

屋里的——妻子

双棒儿——双胞胎

三亲六故——泛指亲戚朋友

孙男弟女——泛指本家晚辈

一担挑儿——连襟

一窝八口——男女老少一家人

一窝一块——同胞兄弟姐妹

老丈人——岳父

（九）身体部位

波棱盖儿——膝盖

妈妈汤儿——乳汁

秃脑亮——光头

脑瓜门儿——前额

卡巴裆——两腿中间的部位

葫芦勺子——后脑勺

心口窝儿——胸口、胃

页拉盖儿——额头

（十）病医

拌蒜——走路两腿相碰、踉踉跄跄

翻登——欲呕吐

脱相——因病面貌改变

癫巴——体虚多病

长小病儿——妊娠反应

扎古——治病

这发子——近期流行性疾病、感冒

出花儿——得天花病

栽花儿——种牛痘

作撇来子——左撇子

蹿稀——腹泻

错环儿——关节脱臼

五迷——昏迷

（十一）服饰

嘎达揪——脑后盘的发结

挎兜儿——衣服上的兜

汗唠——汗衫

汗溜儿——背心

钱搭子——装钱用的褡裢

小褂儿——泛指单上衣

褂衩子——半袖衫

毡疙瘩——毡鞋

手巴掌儿——手套

纵筋儿——松紧带

蒜模疙瘩——线绳制作的蒜头状纽扣

耳帽子——皮毛防寒帽

（十二）饮食

焖子——用淀粉制作的固状食品

面起子——小苏打

疙豆子——用粗粮制作的很短的面条

锅出溜儿——稀面烙成的薄片面食

筋头巴脑儿——带筋有咬头的肉

后鞧——猪羊等臀部的肉

丝囊——食物发霉而产生的黏丝

盐酱儿——咸味

筋骨囊儿——面食的韧性

咬头儿——食物的韧性

（十三）婚丧嫁娶

百日——人死百天

百岁——出生百日

保媒拉纤儿——说媒

本地年——本命年

猫月子——坐月子

添箱——女方婚礼日

团圆媳妇——童养媳

觉景儿——临产前的征兆

下奶（下汤）——对产妇的贺礼

找主儿——给姑娘找婆家

走道儿——改嫁

身子不利索——怀孕

月科儿——婴儿未满月

（十四） 迷信

报庙儿——人死后到庙里烧香纸

不济济——不吉祥

批八字儿——根据生辰卜吉凶

发纸——除夕夜烧纸、放鞭炮

打狗饼子——送葬时扔的饼子

鬼打墙——走夜路迷失方向

指路儿——为死者指示"上西天"的路

送盘缠——为死者烧纸牛马饯行

（十五） 交际

翻小肠儿——说他人过去的过错

勾欠——挑拨是非

敲锣边儿——旁敲侧击

找小脚儿——借机报复

穿小鞋儿——打击报复

扯老婆舌头——说搬弄是非的话

戳尿窝窝儿——暗中挑唆

上炮儿——行贿

蹬鼻子上脸——得寸进尺

（十六） 商业文化

包了儿——把东西全部买下

洋字码——阿拉伯数字

外捞儿——正常外的收入

（十七） 游戏

扒眼儿——旁观游戏

地蹦子——不踩高跷的秧歌

翻老牛槽——翻绳游戏

嘎东儿——打赌

过家家儿——儿童模仿过日子的游戏

武把扇儿——武术

（十八） 动作、感觉

扒秋——挤着看

搬登——吃零食

动秤儿——开始做事

淘登——到处寻找

图希——贪图

馕丧——拼命吞塞食物，或无故受人责备，或自己责备他人

蹽杆子——迅速跑开

列架子——摆开架势

嘎撒——晃动

隔忌——腻烦或忌讳

吭叽——啼哭、乞求

胡勒——瞎说

化魂儿——醒悟

激猴儿——发怒

夹咕——背地里说人坏话

叽咕——争论

瞎叭——编造谎言

叉咕——附耳或低头小声交谈

煞腰儿——卖力气

晒洋洋儿——晒太阳

怨不当——难怪

（十九）性质、状态

白呲拉骨——发白难看

半潮烂架——发傻或鲁莽

半拉不落——未能全部完成的状态

破头齿烂——破烂不堪

忙三火四——急急忙忙

胆儿怵的——担心、害怕

突鲁反仗——办事拖泥带水

碴碻——说话粗俗放肆

乐不得儿的——正合心意

连汤狗不捞——说话办事不利索

嘎巴溜丢脆——说话办事干脆利索

嘎儿嘎儿的——说话清脆

鸡生鸽斗——关系不睦而争吵

七赤咔嚓——办事干脆

欠嘴巴舌儿——多嘴多舌

强死巴火儿——很费力、好不容易

稀拉马哈儿——漫不经心的样子

蝎虎——厉害

扬风炸毛儿——张狂、招摇的样子

（二十）副词

不见起——不一定

铆大劲儿——尽最大努力

大估摸——大概

立个亮儿——马上

快马溜儿——赶快

将巴儿——勉勉强强

接长补短儿——时常

杂不楞儿——突然

直老——总是

坐窝儿——就地

一劲儿——一直

一老——总是

第四节　文物古迹

1987年，朝阳县文化局、朝阳县文管所组织专家队伍，对全县农村可考的塔、寺、宫、观等古建筑进行调查。

表5-3-2　1987年贾家店农场内古建筑一览表

建筑地址	建筑名称	建筑年代	面积（m²）	间数（间）	结构
贾家店德立吉村	禅定法轮寺	清（乾隆十六年）	320.6	11	砖木
贾家店姑子庵村	娘娘庙	清（建年不详）	78.1	3	砖木
贾家店四分场	娘娘庙	清（建年不详）	33.6	2	砖木

一、禅定法轮寺

贾家店农场四分场内有一座较著名的寺庙，叫禅定法轮寺。1759年，乾隆皇帝到奉天祭祖，途经此寺歇脚。

光绪甲午年（1894年），由北德立吉鲍家，西德立吉宝家、赵家，东德立吉高家等为主要善主，集资修建北大殿2层，于当年6月末竣工挂匾。匾长1丈，宽1尺，蓝底金字，蒙、汉两种文字。匾名为"禅定法轮寺"，时间注明为"大清光绪荷月立"。此名是第二代喇嘛爷去北京时，由雍和宫"当乎日勉西日（藏语）"喇嘛给此庙命的名。

1921年，增建关帝庙。修建禅定法轮寺里的关帝庙，主要由西德立吉赵家、北德立吉鲍家、杨树湾乡徐家村于树文为主要善主，赵家负责工钱、吃喝，鲍家负责砖瓦，于家负责木料。由北德立吉高家拉西喇嘛用施舍钱物塑了关公、关平、周仓等神像。同年8月关帝庙和神像同时竣工，由七八个人将佛像抬入殿内安放。

1998年5月至2001年期间，只有鲁青德、彭留住、鲁青山3名喇嘛维持香火，禅定法轮寺曾一度萧条。2001年，有位善人（名字保密，本人从不说，别人也就无从知晓）来此，决定重建禅定法轮寺，经过商议，开始策划重建。

2002年6月29日下午，设备一应俱全。2002年7月1日8时，破土动工。修了路，平整了上、下两院。动用土石方8500立方米。根据《黄帝内经》第108卷，把从东上山的便路设计为108步台阶。正殿广场面积950.74平方米，大殿占地面积370平方米。2004年农历五月初三卯时，大殿奠基，为混凝土框架结构。2005年农历五月初二午时，上宝顶。历经一年，去掉人工，主体投资 96 万元，总投资 170 万元，其中善主捐款 84 万元，不足部分由建庙大善主完全负责。德立吉百姓包括建平、喀左等地的居士共无偿投入人工 1 万余人次。

二、三隆观

三隆观位于贾家店农场的敖汉波罗组，是始建于乾隆四十年（1775 年）的古庙。现存老爷殿、泰山圣母殿和娘娘殿，建筑面积 130.4 平方米。老爷殿坐北朝南，面阔 3 间，进深 1 间，硬山式建筑，东西山墙彩绘有人物故事壁画。泰山圣母殿为硬山卷棚式建筑，面阔 1 间，进深 1 间。娘娘殿有面阔 1 间，进深 1 间，殿前原有观音亭已毁。老爷殿前有 1 棵老槐树，树旁置铁钟 1 口，已残，上面铸有"乾隆四十年四月二十六日"字样。院南部的东、西两侧原有钟鼓二楼，现已不存。此庙因年久失修、地震和腐蚀，已毁坏严重。庙宇前面有 1 棵枝繁叶茂的槐树，已生长了 230 多年，而且树种珍贵。2007 年，在县民委、人事局（包村单位）、农场党委的大力支持下，决定重建，修复庙宇，更名为"报恩寺"。成立筹建委员会，由农场郝诗国等 10 名退休干部具体负责。多人无偿捐款，共 20 多万元，还出力投工。报恩寺正殿于 2009 年正式完工，其他设施待建。选在 2009 年农历三月十八庙会日，举办了"贾家店农场敖汉波罗首届文化庙会"，市、县、分场领导到会揭牌，并讲话。庙会期间唱 3 天大戏，以示庆贺。2014 年，在庙东侧农场文化站建三分场文化广场。

三、玉皇庙

玉皇庙位于三分场的前进组东北 10 米。2021 年只有钟楼和钟，庙的遗址尚存。此庙建于清代，原建筑多不存。南北长 15 米，东西宽约 10 米，面积约 150 平方米，地表散布青砖、青瓦等原庙构件。东西角处现存石雕钟楼 1 座，由 3 块石条雕刻而成，左右 2 石条承托楼顶，顶为硬山式，起脊瓦顶。瓦垄、勾头和滴水制作精美。立石上方中间横置一圆木，上挂铁钟 1 口，铸有"乾隆五十六年九月十二日铸成"字样。北侧立石内侧阴刻："同治十二年八月十八日"款。上面阴刻"千秋不朽"四字。根据建筑材料和铁钟及北侧立石刻款分析，此庙应属清代遗存。

四、姑子庵

姑子庵位于一分场胜利三组白晓东房西，公路西侧。因为庙小，再加上公路修建经过此处，现存东西长约 30 米，南北宽约 10 米，面积约为 300 平方米。地表有青砖、青瓦等残块。年久失修，修建公路、建房是庙址损毁的主要原因。

五、村落遗址

村落遗址位于二分场西坎村民组南约 200 米的台地上，地势西高东低。遗址呈长方形，南北长 110 米，东西长 80 米，面积约 8800 平方米。在地表有加沙陶罐、陶盆、陶鬲等器物残片。依据遗物特征，这里应是一处青铜时代的人类聚落遗址。早年的农田基本建设和现在的村民耕作以及长年的雨水冲刷是给遗址带来损坏的主要原因。

六、山城遗址

土城子村的山城遗址，位于二分场西坎村民组西约 80 米的土城子山上，又称平顶山。城址地势西高东低，东部较平坦，有开辟痕迹。城址呈正方形，边长 70 米，面积约 4900 平方米。在东、西、北三侧有石墙基础，墙宽 2 米，残高约 0.6 米。南侧为断崖。在城址的中部和东北角灰坑暴露明显，中部断面处可见有 0.5 米厚的文化层。地表散落核桃和沙陶罐、陶盆、陶甗、鬲足等器物的残片及磨制石斧。依据遗物特征，这里应是一处青铜时代的城址。早年的人为开垦及长年的雨水冲刷和泥石流冲击均是给遗址带来损坏的主要因素。

七、王子山城址

王子山城址位于三分场前进村民组西北 500 米的王子山顶上，山势陡峭险峻，西高东低，城址大部分被植被覆盖，东部有石砌城墙痕迹。城址呈长方形，东西长 25 米，南北宽 14 米，面积约 350 平方米。地表采集有泥质灰陶罐、盆、缸胎酱釉罐、瓷碗和布纹瓦等器物残片。依据遗物特征，该城址属辽金时期的遗存。雨水冲刷、泥石流冲击对城址有所损坏。

八、阳坡遗址

阳坡遗址位于二分场颜家沟组西北 20 米的山坡耕地上。地势西高东低，呈长方形，东西长 80 米，南北宽 50 米，面积约 4000 平方米。在地表采集有加沙红陶罐、黑陶鬲等残片。根据采集标本特征分析，该遗址属青铜时代的人类聚落遗址。早年的农田基本建设和现在的农民耕作以及常年的雨水冲刷均是给遗址带来损坏的主要因素。

九、古树

（一）老杜松

贾家店农场禅定法轮寺院外，有一株古老杜松，树高 8 米，主干 1.1 米，地径 0.52 米，主干分六大主枝。主干呈扭曲状，宛如螺纹钢，冠幅 6 米，树龄 250 年。（资料来源：《朝阳县志》2003 年版第十八篇文化，第 686 页）

（二）老桑树

贾家店禅定法轮寺院外小沟，有一棵老桑树，树高 2.8 米，主干高 2 米，胸径 0.64 米，冠幅 5 米，树龄 150 年。（资料来源：《朝阳县志》2003 年版第十八篇文化，第 687 页）

第五节 传　　说

一、寺庙的传说

（一）禅定法轮寺的传说

四分场北德立吉的禅定法轮寺，初建于清乾隆五十年（1785 年）间，是一座两间屋宇的小庙。据说最初有 4 位喇嘛主持，等传到第四代阿旺扎木苏（能记前生的佛爷喇嘛），名声大振，庙会也就兴盛起来，庙会历时 3 天，不远千里来拜谒的多达千人。这位阿旺扎木苏为什么能如此不凡？据说在光绪二十年（1894 年）时为坐实佛爷喇嘛之名，庙主人与支持庙事的善人到北京、西藏等地寻访佛爷喇嘛。见到西藏活佛后，他说："在你们家北五百里以内，三百里以外，家居海边……"还告诉了出生年月日以及有关之事。他们便遵所嘱，一直寻访到内蒙古敖汉旗葫芦畲水泉边才与阿旺扎木苏相遇。

阿旺扎木苏当时才 8 岁。这天，他忽然向家中人说："赶快把家中打扫干净，今天有客人来。"说完就出去了。过了一会儿，他回来就坐在炕的正中间，那个寻访人也就到了。他们寒暄几句之后就问："你是何年何月出生的？"阿旺扎木苏点头以对。访者说："我们来请你。"阿旺扎木苏说："你们手上有什么证件吗？"访者递交证件。阿旺扎木苏说："这个不对。"访者又拿出另一证件。阿旺扎木苏看后说："这回对了。"接着又说："还有什么吗？""没有了。"阿旺扎木苏于是向访者及家人怏怏不乐地说："我的那东西没有了，甚憾！"再问之，不作答。这时离他们家不远的地方走来一位农夫，阿旺扎木苏指着农夫说："这就是我前生驮水的一头驴，倘若不信，你们就看看他的脊梁上有一片鞍花。"一看，果然不出所言。这件事被一传十，十传百，风靡一时。后来就越传越妙，越传越奇。而庙会便从此兴盛起来。内蒙古、唐山、承德等地的寺庙喇嘛和信徒，都来此赴会拜佛。

（二）禅定法轮寺的传说

禅定法轮寺，坐落在朝阳县贾家店场内。它不仅历史悠久，还有一个一夜降双龙的动人传说。相传在很久的时候，寺庙前小河的水，又清又澈，沿河两岸的百姓都用这条河的水浇地、养鸭，世世代代安居乐业。有一年，两条恶龙闯进河里，河水变浑，河浪翻滚，淹没了农田，冲毁了房屋，害得百姓只好逃荒要饭。有一个文武双全的蒙古族小伙子，叫勒吉，他决心为民除害，就背上弓箭，扛起长矛找妖精算账。他一连找了七七四十九天，也没见恶龙的影子。在第五十天的晚上，睡梦中一位神仙告诉了他恶龙住的地方，并给了他4只雕翎箭。他一觉醒来就按照老神仙告诉的办法做了。果然一夜之间除掉了两条恶龙，使河水恢复了原样。两岸的百姓为了不让这两条恶龙复生，就把它们拖到山坳处，修了一座寺庙压起来。又把勒吉请来当寺院的主持。1795年，乾隆皇帝到这一带来巡视，经过此寺歇脚，听了这个故事，很受感动，亲书"禅定法轮寺"金匾赐给寺院。

（三）禅定法轮寺关帝神像坐南面北的传说

被人们称为"世间英雄无双将，天下忠烈第一人"的关帝圣君，成了儒、释、道共同尊崇的护法神祇，特别是佛、道两教把他尊为护法神的故事，可能有人略知一二，但是禅定法轮寺的关帝神像坐南面北的故事却是知之甚少。

话还得从关羽为什么是佛教护法神说起。众所周知，历史上确有关羽其人。关羽，字云长，山西解县（今山西省运城市盐湖区解州镇）人。据说他本人不姓关，年轻时练就一身好武艺，身强体壮，臂力过人，而且相貌堂堂。因为他好打抱不平，见义勇为，常招惹是非。父母怕他闯祸，就把他关在后院的空房里。关羽实在憋得着急，便偷偷地打开窗户跑了出来，半路上听到有人哭，一打听才知道是县令的小舅子强行强娶民女，民女的父母双亲在痛哭。关羽闻听大怒，手提宝剑闯入县衙，杀了县令和他的小舅子，然后辗转逃到了潼关，关前挂着悬赏捉拿他的画像。正在关羽为难之时，来了一位中年妇女，上前摸了一把关羽的脸，说："你这孩子的脸怎么这么多土？"然后就走了。关羽醒过神来，整整衣服，大胆走了过去，守关的军卒上前来盘问，他指着潼关不假思索地说："我姓关……"顺利地过了关。事过之后，他发现自己变成了红脸，才躲过此劫，他想一定是观音菩萨救了自己。从此以后他以假为真，改姓关，名羽，字云长。据陈寿《三国志》记载，东汉末年，关羽亡命奔涿郡，当时刘备在乡里招兵买马，他与张飞前往投奔。三人寝则同床，食则同桌，亲如兄弟，誓共生死，后世传为"桃园三结义"。在诸侯讨伐董卓之战中，关羽曾"温酒斩华雄"；官渡之战他曾为曹操出力，诛文丑，斩颜良；官渡之战后，他挂印封金，为寻刘备，千里走单骑，过五关，斩六将；镇守荆州时，他曾水淹七军擒于禁、斩庞德，威震华夏；后因孙权派将偷袭荆州，他麻痹轻敌，败走麦城被擒。当地人在其身亡处——湖北当阳玉泉山立祠祀之。

随着关羽在民间的影响逐渐扩大，到了宋朝以后，关羽庙在全国普遍建立起来。宋哲宗封其为"显烈王"，宋徽宗封其为"义武安王"，元代加封其为"义勇武安济王"，明朝加封为"协天护国忠义帝""三界伏魔大帝""神威远镇天尊关圣帝君"。清代顺治皇帝加封关羽为"忠义神武佑仁勇威显护国保民精诚绥靖翊赞宣德关圣大帝"，关羽被誉为勇武和忠义的化身，成为"古今第一将"。

宋代曾流行这样的说法：佛教天台宗随朝智凯大师在当阳玉泉山建立经函，关羽显圣请求受戒，寺成之后关羽为该寺护法伽蓝神，以后各地寺院纷纷将关羽奉为本寺护法神，后来藏区、蒙地、喇嘛黄教的寺院也开始建关帝庙。而道教，则把关羽奉为"荡魔真君""伏魔大帝"，甚至认为关羽的前身是雷首山泽中老龙转世。于是关羽成了中国场内儒、释、道共同尊崇的"超级神祇"，特别是佛、道两教公认的护法神。在一千多年的历史过程中，人们为祭祀关羽而修建的庙宇有关帝庙、关圣庙、关王庙、关圣帝君、老爷庙、伏魔庙、伏魔庵、高庙、红庙、白庙，以及与岳飞合祀的武庙或关岳庙；与刘备、张飞合祀的"三义庙"；与张飞、赵云、马超、黄忠合祀的"五虎庙"；与赵公明、土地爷、天仙圣母、二郎神、财神爷、火神爷（也有与龙王、药王、土地、财神、雷神、青苗神合祀）合祀的叫"七圣庙"。特别是在农村，人们常把关帝称为"关老爷"，把关帝庙称为"老爷庙"，其庙宇数量在全国可能是数一数二的。

虽然关帝庙遍布神州华夏，但关羽神像以面南背北者居多，而禅定法轮寺的关羽神像背南面北者虽说不是绝无仅有，可也不多见，原来这里还有罕为人知的奥秘。

据说贾家店往北与禅定法轮寺相隔 60 里[①]处，即朱禄科与喀喇沁两镇之间的七节梁，同样有一处关帝庙，关帝像面南背北，威震着场内所辖 60 里的方圆地界。这里风调雨顺，国泰民安，物阜年丰。

据有关资料记述，北德立吉禅定法轮寺内的关帝庙建于 1922 年。西德立吉（当时称为赵家炉）老赵家、北德立吉老鲍家两家负责吃喝花销；下窑老于家（当时人称于白干子）负责筹集木料；瓦匠由马营子王建阁负责；木匠由大平房镇东平房姓聂的负责，并于当年 8 月竣工。北德立吉高氏出家僧人拉西喇嘛搭棚，用红泥塑好关羽、关平、周仓三尊栩栩如生的神像之后，用人工抬入殿内，当时的二代佛爷喇嘛——北沟门蒙古营子包姓出家人——负责开光。

---

① 里为市制长度单位，1 里＝500 米——编者注

禅定法轮寺第二代佛爷喇嘛俗家姓包，每次省亲都会经过贾家店场内，当时贾家店场内路途坎坷，环境非常恶劣，"来到辽西头，春雨贵如油。山秃石头露，步步踩石头。冬天飞黄沙，夏天水泛流。眼看咫尺远，需翻几山头。到处羊肠路，行人愁白头。山上挂耕地，画中走耕牛。春天种一坡，秋后拉一车。下了一葫芦种，秋后打一瓢粒"。且这种弊病来路复杂，天上飞的水中游的，地上跑的滩上爬的，各类各界，层次不一，造化深厚，品质有别，只有靠各类尊崇的神祇震慑，才会皈依佛祖，弘扬佛法。只有禅定法轮寺的关帝庙与七节梁的关帝庙南北夹击，才能镇住各界各类魔界。所以禅定法轮寺的关羽神像背南面北。

（四）禅定法轮寺选址的传说

明末清初，蒙古族的一支人马南下，不知什么原因，后又从内蒙古呼和浩特的归化城北上。本部落的王爷率领自己的人马牛羊、毡包辎重，过承德至凌源后分两路，一路在小凌河川安家放牧。另一支则到大凌河川的大平房，这里背山靠水，既适合久居，又适合战争防御，于是他们就在黄花滩设立前后衙门。王爷微服私访到这里，发现四分场马营子到四新后边共有七个半龟山（不够八个），此地将会有哑巴和多个王子出现，且贾家店场内又有5条青龙（五大名泉），构成五行八卦之象，对两侧蜿蜒的山梁构成伤害或威胁，势必影响江山社稷。于是，王爷立即上书朝廷，内容大概是"五条真龙出山间，五千六百王不断，龙王之大龟山小，势必出潭到处跑"。得到朝廷回复后，王爷派人伐树开路，历时45天才到贾家店，决定把大官营子、二官营子、三官营子、四官营子设在瓦房店、二巴赤沟、永茂兴（北沟门）、四新。并建两寺，东寺在北票下府的惠宁寺，由四官营子寺庙的大喇嘛做两个寺庙的主持。祭天设坛——敖包在谢那郎侍居所北与永茂兴之间、形似点将台的平顶山上，挽住水源，以免兴阳作乱，并容纳张、王、李、赵、程、任、史等几大姓来此安家落户，作为镇物以压制。还有，在转转经中心用圆梨木刻上六字真言"唵、嘛、呢、叭、弥、吽"，由信徒或僧人用手转动（转转经村名字的由来），组成各种不同的咒语，使周边的各种神灵皈依佛、皈依法、皈依僧。又在四分场马营子后山顶上建两间屋，招两个喇嘛，负责北德立吉东山敖包管理及信息沟通。到此王爷觉得再没有问题了，于是就打道回府。这两个喇嘛年龄越来越大，吃水越来越难。正在这时，来了一匹背上有着不同颜色毛的骡子不走了，长时间低头拱水桶，于是喇嘛就明白了，这骡子是想帮助喇嘛取水啊！于是，一个喇嘛就想赶着骡子去驮水，谁知这骡子回头就往回拱喇嘛，喇嘛只好站住，骡子径直自己走了，到山脚下赵营子的一眼小井旁站下，站呀站呀，人们越聚越多，七嘴八舌，最后有人说给它装满水再说吧，装满水之后，骡子就又径直上了山，人们跟了上去，连称这骡子真神奇。这之后，骡子就一天一趟，独自给喇嘛运水。久而久之，两位喇嘛觉得马营子这个地方瘴气太重，便到北德立吉东山朝西北方向的一个天然山洞，打坐、参禅、修身、悟性、学佛。一天突然发现，北德立吉、李家湾、东德立吉范围内有九龙齐出之象，但北德立吉后山又有明堂不够广阔之敝，纳气不足之象，且东西两道山梁之大，又有二龙戏珠之嫌，龙气太盛，静气不足，但却是很好的一块龟背之地，龟背乃以静为长，静能生定，定能生禅。经过和高僧请教，觉得禅定法轮寺原址符合建寺，还能香火旺盛，高僧会层出不穷。于是，开始了逐年建造。

（五）禅定法轮寺名称解释的传说

"禅"在佛礼中是一种最高境界，指不但能讲经说法，而且能解世间一切法，解诸难解之事。"定"是修身学佛的一种初级境界，指学佛之人，由眼、耳、鼻、舌、意，在各种干扰中定下心来，一心不乱，潜心学佛，为得"禅"铺平道路，扫清障碍。"法"即佛法，世间法，各种方法，不法皈依。诸法归一，解决一切未见未遇之问题。"轮"即轮回、转动，由初级到高级，再由新的初级到更高的高级，这样轮回转动，永无休止，进入更深层次的"禅"。"寺"并不仅是指出家人修身学佛场所的单层意思，而且包括僧人、信徒及虚空十法的芸芸众生利用"寺"为场所，完成自己读万卷书、行万里路的目标。由"定"入"禅"是一个全过程，对六道轮回中所有罪恶的抛弃和解脱，使人生达到一种升华，多积功德，多做好事，成为一位佛一样对社会对人类有贡献的人物。

（六）有关三隆观的传说

传说清光绪年间，到三分场敖汉波罗的三隆观赶庙会的达万人，东南西北邻县，远至300里。香客信徒齐济一堂，好不热闹。临近村庄都办秧歌表演，最多时达33队秧歌，演唱对台大戏。另传关公的马，夜间偷吃敖汉波罗老范家麦子的一席佳话。

（七）玉皇庙的传说

三分场前进组的玉皇庙是老张家的家庙，随家从山东迁来。据传说，张家的放牛男孩，一天被大风刮跑了，找了几天，踪影皆无，后来传说小孩上了天，当了玉皇。故而才说玉皇本姓张。

二、自然景观的传说

（一）窟窿洞有灵气

一分场北扎的大黑山，海拔595米，据说，大山很有灵气，在春夏早晚，如果看见山尖有白雾浮现，次日保证下雨。梁营子组的大阴坡，杏树山上的窟窿洞。据老人讲，窟窿洞里有灵气，求龙得龙，求凤得凤，还有仙人在此居住过，因此人们纷纷烧香叩拜，以求吉祥，事事如意。

（二）老虎蹚沟的传说

明末清初，来到原四官营子（四新）安家落户的史姓蒙古族部落，首先将火种（原来先民是将火种——常年不灭的火盆作为生存的必需，作用相当于今人所用的火柴、打火机）安顿好，将佛经、佛像安放到一个称为喇嘛房子的山洞里，开始了安居、择址、建房、祭拜山神、土地各种神灵，祈求他们的接受和容纳，并祈求要人神共处，互敬互佑，最终期盼天人合一、和谐相处。那时的四新居民组村落到河套边，全是沼泽，山上长满了苍松翠柏，各种野草遍布山冈，毒蛇猛兽到处可见，獐狍麋鹿自由生活无拘无束。史姓人家看到只有屯后到西山山脚下可以开荒种田，于是用人刨铁锹挖，种谷物粮食，但到蹚地时雨水连天，趟地困难，禾苗也涝得瘦弱无力，不排水可能面临绝收的风险，于是用蹚地的犁杖套上犁地的耕牛，从山根底下到东小河处走了一个来回，所以山水便顺着这条犁痕流到东小河（据说当时东小河只有一步宽）。并在四官营子西南山包上盖起了3间西厢房，作为僧房使用，僧房的西北角靠土沿子挖了个窑洞作为佛堂，兼藏经房并上报朝廷取名"报恩寺"，早年说先有"报恩寺"，后有"法轮寺"和"惠宁寺"（在辽宁省北票市）。从此四官营子便有了良田、香烟、喇嘛诵经声、佛教音乐、法器敲击声，回荡在这片圣土的上空。

没想到由于蹚地时这一不经意的做法，当年就获得了农业的大丰收，这块土地不但肥沃，而且年年不管种什么，作物都籽粒饱满，不但成色好，还特别好吃，不管是早种还是晚种，都是丰收。这条犁杖划地印成了各种动物到东河饮水的主要通道。据说史家一新媳妇从东头按垅薅到西头再回来，总是一边干活一边胆战心惊地向四周张望，总怕出现大型动物来袭击自己。突然有一天，蹚地一下，不知从哪来了一只东北虎，可谁曾想这只猛虎不但不伤害她，反而亲昵得又打滚又表现的自由自在地到东河边喝水去了。从此，人们便把这条犁杖划的印称为老虎蹚沟。

经过多年的风雨冲刷，水土流失，老虎蹚沟成了一条通往北沟门乡黑山沟、哈巴海沟的通道，成了人们劳动、生活、放牧、打柴的通道。老虎蹚沟靠西山的尽头也逐渐分成南北两岔，伸向西南的一岔被人们称为"老南岔"，伸向西北的一岔被人们称为"老北岔"。居于两岔之间的山梁，人们称为阎王鼻子。在阎王鼻子与老南岔之间的山脚下，人们自发地用石板搭起了秧歌山神庙，人们上山打柴经过时都主动地祭拜山神，祈求平安、生活富足。

三、水系的传说

（一）龙众的传说

早在唐朝时，大将薛礼为扩大疆域东征高丽曾路过此地，当时贾家店还是一片汪洋。

只有二分场赵家沟西北山崖上可通行人马，所以就有薛礼坐骑在山崖上的印记，还有红旗的影子也是经湖光反射留在山崖上的。据说薛礼骑马跑到此山崖边上时马已累得通身是汗，马靠在崖上休息，于是就留下印痕。湖内不计其数的龙子龙孙，尽情地游玩。獐狍野鹿，漫山遍野。五色群鸟，尽情翱翔。但在北德石山山崖下却发出震耳欲聋的响声，薛礼问军师是什么响声，军师派兵去看，回说是水往洞里流打着旋涡发出的响声。薛礼问军师，军师答曰湖内水深，泄洞太小，水流不畅，所以如此。薛礼又说：难道没办法解决吗？军师说：办法倒是有，不过利小害大。薛礼停息片刻，说赶快把这种声音给消除掉。军师三叩九拜之后，挥了挥手，湖中的龙为了躲避，都飞到左右的山沟里，化作股股泉水。于是就变成现在这样，五眼大明泉说是小利，不过春冬风沙起，步步踩石头就是大害了。

（二）五眼大明泉的传说

1. **苍龙泉**。三分场河北、大南台之间有 1 处穴泉，人称苍龙泉，五个泉中水量最丰盈，流经线路长达 3 华里[①]，因此水而建娘娘庙，现称敖汉波罗庙，且香火旺盛，有求必应。

2. **青龙涧**。一分场胜利三组东山涧下有一股清泉，传说青龙下凡到此，因此泉而建姑子庵。泉水清澈，水量丰沛，滋养着胜利组周围的百姓，灌溉着周围的农田。

3. **天公泉**。一分场最北端，和北沟门乡接壤的黑山头脚下，人称满致沟，有一股清泉，四季如一，长流不息，泉水甘洌，恩泽过往行人，不管是客商权贵还是兵匪善人，都会得到其恩泽。据当地有名望的人说，此为天公泉，有"上位龙"在此修身养性，造福一方，恩泽亲近之人。因为能成人之美、救人于难，所以此泉被人们称颂。

4. **黑龙泉**。二分场程家沟与西坎之间有两股泉水，但根系一脉，水量大于天公泉，可以自流灌溉大面积农田。据说它由一条黑色善龙守护，能分辨世人行为的善恶，给吉人降福、恶人降祸，维系一方平安。

5. **护佛龙泉**。一分场瓦房店东山原石佛沟，山下也有一股清泉，长年流水不断，五股泉中最小。传说山上曾有一尊石佛，有一真龙为其守护，人们称此泉为护佛龙泉。

四、有关动物的传说

（一）蜥蜴和蝎子的传说

远古的时候，蜥蜴和蝎子为了争夺领地而不停地大战，蜥蜴被蝎子的毒针蜇伤后，就

---

① 华里为长度单位，1 华里＝500 米——编者注

反复舔一棵开红花的小草，之后又勇猛如初，战得昏天黑地，也决不出胜负。这种场面有一天被一个放羊的小男孩看见，认为这是个宝，随手薅下来，正想离开，谁知蜥蜴和蝎子竟然打到孩子面前，顿时乌烟瘴气，沙尘扑面，小孩赶紧捂上眼睛，这棵草就掉在地上，于是小草就化作一条大河，小孩睁开双眼一看，一切风平浪静，蜥蜴和蝎子也不知跑到哪里去了，只听见河水哗哗地流过。从此之后过了许多年，人们逐渐发现东边的山上只有蝎子，而且一年比一年多，而西边只有蜥蜴，才知道是怎么回事。现在北德东山到处都有蝎子，因为蝎子是中药，所以时常会看到晚间有灯火在山上游动，这是村民在抓蝎子。

（二）牤牛的传说

很久以前，有一老农，独身一人，和他的一头牤牛相依为命。有一次，别人雇他在四分场马营子东山耕地，耕着耕着，突然在林中窜出一只猛虎，这位老农惊慌失措，赶紧躲到牛的身后。老虎和牤牛四目相对，双方都不动，僵持许久，牤牛突然抬起前蹄，后蹄用力一蹬，猛地窜出去，一头顶在老虎身上，老虎受了伤，但还在拼命挣扎，这头牤牛发疯似的一个劲地胡顶乱撅，几个回合之后，将虎顶死了。老农回过神来，更把自家的牤牛当成了宝贝。这事传出去后，人们就管这里叫牤牛沟了。

五、人文历史的传说

（一）依山势建寺庙

朝阳县贾家店国营农场地处辽宁西部山区，北与朝阳县北沟门乡接壤，东与双塔区的龙王庙（联合乡）比邻，西南与杨树湾乡近邻，具有两山夹一川的地势，波洛汰沟河南北穿流而过，是一人杰地灵之所。四周山峰各个山头凸起直向天空，大有"欲与天公试比高"之态。阴阳风水家认为"两山夹一洼，必定出富家，富家不行善，必定子孙断"；佛家认为"两山夹一川，必定有清官"。道家认为"世界上一切物质都含有生命"。佛学认为"人首先要爱惜自己的生命，其次再爱惜虚空法界的一切生命，才能达到天人合一，共享共觉，同登菩提"，并认为"一人一世界，一物一太极，太极分两仪，两仪分四象，四象分八卦，八卦分九宫，生成二十四气，二十四气分成七十二候，七十二候构成三百六十天"。

清朝中期，北德立吉建立了禅定法轮寺，敖汉波罗建立了娘娘庙，胜利村建立了姑子庵，由僧、尼诵经说法，约束着各势力范围内的善男信女，教化周边的人们要保护自然、保护风水、保护环境、爱护生命、保护苍生。

（二）佟二爷做善事

佟二爷官位扎兰，他经常往来于南扎兰与木头城子之间，途经大平房、台子乡、三岔口、六家子、十家子。据说佟二爷每次到木头城子必须到六家子老纪家大财主家吃饭住宿。因为他官位扎兰，所以老东家必须亲自作陪，好酒好菜，宴席丰盈，佟二爷必酒至半酣。有一次饭罢就寝，佟二爷做了一梦：有一帮人急匆匆赶路，他也紧跟其后，夜色灰蒙，前面的人走得很快，他也加快脚步，一看前面 8 个人，算他正好 9 个，佟二爷又紧追几步，看前面 8 个已经座席吃饭，他也赶紧抢碗筷要入席，刚要吃，突然来了一个白胡子老头拉了他一把，并说："行善之人不能吃。"醒来之后，佟二爷未睡，一直回想所做之梦，早上起来他便问，陪他吃饭的纪姓老东家昨晚家中发生了什么事。姓纪的老东家说："没发生什么大事，只是一母猪生了一窝猪娃，一共 9 个，一个花的死了，不知何故。"佟二爷一看正好自己穿了一身花衣服，暗伸舌头，一定有什么在保佑自己，要不然自己和那 8 个人一样就会变成猪了。从此他更加加倍地行善积德，同时极力宣传"行善积德越加越多，偷奸取巧越加越少"的理论。说来也巧，佟二爷自己活到古稀之年，耳不聋眼不花。有一天又做一梦，说一老叟托他抚育 3 个无娘的子女，在东山老胡家，如果事成之后，老叟保佑他家做三辈子扎兰为酬谢。梦醒之后，佟二爷反复思考，东山也没有人家，何来此梦呢？突然灵机一动，东山往龙王庙去，有一条山路，还有一山洞，听说住着狐狸，难道是狐狸有求自己？于是佟二爷就背起粪筐往山路上转，转来转去来到了狐狸洞边，果然看到有 3 个小狐狸崽，瘦得不像样子，一个老狐狸死在洞里，3 个子女好像好几天没吃食了。于是佟二爷用粪筐将 3 个小狐狸背回了家，用上等食物日日伺候，像关照自己的孩子一样。喂养长大之后，放回了东山。据说东山的狐狸已经得道成仙，成了地方的保护神，造福择吉人们，一分场则近水楼台先得月，物阜年丰，且富家频出。

（三）"大泽之处，必有龙蛇"

每当人们经过山神庙时，都会看到一条小小的黑蛇，胆小的人便自动祷告，祈求平安，还有的自觉拿着纸香来祭拜。可是瓦房店有一位十四五岁叫吴海的小羊倌，每次放羊，到梁西经过此处，不但不祭拜，反而用放羊鞭抽打这条小黑蛇。没过多久，这个叫吴海的小羊倌便生病成了瘫痪，虽经多方求医，并请巫医施法，仍无济于事，终身下肢瘫痪。传说在 1980 年，死在贾家店幸福院。

清朝末年，山东来了两位王姓兄弟，到现在程家沟处打工谋生，搭起棚子居住，经营着西山居民组平沟附近的山脚平地。因为当时这两位兄弟手脚灵活、干活麻利，但是毛手毛脚，所以程家沟原名叫王二毛沟。

据说哥俩中的弟弟，专爱抓蛇吃，且活吃生咽，不但吃蛇胆，还生吃蛇肉。不知是什么奇人还是有什么嗜好，别人谁劝也无效，他仍我行我素，且食蛇量与日俱增。

有一天干活休息时，别人都累了，有的甚至打起鼾来，当时王老二正忙着寻踪捉蛇。

当时是夏天，他捉到一条很小的青蛇，回到人群中间，他没有立刻拿来杀蛇取胆、生吞活咽，而是在人群中欣赏玩弄。没想到这条小蛇在他的手心中突然像一条棍一样直，头朝西面的大黑山，尾朝姑子庵村东的东大山无限延伸，直到头尾在两山之间成为一座桥梁还无限地延伸。它又粗又大，王老二再也无从下手，只好目瞪口呆，眼睛直勾勾地瞅。在他周围睡觉的人群被叫声惊醒，个个面如土色，王老二赶忙趴到地上磕头如捣蒜，祈求留下自己一条性命，并发誓再也不会伤及蛇及其他物类，并要多多积德行善为人们办好事，希望神灵不计前嫌，赦免自己无知之罪。之后他拿起行李漂泊四方，不在此地居住。

后来从山东某县来了个姓程的人到此居住，并有家谱。从此，王二毛沟改名为程家沟。据说这位程氏先人是武林中人，精通"南拳北脚"，且以北脚著称，还会少林秘籍"七十二点穴功"，不知在家乡得罪了什么权贵，还是在武林中得罪了什么武林同道，辗转来到了此地。某一天，从南方来了个打把式卖艺，并耍棍弄棒的年轻人，卖骨痛膏药，并表演硬气功。因为当时程家沟水脉浅，在数九寒天腊月的场院上用自己的二指禅功能在场院上一下挖出泥来。表演了许多天后，程氏先人一位鹤发童颜的老者来到表演场地，和这个耍枪弄棒卖膏药的年轻人交谈了一番，说："年轻人，看来你来了好几天了，我总没看到有什么客套话，难道你的师父没嘱咐你要敬人如敬己，山外青山楼外楼乃为人之道吗？"年轻人毫不客气地说："我只知流血流汗，凭本事挣饭吃，挣饭吃难道还用客气吗？不吃不喝我怎么活啊？我自己都不能活怎样养活妻儿老小呢？"老者说："千学万学学做人，你做人都做不好，活能活好吗？"老者又说："看来你是欠踢了。"于是老者背起双手在年轻人卖艺的场院走起了连环步，年轻人不知老者用意如何，只是眼盯着老者的双脚躲躲闪闪。说时迟那时快，老者飞起一脚，年轻人便不知去向，观众四处张望，举目寻找，没见到年轻人的踪影。过了约一刻钟时间，年轻人跪在老者脚前，磕头不迭，双手作揖说："师爷，为寻你好苦啊！"从此这个年轻人给老者家帮工十多年。突然有一天，年轻人求老者给他准备一种肥猪的板油和一百尺自家织的大布，说有急用。没过几天，程家沟的附近突然来了许多生面孔，而且可以看出个个都是狠角色。

这一天，那个卖膏药耍枪棒的年轻人，短衣裙小打扮，身后背一把单刀片，把肥猪的板油涂满全身及脚底板，浑身像泥鳅似的油滑并且刀枪不入，双手挥舞着单刀，并把程氏老者给他准备好的一百尺白布扯起来，像飞天中的神女一样，飞到了半空中，两只胳膊像两只翅膀，一百尺白布像丰满的羽毛。前几天来的那些生面孔不知是捕快，还是来和那年轻人寻仇的，有几个功夫好的，手拿单刀，挥舞砍下一条条的白布，但是并未追上那个耍枪棒的年轻人。从此后再没有关于这个年轻人的信息。

第六节 艺 文

国营朝阳县贾家店农场赋

作者：高树彦

（2022 年 7 月撰）

夫贾家店者，国营贾家店农场也。居县域之西北，处国道之旁侧。依大青山之沉稳，得老虎山河之润泽，物有奇秀，地灵人杰。观夫农场，草薰水碧，林茂天蓝。一水纵流，穿农庄以玉带；四屏环列，蕴风光之旖旎。

奇哉农场兮，底蕴凝重。先民烟火，袅袅史前。掘壤成洞，凿岩栖身。或狩猎溪水之湄，或禅修桃林之荫。文明闪烁、场内红山文化遗产凭证；禹舜寻游、民间掌故传闻述钩沉。感开国大典，脱胎换骨，自区村一体、乡社合一、上划市辖，再归县属、头罩国营光环，农场砥砺前行，终至华丽转身、破茧成蝶矣。

壮哉农场兮，创业维艰。建场伊始，驾犁拓垦；雄鸡报晓，铁牛轰鸣。尔后，更有知青插队，一颗红心，两手老茧；激情燃烧，丰碑耸立。嗟乎！叹我父兄，心耕意耘，万亩梯田启帷幕，奏流年之雅乐；敬我前辈，血沥汗洒，一方种业筑根基，开桑梓之华章。曾几何时，已然地承雨露，天接霞光，谈笑间，乃新时代锦绣天地者也。

乐哉农场兮，欣逢盛世。看国泰民安，正风清弊绝。百工攘攘，人得日新之用；四野葱葱，地呈谷稔之足。君不见，开明贤达，情殷殷兮担当；年少英才，路漫漫兮求索。有志存高远者，幸偿平生所愿；有心怀故土者，深表反哺赤诚。君不见，寻常光景，政策归心，乐道"朝阳农品"，任千杯于一醉；吉日良辰，嘉宾添彩，畅想化雨春风，拥好梦于珍簟。

美哉农场兮，声名远播。"乡村城市"，呼之欲出；"城市花园"，渐入佳境。街巷流连，移步有声之诗，何处非景？广场休闲，惯看无墨之画，满目琳琅。欣慰弹丸之地，诞育国家院士；堪羡稼穑之所，挂牌文艺讲堂。雀鸟啁啾，争夸花海之艳；寺钟婉转，早牵远客之魂。倚栏处，一川风絮逍遥去；抬望眼，华灯初上尽缤纷。农场风韵，奇在品味、妙在自然、贵在人文也。

伟哉农场兮，愿景可期。六十六平方千米，厚载振兴之利；八千余工人儿女，成就小康梦想。党建引领、生态优先、产业牵动，确立三大战略；强基固本、提质增速、打造品牌，描绘一张蓝图。始获国家级精神文明建设单位之嘉名，更膺全国零碳示范村镇之隆誉。此等身价，宜居、宜游、宜业；这番风物，怡心、怡目、怡情。生长于斯兮，幸甚至哉！

嗟夫！几十载创业路岁月如歌，数代人英雄谱永载青史。夫农场之强，始在当下，胜在未来。看今日之农场，龙行虎步；喜发展之大势，浩浩汤汤。唯愿农场，凝神聚力，再立潮头唱大风；奔向未来，嘉穗盈车，弦歌不绝寸心丹！

天下最美是故乡

作者：郝忠贺

（2020 年散记于长安城南）

我的故乡是辽宁省朝阳市朝阳县贾家店一个名叫敖汉波罗的小村庄。辽宁省朝阳市朝阳县位于东经 120°、北纬 40°附近，北接内蒙古赤峰市，南邻河北省秦皇岛市，东连锦州市，西接承德市，是"世界上第一只鸟飞起的地方""世界上第一朵花盛开的地方"，号称世界最大的古生物化石宝库。这里有著名的牛河梁红山文化遗址，堪为中华文明的重要发祥地。民国时期，这里属热河省与锦州省辖区。1956 年，也就是我出生的那一年，划归辽宁省辖区。

在我的童年印象里，故乡就是一幅美妙的山水画卷，那山是大西山、大黑山，那水是大凌河、小凌河。山沟里有很多野狼，晚上可以听见狼在窗外的嚎叫，河道里有很多歪脖子树，起风时会发出刺耳的呼啸……我出生的那个名为敖汉波罗的村庄，蒙古语的意思是泉水众多的地方。记得我家门前就有一条小河，那是全村人的水源，也是我上学读书的必经之路，夏天曾在河里摸鱼，冬天曾在河里滑冰。

在离别故乡后的若干年里，我曾几度回乡探亲。眼看那里发生了日新月异的变化，原先的穷山恶水变成了青山绿水，原先的土房变成了砖房，原先的油灯变成了电灯，原先的村落变成了国营贾家店农场的分场……

故乡的亲人每到逢年过节的时候，就会寄来些小米、红枣、蜂蜜等家乡的土特产品，那时候就会顿觉周围的空气都弥漫着故乡那香甜的味道……

在离别故乡的数十年中，我因工作需要，足迹遍及全国许多地方。但无论是繁华喧闹的北京、南京、上海、长沙、武汉、重庆等大城市，还是偏远落后的陕南商洛、陕北清涧、关中白水等小地方，都不能像故乡那样让我思恋，让我难忘。

有一句话说得真好：天下最美是故乡。

国庆抒怀——家乡

作者：王树国

（2021 年 9 月 20 日）

在国庆节即将到来之际，特作此诗用以记录和歌颂历届农场党委在国家政策引领下，带领广大干部群众发奋努力、艰苦创业，使贾家店农场发生天翻地覆的变化。

国营农场贾家店　　隶属辽宁朝阳县
二十年来有巨变　　惠民事业很璀璨
城镇居民养老险　　工人退休开现钱
九年教育成一贯　　学校面貌大改观
河东河西一桥连　　万米堤防护两岸
打井修渠搞滴灌　　坡地变成米粮川
房屋院落全改建　　设施农业片连片
户均路灯各一盏　　墙角旮旯无黑暗
道路硬化村村联　　百姓出行真方便
而今跨入新时代　　农场发展要加快
零碳排放已立项　　国际投资有保障
提水蓄能搞基站　　景区旅游要开展
环境整治成效见　　土地流转能实现
农林水机畜交电　　项目规划覆盖全
八千干群共努力　　家乡旧貌换新颜

故乡贾家店（散文）

作者：王恩旭（笔名：北斗）

贾家店是一个国营农场，沿国道101线西行，过李家湾大桥后右转1千米，就到了贾家店农场地界。走进贾家店，最先看到的就是辽西蒙古民俗第一村——北德立吉村，小村的小宅老街，就像是位百岁老人，又焕发出了光彩夺目的青春。不远处的禅定法轮寺，高高耸立云端的青绿的敖包山，洁净的街道，哗哗流淌的老虎山河水，近千年的历史文化积淀，古朴的民风、民俗，无处不流露出浓浓的辽西红山文化的底蕴，透着古朴典雅而又充满新鲜生命张力的艺术质感。

举目东望，村南金黄色的油菜花刚刚开过，一望无际的波斯菊五颜六色、繁花似锦，白的如银，红的似火，晨露清澈，有的花苞含羞欲放，煞是喜人。红艳艳的"步登高"花花开次第，预示着小村人的日子步步登高。老虎山河水滋润着这些花草，花开得热烈而奔放，又不失优雅和娇羞，花的幽香在人们身边飘逸地流淌，醉了游人，醉了小村。江南水乡特有的景致"小桥流水"，竟然也能在村头的小花园看见，令人赏心悦目，美不胜收。村东是老虎山河，河水清澈见底，日夜兼程流向大凌河。农场的建设者们，计划在这里建设一个水上大世界乐园。

— 220 —

小村西南角有一座小山，叫庙山。山南半山腰藏一古寺，叫禅定法轮寺，属于藏传佛教。该寺始建于乾隆十四年（1749年），20世纪90年代末，一场天火烧了正殿，现在的禅定法轮寺正殿，是近几年重新修建的。每到庙会，古寺人山人海，香火旺盛。庙山虽小，野花盛开，古树参天。正殿前有一棵文冠果树，虬枝连理，郁郁葱葱，春天花团锦簇，秋天，硕果累累。"曲径通幽处，禅房花木深。"小西寺丁香无语，老爷庙翠柏掩映。裂叶榆树种群茂盛，300年树龄的蒙桑树在蜿蜒的山路旁撑起华盖……

庙山后山根，有一眼老泉，丈八尺深，泉水不溢不流，虽说多次遇到干旱，却从未干涸过。泉水清澈甘甜，开水冲泡过的茶水倒入茶杯，不浑不浊，水味纯正，透明见底。著名作家李继伦先生和田园散文作家谢子安先生，曾经到老泉野炊。瓢舀清泉水，壶烧半坡云。宜兴紫砂壶，芳香碧螺春。饮此泉水后，李继伦老师作散文《庙泉》一篇。

贾家店多泉。转转经村有泉，程家沟村有泉，西坎儿村有泉，东沟有泉，西沟也有泉，一眼泉水就有一个传说，一眼泉水就拽动一方净土的灵气，天蓝蓝，白云飘飘，山清水秀的小村，生出的男孩机灵，生出的女孩水灵。有一个小村叫"敖汉波罗"，蒙古语的意思是多泉的地方。2022年大旱，一眼眼山泉依然汩汩流出清清凉凉的水，靠着这些泉水，农场修建了辽西最大的方塘，即蓄水4万立方米的敖汉波罗方塘。方塘灌溉农田的同时，兼搞淡水鱼养殖，每天都有游人前来垂钓。

我们在柏油马路上缓缓而行，路旁的路灯如哨兵般排列，灯柱上高挂"和谐农场、富庶农场"等宣传牌。这里一村一风情，一户一景致。房屋整洁，窗明几净；街道硬化、亮化、美化。家家有花，花香四溢；户户有果，果味飘香。

来到老虎山河东岸，沿着农田作业路走到山腰的大型蓄水池上面，俯瞰老虎山河两岸的一座座小山和万亩良田，一览众山小，山虽小，却葱茏茂密，有山就有松，有松就有蘑菇，有白蘑菇、黄蘑菇、红蘑菇，每到秋天，拾菇者纷至沓来。站在这里，你的眼前是一片丰收景象，高粱红了脸，玉米龇牙笑，谷子压弯了腰。大旱之年保丰收，节水灌溉工程起到了关键作用。

夕阳晚照，一群洁白的河鸭从老虎山河归家。经过一春一夏的积累，橘黄色的长嘴巴非常饱满，它们排成一行，圆圆的眼睛又黑又亮，头鸭领路，秩序井然，步调一致，非常自信地左右蹒跚，憨态可掬。山影幢幢，河水潺潺，炊烟袅袅，真是一幅绝美的乡村暮霭图。

到了夜晚，站到山坡上，只见老虎山河两岸，千百盏路灯一字排开，华灯闪烁，辉映满天星斗，倒映着清凉的亮晶晶的老虎山河水。一串串大红灯笼映红了乡村文化广场。

贾家店农场有一千多户人家，民风淳朴厚道。

累了，每个来贾家店的游客都会走进寻常百姓家，找一个堂前飞雏燕的农家乐园，阴凉临风的树荫下，要上一壶沏得通红通红的山茶，茶叫"老母猪耳朵"，喝一口，又解渴又解乏。再点几道农家菜，如溜达鸡、曲麻菜、马铃薯、豆角一锅端……菜齐了就"淡然一杯离春酒，消夏还需芳草地"。然后再吃小米水饭葱蘸酱，要是吃饸饹条，就要芥菜疙瘩咸菜卤。

秋阳高照，田野有歌，唱出家乡的山奇水美；山岗有曲，奏出乡亲生活的和谐甜蜜。亲爱的朋友，当你离开贾家店时，别忘了回眸一笑，再揣上老虎山河岸边的凉爽秋风，牵着东山的雨后七彩虹，欢欢喜喜回家。

校园诗草（组诗）

作者：王恩旭（笔名：北斗）

写给张桂珍老师

那些淘气的孩子

把您满头的青丝

一根一根染白

编织成智慧的网

去江河湖海中打捞

春天

伊甸园里

绽放您桃花般的笑靥

秋天来时

您的枝头挂满

扎着红领巾的鲜活的桃儿

唱着儿歌和童谣

您娇美的青春在书音里流逝

有一天您满脸的皱纹老态龙钟

可信念的拐杖永不衰老

通向校园的路

五里羊肠

四里沙滩

三里乡间

二里大道

中间一条河

十年寒暑

百双布鞋

三千个日夜

铺就十万里校园路

圆一个山里孩子的大学梦

小　村

遥远的夜空

滑下一颗小星星

青藤把它系在山腰

清晨

叮咚响起一串牛铃声

啊！小星星

时常闪现在梦中

深深的记忆

嵌上颗小星星

命运将它赠给童年

深夜

传来淙淙泉水声

啊！小星星

牢牢挂在我心中

梦

放暑假了

校长质问我：

你的语文课只讲了一半

空荡的操场上

一群学生围着我：

一段一段给我背课文

刚出门

几位学生家长堵住我：

为啥不把我的孩子送上高中……

我的星座

老虎山河汩汩南流

东岸是她，西岸是我

七月七，鹊桥相会的日子

启明星刚刚升起

成千上万只喜鹊飞聚河边

衔来朝露和甘霖

搭乘雨后七彩虹

山峦起伏如苍龙

我痴痴瞩望夜空朱雀

碧波荡漾的银河映出织女婀娜的身影

她在校园的林荫下

照一面圆圆的镜子

月光下的向日葵

太阳落山了

水沐浴着向日葵宽大的绿叶

潮水般的读书声退却了

没有阳光的夜晚

向日葵花丛里

有许多虫低吟浅唱

是一首古诗

还是一篇散文

柔和的水声中

向日葵仔细品读

没有成熟的向日葵

明天还要追逐太阳

只要你安好（组诗）

作者：王恩旭（笔名：北斗）

（2022 年 12 月）

一、凌河鸿雁

这个时候的冬天

你不孤寂

冰封不住的月光

在河湾里旖旎

好多山峦

都进入梦里

你睡了吗

还是一个人在窃窃私语

也曾经在冰面上溜冰

光滑的冰面留不住影子

试图终生相守一道河湾

却在料峭的春天别离

鸿雁，空中飞来一朵云

你的翅膀还在有力地拍击

夕阳，凤凰山路的逶迤

以及我们之间发生的故事

以及生活里的细节

以及发自肺腑的雁鸣：懂你！

二、日子

每一个人

有每一个人的日子

每一个人的日子

都埋在一个人的心底

日子就是一根藤蔓

藤蔓上写满崎岖

一个结就是一段经历

一个结就是一段往事

都说世间人情痴

哪如草木心相依

藤苦藤难藤知道

蔓涩蔓柔蔓离奇

藤蔓结出的瓜

并非都是甜蜜

岁月伤了根

结出的瓜好苦

你把苦日子吃了嚼了

咽下去

藤蔓接着攀爬

硕大的叶片修复根基

等到秋天落叶黄

相拥着丰满着彼此

三、只要你安好

你走陡峭不平的山路

山不会懂你

你走蜿蜒曲折的村巷

村巷也不会懂你

如今你挂杖站在故乡的村头

看你曾经走过的路

每一条你走过来的路

都是你曾经跋涉的美好记忆

如今你还要去远方吗

不知那拐杖是否允许

我坦然一笑：

风懂的

只要你安好

我们共同度过虎年美好的除夕

这一年就要过去

我和星斗共同陪伴你

其实我一直惦记你

如果惦记之后仍是惦记

牵挂之后还是牵挂

这一生就值

情　　缘

作者：于志胜

每一次无眠

你都浮现

第二故乡——贾家店

五十年前　秋雨绵绵

知识青年　与你结缘

多少年　情不断

多少次　回你怀间

过眼的云烟

风吹雾散

你壮丽的山川

映我心间

王子山依然

耸立云天

老虎山河

奔流向前

放眼望

天水蓝

你就在

知青心间

这绵绵情缘

今又重现

乡下中秋（七律）

作者：赵树林

雁行南去岁长悠，一曲霜茄绿不留。

野径谷担接队尾，秸驮鞭哨闹排头。

果羞山后掩胖腹，人悦席前夸盛收。

圆月思乡到子夜，清辉遍洒照中秋。

第四章　医疗卫生

贾家店农场对卫生事业高度重视，贾家店农场医院的医疗条件和医疗水平曾经远近闻名。农场医疗卫生队伍在疫情防控、为群众送医送药等方面，发挥了不可替代的作用。

第一节　贾家店医院

贾家店医院建于1966年，此时称为贾家店地区医院。1966—1973年，有床位20张，医院职工16人。

2009年，贾家店农场卫生院进行了基础设施改造。

第二节　贾家店农场卫计办

2015年，根据上级要求，贾家店农场计划生育办公室与卫生管理办公室合并，为贾家店农场卫计办。

一、新冠肺炎疫情预防控制工作

（一）网格管理

2019年至2021年，为控制新冠疫情，贾家店农场强化网格管理，摸清人员底细。强化场外、国内重点地区来（返）乡人员摸底调查，对风险地区返乡人员落实包保管控措施，对务工返乡人员动员接受核酸检测并落实健康监测。每天报送返乡人员明细以及农场数据，并且建立了相关台账以及收集档案。

（二）接种疫苗

2021年，贾家店农场卫计办大力动员百姓接种新冠肺炎疫苗，应接尽接。截至2022年11月末，除禁忌症人员外，均已全程接种疫苗。

（三）全面排查

贾家店农场的新冠肺炎防控工作从2020年1月25日（初一）正式部署。农场党委坚持慎终如始、毫不松懈,克服厌战情绪,始终保持高度的警惕。战疫参战人员有 500 人。

二、医疗保障工作

对于县里每年下发的新农合任务,农场卫计办都超额完成。全场新型合作医疗参保率达 91%。

三、卫生监督工作

农场卫计办每年对辖区内监督的对象都逐一进行监督、检查、指导,重点是学校、幼儿园、公共场所、供水站、医疗机构等相关单位。在县卫生监督局的领导和业务指导下,全面地按照县卫生监督局的要求、指导进行工作,及时、高质量地完成报表、监督等工作。

四、爱卫会工作

农场卫计办通过标语、宣传单和灭鼠工作人员的口头传达向全场 4 个分场进行了大力宣传灭鼠的重要性,真正达到了消灭四害、保护环境。

五、其他工作

(一)避孕药具发放

利用条幅在贾家店集市进行了"世界避孕日"宣传活动并发放宣传单,药具应用率 100%。

(二)孕前优生检查

积极配合县卫健局孕优检查服务队,每年都圆满完成县里下发的孕优检查任务。

(三)两癌筛查

积极完成县里下发的两癌筛查任务。

第五章 旅 游

贾家店农场旅游资源较为丰富，交通便利。2016 年以来，农场党委大力发展旅游业，从旅游基础设施建设抓起，不断提高服务水平，使贾家店农场的旅游产业声名鹊起。

第一节 旅游基础设施建设

贾家店农场位于辽宁省朝阳市朝阳县西北部，距离"G25 京四"高速出口 7 千米。贾家店农场的旅游景区建设始于 2016 年，以大型民俗村、花海基地、党建主题公园和党建现代农业产业园区为主。

第二节 旅游场所的经营管理

2016 年，贾家店农场在四分场举办朝阳县乡村旅游节，演出大型节目 12 场。

一、景区游览路线

国营朝阳县贾家店农场旅游景区的每条游览线路都设置了相应的出入口，利于车辆和人流的进进出出。在景区内各重要的地点均设立导游标志，游览线路一应俱全。景区路线全长 10 千米，路面宽度均为 3 米左右，路面为水泥硬化后铺设彩色地砖而成，在险要的地段已架设了栏杆和铁链，以及危险警示牌。

国营朝阳县贾家店农场旅游景区是以保护环境为主的旅游场所，所以景区小路的铺设也应注意环保生态，以期达到与绿色生态相和谐的主旋律。

二、景区内交通工具

国营朝阳县贾家店农场旅游景区内部交通工具为电瓶车和自行车，既环保又与景区环境相协调。

第六编

知青岁月

中国农垦农场志丛

第一章　知青插队

第一节　知青走进贾家店

1968 年 10 月，初冬的朝阳已经有点凉。但是当时的知识青年却是内心热情高涨。毛主席号召："知识青年到农村去，接受贫下中农的再教育"，"到农村去、到边疆去、到祖国最需要的地方去"。对刚刚走出校门的学生们来说，"知识青年"是非常光荣的称号。

1968 年 10 月 20 日，天空中飘着毛毛细雨。朝阳火车站站前广场锣鼓喧天、红旗招展、人山人海。朝阳高中和朝阳铁中两个学校的 500 多名学生，要到朝阳县国营贾家店农场接受贫下中农的再教育。欢送的队伍和送行的人群，把车站广场挤得水泄不通。中午时分，知青们乘坐朝阳地区汽车运输公司的解放牌大货车出发了。贾家店农场距离朝阳市区 40 多千米，但当时的路况和车况都不好，足足走了两个多小时才到达贾家店农场。知青们受到场部领导和同志们的热烈欢迎。当天的晚饭就是在场部的院子里吃的馒头。晚饭后，知青们分乘马车到早已分好的各个青年点，由于当时青年点的房子没有建设，知青们大多住在生产队部和农民家里。

第二节　知青名录

一、1968 年贾家店农场朝阳高中知青名单

（一）一分场

1. **石佛沟青年点：**徐元年　訾树柏　贺志钟　郭谦　刘殿坤　袁国喜　汪秀清　吴连琴　吕凤香　李利伟

2. **瓦房店青年点：**徐兵　王宝华　赵中和　姬长祥　黄景武　陈洪涛　胡明武　田玉春　马玉侠　曹亚杰　于佩侠　王文元　刘玉明　张丽梅　黄龙华

3. **胜利一队青年点：**姜丹生　魏毅　李景华　李玉良　徐世深　杨枫林　戴和　王滨　李淑芬　宋玉荣　邵玉琴　吴湘萍　王瑾　周慧军　张凡

4. **胜利二队青年点：**郭全智　董砚良　李德宝　陈桂林　董庆元　陶承　刘俊君

柴燃　王宏　张桂珍　刘秀珍　苏月贤　郁凤澍　张东民　田希雅

5. **胜利三队青年点：**王庆显　张相武　刘洪奎　张哲　童宝文　李正本　闫英杰
贺延章　蒋丽华　李文杰　侯舒芬　张静华　关淑敏　胡玉秋　张爱萍　宋若言　姜云华

6. **北扎一队青年点：**李志强　申大伟　于志胜　王汤明　池景春　符维篷　梁军
胡丛笑　韩淑英　刘鹏英　于慧荣　周亚琴

7. **北扎二队青年点：**周大军　王文汉　李全成　张颖唯　孔繁欣　李成安　王颖达
田延芹　杨淑芹　任淑云　张淑德　施彦华　王凤珍

8. **南扎青年点：**高群力　刘盛源　薛海波　马义群　张子健　李建东　张世坤
高凤雨　徐晓东　胡晓光　张玉霞　郭维佳　张力君　田崇珍　张宝云

9. **梁营子青年点：**许跃成　韩志超　李健华　贺宝林　李勇　杜建华　董松儒
孟康丽　谭志华　张金汉　吕云辉　朱玉坤　王玉堂　姜玉兰

10. **南坡青年点：**郝盛典　裴绍国　池秀贤　李文杰　贺丽　尤玺朴　陈玉华　张小
杰　王淑荣

（二）四分场

1. **赵营子青年点：**宋敏谦　安学勤　关家宝　郑显廷　王本地　张景志　徐志义
杨振林　常敏　刘锦　裴丽娜　杨淑芬　王继石

2. **马营子青年点：**孙作章　张敏儒　高光远　吴铁柱　于洪江　王希令　董振兴
米亚萍　刘敏达　蔡红宇　王德珠　姚燕

3. **西胡杖子青年点：**杨永胜　李守诚　孙洪刚　孙杰　姜进　刘守明　张金喜
高中安　陈文阁　王凤芹　赵小玲　刘德文　张凤华　李连荣

4. **东胡杖子青年点：**高天成　刘崇民　陈海生　曲庆勋　吴大光　孙伟　陈宝奎
王敬增　王耀廷　宋文坤　王桂霞　颜炳茹　骆致奇　田春元

5. **前魏杖子青年点：**赵德生　吴玉春　姜元良　陈德礼　丁德文　陈起志　孙文科
张红玉　姜春荣　于华　陈立萍　杨凤英

6. **后魏杖子青年点：**贾承昌　宁广泽　周英　王奇　贾国华　杜自强　梁丽君
冯瑞君　盖月影　郭玲春

7. **北德立吉青年点：**杨德元　王亚学　韩世民　单学义　张明山　张宝柱　包玉华
王艳春　侯敏杰　高艺华　段玉柱　高秀峰　赵彩鹤

（三）还乡贾家店青年

鲁桂兰（马营子）　鲍海龙（北德）　金秀英（北德）　梅世杰（贾家店）

二、1968 年贾家店农场朝阳铁中知青名单

（一）二分场

1. **二道湾子**：胡春第　董伟　刘宝成　朱奎武　张佩臣　许建文　沈洪杰　宣万福　杜子英　米静珍　刘宝春　吴尚义　刘庆春　修殿奎　黄广珍　李淑敏　苑丽萍　王桂芝

2. **颜家沟**：王永胜　李树国　高洪生　安振雨　白清成　朱福珍　宋清云

3. **南窝铺**：潘洪军　李杰　刘锦生　张喜成　佟淑青　乔继山　武双华　刘亚云　闫福文　李桂芳

4. **齐台子**：李树凡　薛瑞林　郭玉明　梁之庭　佟彦博　史长春　尚佩云　李桂兰　高会圆　孟静元

5. **赵家沟**：段续强　陈铁成　罗中义　李俭秋　吕凯　王兆福　孔凡金　王敬文　徐长双　徐丽华　付桂芝　佟灵芝　董凤琴　李巧梅

6. **四官**：殷德一　郭永安　戴恩权　李国云　韩秀娟　张凤兰　刘富

7. **西山**：屈明远　秦振祥　牟广学　郭占友　刘士英　胡景余　赵希甫　陈光弟

8. **西坎**：常连洪　徐树清　代有森　赵静民　付明　张文忠　李久珍　敖连珍　常连君　陆淑贤

9. **头道湾子**：孙占家　战水先　赵文科　庞凤友　王景文　张书金　石凌山　田景丰　于春燕　王淑芹　赵秀云　朱维坤　王静岩　隋永林　盖喜会　许芹

10. **程家沟**：崔克权　王子温　钱九州　王桂林　李铁铮　刘云顺　赵振海　王振臣　王秀文　付刚　冯玉兰　负淑芹　刘汉荣　高光达　孙淑娟　张玉香

（二）三分场

1. **贾家店**：张永德　姚德学　王汉祥　丁云瑞　李国臣　刘跃华　魏金全　陈光举　方铁钰　郭凤芹　房玉兰　许桂芳　齐凤云　姚凤君　苗枫　张国珍　陈俊杰　王玉兰　王丽文　张洪全　苗秀宾

2. **黄杜子**：闫景华　于占生　于淑兰　吕森　藏魁　王元申　赵树华　段海臣　孙继成　陈广秋　王学成　毕英杰　殷秀芹　邢淑梅　刘连香　孙玉兰　康宁　高玉芬　李淑珍　谭淑芹

3. **转转经**：吴长江　吴海龙　张百生　林贵全　卢志军　丁云保　李玉林　姬凤贤　李淑华　刘亚杰　黄萍　吴玉杰　陈永春　张振华　李锡铭　姚凤萍　薛凤兰　李耀芹　陈雨芬

4. **前进**：陈宝恒　陈延库　孟祥奎　武宝珠　徐文龙　张忠旗　刘荣　冯晓俊

叶景儒　王志中

5.**周台子**：隋跃廷　王永良　曹福庆　张会生　张士友　张德金　王立海　冯加新　赵希文　王恩平　李云霞　胡志芹　吴则元　吴桂芹　杨春生　杨春华

6.**河北**：陈雨明　胡宝恒　卢秀　武国瑞　王汉臣　马志文　孟繁成　于丽　孟宪文　张来柱　韩亚立　马志莲　于萍　刘景茹　卢清波

7.**敖汉波罗**：史英林　李永海　金秀春　战英杰　李增林　程英杰　王燕春　苏显跃　马素芝　张素芬　孙国华　王翠芬　陈凤芹　陈丽霞　苗秀丽　刘凤芝

8.**大南台**：杨铁峰　杨青贵　计光耀　宋时学　赵树林　潘立德　马志彬　孔繁成　郑玉珍　方淑君　张淑青　王志荣　王相光　郑会元　李宝善　王爱生　吴秀生　高彦义　陈子祥　宋秀兰

三、下乡到朝阳县贾家店农场的"七五"届毕业生

男生共计 19 人，女生共计 16 人，分别在前进小队、贾家店小队、转转经小队、黄杖子小队、敖汉小队插队。

男生：金志成　张金发　银有宝　马常平　倪庆云　刘金贵　刘骥伟　王广俊　王长顺　牟国彬　安红伟　孙建文　齐英波　马运江　王垚林　王垚瑞　陆风明　李华义　杨国中

女生：徐桂珍　刘小萍　侯辉　宫秋华　翟秀芬　赵柯杨　孙玉花　刘淑芹　杨学芹　李寿兰　马俊然　张淑芹　李月珍　张国平　高燕平　闫金华

点长：金志成　徐桂珍

1978 年 8 月后，按照有关落实政策，"七五"届知青陆续回城，其中安宏伟、孙建文参军，徐桂珍、王长顺、王广俊回城当工人。

金志成考入黑龙江哈尔滨日语学院，刘小萍考入朝阳卫生学校（后担任妇科医生），宫秋华考入师范学校，后在朝阳市三中任教。"七五"届大部分知青成为企业大集体工人。

四、下乡到北德组的"七六"届知识青年名单

胡荣昌　张凌波　刘景山　张贺　王克林　李素芬　申素芸　任玉香　袁素华　张玉兰　姜敏　白会丽　毕树华

五、1977 年在程家沟包队扶贫的知青人员名单

刘小萍　孙玉花　刘淑芹　朱艳军　王垚林　张彦林

第三节 知青文体活动

一、参加农场毛泽东思想宣传队

贾家店农场知青插队期间参加农场毛泽东思想宣传队同学名单：

（一）朝阳高中

董砚良 董松儒 王希令 申大伟 于志胜 高光远 郑显廷 王本弟 柴燃 王宏 郁凤澍 米亚萍 高艺伟 池秀贤 侯舒芬 李文杰 韩淑英

（二）朝阳铁中

史英林 赵敬民 刘庆春 陈雨芬

二、参加县文艺调演

贾家店农场知青插队期间参加县文艺调演缚苍龙水库宣传队同学名单：

（一）朝阳高中

高光远 申大伟 于志胜 郑显廷 梅士杰 王奇 蔡红宇

（二）朝阳铁中

史英林 张士友 卢清波 苗枫 陈雨芬

三、参加毛泽东著作讲用会

贾家店农场知青插队期间参加地县学习毛主席著作讲用会同学名单：

（一）朝阳高中

董砚良 孙作章 汪秀清 梁丽君 谭志华 李景华 张玉霞 常敏 王亚学

（二）朝阳铁中

李锡明 崔克全 刘景茹 武双华 王玉兰 马淑芝 王贵林 孙国华

四、参加朝阳地区篮球赛

贾家店农场知青插队期间参加朝阳地区篮球赛同学名单：

（一）朝阳高中

贲国华 郝盛典 郑显廷 胡晓光

（二）朝阳铁中

隋跃廷

第四节　参加民兵及参军

一、参加县民兵独立团

贾家店农场知青插队期间参加朝阳县民兵独立团同学名单：

（一）**朝阳高中**

刘盛源　张敏儒　王希令　李景华　李建华　李守成　徐元军　裴绍国　姜丹生
姜元良　刘崇民　陈起志　贾国华　贺志钟　李全成　王影达　李志强　付维篷　梁丽君
汪秀清　高秀峰　胡晓光　刘守明　张爱萍　池秀贤　王淑荣　姜云华　任淑云

（二）**朝阳铁中**

陈宝恒　胡宝成　赵敬民　沈宏杰　张来柱　苏显耀　田景峰　盖喜会　戴恩权
陈光举　王兆福　王振臣　冯晓俊　王立海　张忠旗　杨青贵　赵树林　付刚　卢秀
王志中　刘景茹　张淑芬　李耀芹　韩淑娟　王桂芝　王静岩　武宝珠　李玉林

二、参军入伍

贾家店农场知青插队期间参军入伍同学名单：

（一）**朝阳高中**

贺保林　杜建华　曲庆勋　徐晓东　单学义　张相武　梁军　陈德礼　姬长祥　张明
山　王本弟　高群力　张子剑　侯舒芬　郭维佳

（二）**朝阳铁中**

付明　王恩平　罗中义　赵振海　丁云瑞　董伟　屈明远　张永德　马志彬　武国瑞
张振华　战英杰　张洪权　王桂林　刘庆春　胡春弟　陈铁成　张文忠　郭玉明　段续
强　孔繁金　吕凯　王井文　王有胜　赵希甫　陈子祥　牟广学　张德金　李国臣　丁云
宝　赵希杰　孟宪文　庞凤友　计光耀　张来柱　刘耀华　宣万富　苏显耀　段海臣
盖喜会　徐文龙　杨青贵　徐长双　叶景儒　武宝珠

第五节　知青个人发展

一、1968 年朝阳铁中贾家店知青退休前科级以上职务人员名单

方铁钰　朝阳市委宣传部副部长

吴长江　朝阳市老干部局活动中心主任

刘庆春　朝阳市综合治理办公室副主任

武双华　朝阳市医保中心书记

胡春弟　朝阳市运输公司工会主席、副经理

屈明远　沈阳铁路局叶柏寿电务段人事处长

赵文科　朝阳市金属公司经理

崔克权　朝阳县大平房高中副校长

王子温　山海关铁路中学校长

钱九洲　朝阳县科协主席

刘景茹　朝阳市人大常委会副主任

苗　枫　朝阳市交通局办公室主任

苗秀斌　朝阳市二轻工业局副局长

吴海龙　朝阳市信息产业局副局长

陈宝恒　朝阳市燃料公司书记

隋跃廷　双塔区西大营镇派出所所长

史英林　朝阳市公安干校副校长

张来柱　朝阳市计划生育协会秘书长

李增林　朝阳市公安局治安支队支队长

王志荣　朝阳市凌东监狱副监狱长

董　伟　朝阳火车站副站长

张洪全　阜新车站工会副主席

赵树华　朝阳热电厂副厂长

卢志军　大连龙威房地产开发公司总经理

马志文　赤峰市电信分公司松山分局局长

战英杰　锦州铁路分局纪委办公室主任

郑会元　朝阳高中副校长

王爱生　朝阳第四建筑公司劳资科科长

二、1968 年朝阳高中贾家店知青退休前科级以上职务人员名单

訾树柏　朝阳市第一高中工会主席

徐　兵　朝阳市人民银行纪检书记、高级政工师

魏　毅　朝阳市工程机械厂副厂长

徐世深　朝阳市质量技术监督科科长

戴　和　朝阳市第三中学副校长

张　凡　朝阳市教育科学研究所所长，兼任朝阳市教育学会秘书长，辽宁省特级教师

郭全智　朝阳高等专科学校工会副主席

董砚良　朝阳市体育局局长

董庆元　黑龙江省信息中心高级工程师（正处级）

陈桂林　朝阳市机关工委科科长

郁凤澍　北京市甘家口街道办事处主任科员

柴　燃　朝阳市群众艺术馆书记

李德宝　朝阳合成纤维厂行政科科长

张桂珍　朝阳合成纤维厂人事科科长

胡丛笑　朝阳市医药化工局副局长

贾承昌　朝阳市物价局副局长

刘朋英　朝阳一高中高级教师

张世坤　朝阳市交警支队干部（副处级）

孙作章　东风柴油机厂工会宣传部部长

李建东　朝阳市工人文化宫主任

张宝柱　朝阳县审计局局长

贺志忠　朝阳七中高级教师

郭　谦　朝阳七中高级教师

吴连琴　朝阳七中高级教师

米雅萍　朝阳市财经学校高级教师

王艳秀　朝阳市财经学校高级教师

孟康莉　朝阳市电业局人事处处长

李文杰　朝阳市城乡建设委员会书记

陶　诚　朝阳第四建筑工程公司副经理

杨德元　朝阳第四建筑工程公司副经理

贺彦章　朝阳第一建筑工程公司副总经理

侯淑芬　鞍山市公安局监管所卫生科科长（副处、主任医师）

李立伟　朝阳市重型机械厂劳资处处长

张　哲　朝阳市重型基建处处长

李景华　凌钢自动化部部长

田希雅　朝阳县环保局副局长

王庆显　朝阳市委党校副处级调研员

张相武　朝阳市精神文明办副主任

童宝友　朝阳师专副教授

李正本　朝阳市龙城区七道泉子镇党委书记

闫英杰　朝阳市建设银行科长

蒋丽华　朝阳市医药公司科长

姜云华　长春市交通局科长

胡玉秋　高级教师

申大伟　辽宁省丝绸公司副经理

于志胜　朝阳市燃料公司第一分公司书记

符维蓬　朝阳市环卫局科长

韩淑英　朝阳市人民广播电台通联部主任（编辑）

周大军　朝阳市基础勘测公司经理

高群利　朝阳市机械局企管科科长

刘盛源　朝阳市电信传输局局长

徐晓东　《中国财经报》长春站站长

胡晓光　朝阳市交警支队政治部副主任

张玉霞　朝阳县人大法制办副主任

徐跃成　朝阳师专副教授

韩志超　朝阳市五中副校长

李建华　朝阳市冶金局科长

贺宝林　解放军沈司金城宾馆政委（大校）

杜建华　朝阳市电视台台长助理、高级播音员

谭志华　朝阳市光明小学书记

张金双　高级教师

姜玉兰　朝阳百货公司工会主席

郝盛典　朝阳发电厂劳动服务公司科长

裴绍国　朝阳市商业学校学生处处长

安学勤　朝阳市商业学校教导处处长、高级教师

郑显廷　朝阳锅炉厂厂长兼书记

常　敏　阜新市街道党委书记

刘　锦　朝阳一中高级教师

杨淑芬　朝阳市双塔区教育局副局长

张敏儒　朝阳市交通局副局长

高光远　朝阳市教育局高级教师

董振兴　朝阳市督学室主任（正处级）

蔡红宇　朝阳市四中副校长

李守诚　朝阳市毛纺厂销售处处长

刘崇民　朝柴总装分厂厂长

陈海生　朝阳市公安局宣传科科长

屈庆勋　朝阳市纺织厂劳资处处长

孙　伟　朝阳市双塔公安分局北塔派出所所长

王耀廷　朝阳市工程机械厂劳资处处长

宋文坤　沈阳师范大学副教授

赵德生　朝阳黄金冶炼厂工会主席

丁德文　朝阳发电厂党委常委兼劳动服务公司经理

孙文科　北镇市教育局局长

陈起志　朝阳市公安局机关党委书记

宁广泽　朝阳市卫校总务处处长

贲国华　朝阳东风机械厂党委书记

杜自强　朝阳市人大常委会办公室副主任

王艳春　朝阳市光明小学校长

董松儒　朝阳市电视大学副教授

三、下乡到贾家店农场北德组的"七六"届知识青年去向

胡荣昌　朝阳市广播局

张凌波　朝阳市党校

刘景山　朝阳市农业银行

张　贺　朝阳市食品厂

王克林　中国石油朝阳市分公司

李素芬　朝阳市食品厂

申素芸　朝阳市蔬菜公司

任玉香　朝阳市食品厂

袁素华　朝阳市食品厂

张玉兰　朝阳市食品厂

姜　敏　回沈阳工作，单位不详

白会丽　朝阳市食品厂

毕树华　朝阳市食品厂

第二章　知青生活

1968年10月20日开始，朝阳高中、朝阳铁中的知识青年来到贾家店农场插队，当时的生活条件异常艰苦。城里的小青年来到陌生的农村，一切都要靠自己来养活自己。知识青年们苦中有乐，在贾家店农场开辟了新的天地。

第一节　知青伙食

一日三餐，都是知青自己动手做，细粮少，粗粮多，基本上每天主食都是玉米面大饼子、糊糊粥、疙瘩汤、高粱米饭，副食是马铃薯、萝卜、白菜，外加棉花籽油和食盐。

刚来到知青点的时候，因为这些知青年龄小，在家里大多没有做过饭，生产队指派一位大嫂给知青做饭，并教知青们如何做饭。经过商议，知青就一男一女两人一组，轮流做饭，一周一轮换。男同学负责挑水、烧火，女同学负责发面、做饭。当时的主食就是玉米面饼子。刚开始男同学不会打煤底，点不着火，女同学一贴饼子就溜锅，变成一锅玉米面粥。后来男同学虽然能点着火了，但掌握不好火候，火大了饼子就糊了，火小了饼子不熟；女同学贴饼子虽然不溜锅了，但掌握不好用碱量，碱大了饼子苦，碱小了饼子又酸又硬。慢慢地经过摸索，知青们学会了技巧。男同学的火候掌握好了，女同学贴大饼子、熬饭汤一锅出，不但不溜锅，还会左右开弓贴饼子，保证饼子上不留手印。

当时贾家店农场的生活非常艰苦，知青们每顿都是大饼子就着咸盐水。知青来的时候已经是初冬，之前生产队也没更多的储备，别说肉、油和菜，就连咸菜都没有。生产队给知青的一点菜籽油，很快就吃光了。大饼子就着咸盐水，大家之前都没有受过这种苦，饭也吃不下。时间一长饿不起，好吃歹吃也都能吃了，慢慢地适应了艰苦的环境。

生活虽然苦，但苦中有乐。那时候就盼着回家探亲的同学回来，能带点咸菜和大酱，要是谁能带来点炒咸菜、煮鸡蛋或是几个馒头，那就是改善大家生活了。附近好心的社员也经常给知青们拿点咸菜，知青们感激不尽。

冬天来了，那时候的冬天特别冷，还经常下雪。下雪后，知青武国瑞就带领知青们上山，在兔子经常出没的地方下自制的兔夹子。武国瑞在这方面很有经验，他会看哪里是兔道。头天晚上下的兔夹子，第二天早晨去看，准能捉住野兔。第一年的冬天，知青们足足打到14只野兔。把野兔拿回青年点，大家都舍不得炖肉吃，一般都做兔渣咸菜，这样大伙就能多吃几顿。

1969年的春天，生产队分给知青们菜地，大家学着种菜。白菜、莴苣、西红柿、黄瓜、土豆、豆角、茄子、香菜、大萝卜、辣椒等都种了一些。又学着养了一头猪、十几只兔子、十几只鸡。兔子和猪都要交公卖钱，各乡都有收购任务。但鸡下的蛋可以自己支配，炒个鸡蛋、榨个鸡蛋酱。有了菜地和家禽，知青的生活有了改善。

知青人多，再加上都是长身体的年纪，粮食总不够吃。平时大家都非常节俭，粮食省着吃，每顿饭按人口定量下米，然后再抓出一把米或面，积攒着留到夏锄的时候加餐，以保证夏天白天长的时候能有充沛的体力去劳动。另外，知青们也和农民学着吃野菜，比如榆钱儿、杨树叶子、樊梨花，春末夏初时边薅地边挖野菜，回来时揣菜饼子、包菜团子，或者用热水焯了，蘸酱当蔬菜吃。

第二节　知青住宿

刚到贾家店农场的时候，知青都是借住在村民的房子里，10多位知青挤在南北两个大炕上，想翻下身都困难。大部分的知青点都没有电灯，照明都用小煤油灯。过年节才舍得买几根蜡烛。

方铁钰等4个朝阳铁中初一班的男生被分配到贾大爷家住宿，统一到生产队部去吃饭。贾大爷当年60多岁，光棍一人，无儿无女。4个小知青就同贾大爷挤在一个铺炕上。因为贾大爷一个人的饭菜简单，烧柴自然就少，刚过11月份，屋里就感觉很冷了。炕头能稍微有点热乎气。到了晚上，西北风穿过四处透风的木楞格窗，寒气逼人，大家不得不戴着棉帽子睡觉。最怕晚上起夜了，为了晚上不起夜，大家晚上都不敢喝水。早上起来，水缸、脸盆里的水都冻成了冰坨。大家都和贾大爷学，一个冬天里几乎都不洗脸。到了夏天，蚊子、跳蚤、臭虫特别多。根据老乡的经验，傍晚知青们去菜地摘一些豆角叶，睡觉前把豆角叶翻过来摆在炕的周围，豆角叶背面有毛毛刺，臭虫就爬不过来。但是臭虫也变狡猾了，爬到屋顶棚上，从空中降落袭击。这导致大家在夏天，晚上都睡不好觉，白天还得参加繁重的体力劳动。

第三节　交通和通信

1968年，贾家店的老虎山河将农场分为河东与河西，河东无电、无路、无桥。所谓的山路全是自然形成的羊肠小道，一下雨路就没有了。通往河西的桥，每到雨季山洪来临，连续几天都不能过河。河东整个大队仅有一部手摇电话。

第四节 劳 动

刚来到生产队时，知青们什么农活都不会干，体力也不行。1968年冬天，北风刺骨，知青们跟其他社员一起去刨粪、倒粪，跟车装卸庄稼秸秆。同时"农业学大寨"开始，贾家店农场开始修梯田。知青们和青壮年劳动力集中起来，由公社统一组织修梯田。天气异常寒冷，女生力气小，往往是一镐抢下去，落下一个小小的白印。知青们唱着红色歌曲，在严寒中把青春和汗水洒在了那片贫瘠的土地上。

到了1969年春天，大家开始往地里送粪。那时候送粪都是挑土篮子，知青们一筐粪送到地里经常是只剩大半筐。种地的时候，拉磙子、扶犁、点种都是技术活。在间苗的时候，刚开始分不清草和苗，经常是薅了苗留下了草，但是村民们对知青都非常包容，耐心地指导鼓励他们，从不埋怨。

经过一年的努力，知青们对各项农活都学得有模有样了。生产队刚开始的时候，给知青记工分只有6分、7分，后来就能挣到8分、9分了。

知青刘景茹在她的回忆录里写道："队长分活的时候，自己主动挑累活、脏活。从春天送粪备耕到种地、施肥、间苗、定棵、锄地、蹚地、掐棉花尖、捡棉花桃，到秋天收割谷子、豆子、高粱、扒玉米、打场、掐谷穗、掐高粱、扒棉桃、挑豆子，样样都会干。甚至赶牛车、铡草、扶犁、蹚地，这应该都不是女孩子干的活，但我都会干了。"

冬天里，无论男女知青，平时出去都是背着粪箕子，捡粪交给生产队，剩余的留给自己的自留地上作农家肥。

一年下来，知青们每人挣的工分大约2700多分，10分折合0.41元，年底开支100多元，这是知青们靠自己的劳动赚到的血汗钱，每个人心里都是美滋滋的。

1969年冬天，贾家店农场决定在胜利大队三小队北水泉眼处，修建一座小水库，并得到了一分场的支持。老"五七"战士原专署副专员郝启担任水库总指挥，知青董砚良任副总指挥，孙好忠任工程师。寒冬腊月里，水库工程开始施工。

水库设计规模不大，总容量约3万立方米。施工也很简单，主要是打一座"黏土芯"墙，再修好护坡、护石，留好溢洪道，安装几个闸门，就算完工。

一分场10个生产队分批出工出力，农场从储备粮仓里拨出一些陈年谷子作为工人的补助。当时抽调劳动力非常困难，每天在水库劳动的多则五六十人，少则一二十人，逢年、过节、集日只剩下郝启、董砚良两人，一个扶钎子，一个抡锤，打眼放炮崩土石。水库工地上写着"下定决心、奋战严冬、争取早日完工""立下愚公志、蓄水灌良田"等激励口号。

知青们在工地上不定期办起了"小报"，宣传工地上的好人好事。独轮车推起来各个赛着跑，锅台大的石头二人抬起就走。

水库修好后，20 名知青到敖汉波罗生产队担鱼苗，播撒在水库里，大家兴奋劲儿十足。

为了修这个水库，朝阳高中知青梅世杰献出了年轻的生命，这也成为知青们抹不去的伤痛。

第五节　业余文化生活

知青的业余文化生活少得可怜，也就是在正月里，热心人组织一些年轻人扭扭秧歌。若是农场放映电影，知青和村民翻山越岭蹚河走上 20 多里①山路也要去看。

当地农民习惯了日出而作、日落而息，再加上没有电，村民们大多天黑就睡觉。但是对于知青们来说，一时适应不了。为了丰富业余文化生活，有的知青点就制定了一、三、五晚上政治学习，学习毛主席著作以及毛主席的最新指示，传达上级文件精神，讨论国家大事，二、四、六晚上搞文体活动。

青年点里有文艺特长的同学很多，胡宝恒二胡拉得特别好，是学校民乐队的队长，卢秀会弹吉他、会拉手风琴，还有的会吹笛子。这样，知青们每到二、四、六晚上，坐在一起唱歌，学习新歌曲、学唱样板戏。渐渐地，还吸引了很多村里的年轻人围观，后来彼此都熟悉了，村民们也加入知青演唱队伍。

由于当时农场的文化生活极度贫乏，老百姓渴望文化生活，更喜欢娱乐，朝阳高中宣传队的几名同学和朝阳铁中的一些文艺骨干提出组建贾家店毛泽东思想宣传队的想法，要像草原乌兰牧骑一样，深入到生产队进行演出，这一想法立刻得到农场领导的支持。知青宣传队将分散在各小队的同学抽调在一起进行排练。当时参加知青宣传队的队员有王宏、柴燃、池秀贤、侯淑芬、郁凤澍、陈雨芬、郑显廷、于志胜、高光远、史英林、刘庆春等。农场场部大礼堂是宣传队的排练场，男女声独唱、乐器独奏、表演唱、小话剧《一碗苦菜》等节目颇受百姓欢迎，给寂静的山村带来了欢笑。

---

①　注："里"为非法定计量单位，一里＝500 米。——编者注

知青方铁钰爱好写字、画画、打乒乓球，老乡盖新房，就请他在白墙上写毛主席诗词，这在当时既新颖又有政治意义。方铁钰临摹电影宣传画《红灯记》《智取威虎山》等样板戏里的李铁梅、李玉和、杨子荣等人物，画作都是免费送给周围群众，甚至连贾家店农场医院的大夫、护士也都纷纷前来索画。那时一张大图画纸要1角钱，方铁钰一天的工分才值5角钱，为了节省画材，就把一张纸裁成四份，大约四五个晚上才能画出一幅。但他心里很有成就感，越画越有劲儿。

1970年冬天，方铁钰借生产队的一头毛驴，送一位知青去东大道火车站。在东大道医院门口，看见朝阳县卫生系统东大道地区乒乓球选拔赛正打得热火朝天。方铁钰曾经是朝阳铁中乒乓球队的主力队员，看到乒乓球比赛就手痒，于是和当时的朝阳县卫生系统乒乓球冠军王烈大夫激战四局，以致忘记了中午之前把毛驴送回生产队的嘱托，挨了生产队队长的一顿训。

第六节　知青和村民互帮互助

知青们刚到贾家店农场的时候，什么农活都不会，生活上自己照顾自己都有困难。村民们就手把手地教知青们干农活，在生活上照顾知青。生产队队长李春祥、郭凤江，贫协主席王殿清，小队会计王海荣，民兵排长王振民等人，都把知青当成好朋友，在生产生活上非常关心他们。妇女队长王凤荣、社员郭凤芝等除了教知青农活外，还经常给知青们送来好吃的，时令水果熟了，都拿给知青们分享。

知青们经常给村民讲城里的事，讲一些文化科学知识，知青和村民其乐融融。女知青们经常到周边的妇女姐妹家串门，说些贴心话，互相交流。

知青刘景茹参加过赤脚医生培训班，学习过一些医学知识，在村里成了半个小大夫，谁家有个头疼脑热的，就去给村民们看看。一来二去，和村民们越走越近。村民李春生家，母亲去世早，父亲带着兄妹三个，妹妹年龄小，不会做家务活，三个男人不会针线活，到了冬天还穿不上棉衣。刘景茹就将自己的绒衣、绒裤和棉鞋送给妹妹穿，帮助他们解决了实际困难，这家人非常感激。

知青李宝善下乡前，曾经学过针灸和中医学，在贾家店农场下乡的3年多时间里，李宝善从一名知青成长为赤脚医生，为周围群众祛病除灾。后来在河北大队，李宝善用100元起家创办卫生所。1969年深秋，他用中医疗法救活了病危的李大娘，这令其名声大噪。1970年，河北大队卫生所改名为三分场合作医疗站。他聘请当地老中医王庭金在医疗站坐诊，同时发挥王老先生在中草药种植、识别、炮制、使用的特长，把三分场合作医疗站办得有声有色。无论白天黑夜、刮风下雨，只要有人求诊，李宝善背上出诊包就出发，像对待亲人一样对待每一位病人。平时他还尽量抽出时间到军烈家属、行动困难的慢性病人家中巡诊、送医送药。当地农民、农场的干部、朝阳地区"五七"干校的干部，甚至贾家店医院的医务人员，都慕名找李宝善用针灸疗法，或用中草药治疗胃肠病。1971 年 6 月，李宝善要返城了，临走之前培养了一个接班人，继续为百姓治病。返城前的一段时间，乡亲们抢着把他请到家一日三餐换样招待，依依不舍。

知青董砚良所住的青年点，成立了一个为民服务理发组，在当兵入伍的杨树槐大哥的赞助下买了"双箭"牌推子、打薄剪子和剃头刀子，找一条旧床单做围裙，青年点成了"理发店"。不仅孩子们来，大人也都前来理发。知青们的理发水平也不断提高，平头、分头甚至剃光头、刮脸都不成问题。推子钝了，知青们就拿回城里磨。这个免费理发店一直服务到知青离开贾家店农场。

第三章 知青往事

2018 年 6 月，曾下乡到贾家店农场的知青方铁钰主编的《难忘知青岁月》出版，这本书是朝阳高中和朝阳铁中两校知青上山下乡 50 周年回忆录。根据此书，提炼出数段知青往事。

第一节 雪　　浴

1968 年冬天，贾家店迎来了一场大雪，鹅毛大雪足有半尺厚。吃完晚饭，陈桂林、董砚国等回到西厢房，抱柴上烧炕取暖。这时，陈桂林突发奇想，他说用大地里的雪擦身，不但锻炼身体、增强毅力，而且还能提高身体抵抗力，不易感冒。他还进一步解释说，冰雪擦身，血管急骤收缩，血液涌向身体内部，过一会儿又向外扩张，流向体表，血管一伸一缩，就感觉热乎极了。经过一番讲解，一番动员，郭全智、李德宝、刘俊君、陶诚等都跃跃欲试。最后达成共识，每人用自己的脸盆从室外装满一盆雪，必须用雪擦身且变成水，方可钻被窝。这哥几个齐响应，开始擦时冻得打哆嗦，可越擦越舒服，越来越热乎，到后来浑身上下冒火一样，那晚都睡得很香甜。

第二节 漆黑冬夜回家路

1973 年，大部分知青陆续返城，留在贾家店农场的知青已经所剩无几。留下的知青大都是因为家庭成分不好，以往的招工、考学政审不过关。1973 年 12 月中旬的一天，知青宋文坤、方铁钰突然接到电话通知，要求第二天早晨 8 点必须赶到朝阳二中体检，此时段已经没有贾家店农场到达朝阳的班车。无奈之下，二人决定步行到大平房火车站，连夜回朝阳。他们冒着严寒一步一步走向回家的路。他们走过转转经、赵营子、马营子、嘎啦山、北德立吉、禅定法轮寺、西德立吉，走过李家湾村……此时天空漆黑一片，他俩迷路了，但是能听见流水的声音，那是老虎山河的声音，只要沿着老虎山河岸走，就会走到黄花滩，然后沿着铁路走就能找到大平房火车站。不知道摔倒了多少次，他们终于坐上了晚上11时许通往朝阳的火车。那一年，宋文坤考取了朝阳地区师范学校，方铁钰被沈阳医学高等专科学校录取。

第三节　十分钟挖一口水井

贾家店农场黄杖子村青年点门前有一条小河，河水是从西山上流下来的。知青们到达青年点的第二天，即1968年10月21日清晨，生产队长、会计、贫协主席、民兵排长、妇女队长就来到青年点的伙房前，叫醒所有知青，说在没开饭之前挖一口水井。生产队长安排所有知青到河套里捡石头，每人至少一块。民兵连长用铁锹，不到十分钟就在门前大柳树下挖了一个直径不足1米，深不足半米的坑。等知青们把石头捡回来，队长亲自在水坑里把石头砌了个圆形，妇女队长用水盆把浑水泼到外面，井里的水清澈透明。并告知大家，这就是知青们的饮水井了，而且井水冬天不凉，夏天不热，饮用者百病不犯。于是知青们争先恐后地来井边洗脸舀水，一不小心把一位女同学挤倒了，她爬起来大声吼道："你们再这么挤，我现在就挖一口井，谁也不让使，我的独家专用。"这里泉眼多，地表水丰富，一锹挖个井那都不是事。

第四节　抬　房　梁

知青们刚到生产队，队长安排知青们和社员十几个人抬运一根大房梁，房梁重达半吨左右，长度近6米。大家用一条粗绳系成螺旋形，将多条扁担插入绳套，两人一组排成纵队抬运。搬运的路途要穿过几个土坎，个子越矮的越挨压。

第五节　挑　荆　梢

每到夏季知青和社员都要准备好明年的春耕用肥，生产队安排劳动力到山上割荆梢用来沤粪。每挑100斤荆梢能记10个工分。为了多挣工分，有的知青每次都要挑140多斤的荆梢。一连几天，虽然多挣了工分，但是肩膀都压肿、磨破了，知青和社员们付出了极大的辛苦。

第六节　采　山　石

到了初秋时节，生产队安排知青们采山石，用来砌井或垒墙。采石时，两人一组，手扶钢钎，抡锤打眼，装药放炮。采石绝对是有技术含量的工作，抡锤打眼，稍有不慎，就会伤到自己和同伴，更不用说装药放炮这类危险性极大的工作了。

第七节　打　机　井

为了保证第二年春天的用水需求，1969 年冬天，生产队决定在山坡下打一眼大井，青年点所有人员全部参加。根据工作安排，大家轮流倒班施工。从地面一直向下挖到十几米深，用井口上的辘轳、绳索，将井底挖出的泥土，用筐运出井口，日夜不停。当井底的大泉眼被打穿，井水喷涌而出的时候，大家高兴极了。春节过后，用采来的山石把井砌好。面对新竣工的大机井，乡亲们的脸上露出欣喜的笑容。

第七编

人　物

中国农垦农场志

第一章 人物纪略

贾家店农场人杰地灵，英才辈出，这里有为中国革命英勇牺牲的革命先烈，也有各行各业的优秀人才。天南地北的贾家店人，为贾家店农场的发展默默奉献。贾家店农场还是数百位老三届知识青年的第二故乡，这片热土同样让这些知识青年魂牵梦绕。

第一节 人民功臣及英烈名录

雷　友　贾家店区人，1950 年，在抗美援朝志愿军炮兵警卫排立大功三次。

温成存　贾家店区柴周村人，立大功一次。

安广顺　贾家店区桦杖子人，1947 年，在十五兵团司令部立大功一次。

丁国志　贾家店区河西村人，1951 年，在四十军十八师立大功一次。

高　学　贾家店区河西村人，1949 年，在四四零部队立大功一次。

段相林　贾家店区河西村人，1950 年，在四十八军一四四师立大功一次。

张玉春　贾家店区东山村人，1949—1950 年，在一四二师四二六团立大功两次。

白云财　贾家店农场四分场赵营子人，1928 年 2 月出生，1947 年 7 月参加革命，在部队先后立大功四次。任抗美援朝志愿军三十八军一一二师三三六团排长，1952 年 4 月，牺牲于朝鲜战场。

寇　林　贾家店农场二分场颜家沟人，1936 年 3 月出生，共青团员。1956 年 4 月参加革命，零一六八部队四支队三分队战士。1957 年 4 月，牺牲于辽宁省本溪市桥头区。

尹凤玉　贾家店农场三分场敖汉波罗人，1928 年 5 月出生，共青团员。1951 年 2 月参加革命，汽车四团副司机。1951 年 8 月，牺牲于朝鲜广川。

王汉臣　贾家店农场三分场黄杖子人，1924 年 2 月出生。1948 年 5 月参加革命，朝阳县四区区小队战士。1949 年 8 月，牺牲于贾家店农场牤牛沟。

第二节　出生于贾家店农场的部分领导

鲍湘河　蒙古族，贾家店农场人，朝阳市人大常委会民族事务委员会主任委员。

魏振祥　贾家店农场人，朝阳市人寿保险公司总经理。

李玉良　1957 年 1 月出生，朝阳县贾家店农场人。1983 年 11 月加入中国共产党，1990 年毕业于辽宁省农业干部管理学院，大专学历。1975 年 1 月在贾家店农场参加工作。1981 年 1 月任朝阳县联合公社经营管理员；1984 年 1 月任朝阳县联合乡党委形成委员；1988 年 1 月任联合乡副乡长；1993 年 1 月任朝阳县柳城开发区综合二处处长；1994 年任柳城镇党委副书记；1999 年 8 月任柳城镇人大主席。

程显艾　1954 年 7 月出生，贾家店农场人。1973 年 4 月毕业于朝阳师范学校，同年 5 月加入共产主义青年团。1976 年 3 月加入中国共产党。自 1973 年起，历任中学教师、学校团委书记、社办高中党支部书记、小学负责人、教导主任。1985 年任初级中学副校长、校长兼党支部书记。在此期间，获朝阳市教育学院"教育管理"大专文凭。1990 年 9 月调入朝阳县委组织部，历任科员、副股长、股长兼中共朝阳县委组织员办公室主任（正科级）。在组织部工作期间，撰写大量文章和讲稿，其中有两篇分别刊登在全国发行的党建文集中。1997 年 8 月被中共辽宁省委组织部授予"全省组织系统党建宣传工作先进个人"称号。在此期间获省委党校"企业管理与企业文化"专业大学文凭。1998 年调任朝阳县教育局党委副书记，主管党务、干部、人事工作，曾被中共朝阳市委、市政府评为"朝阳市精神文明建设先进工作者"；被中共朝阳县委、县政府评为"社会主义精神文明建设先进个人"。1998—2003 年，曾任中共朝阳县纪律检查委员会委员、朝阳县政协委员等职，当选朝阳市总工会八大代表。2003 年 12 月，调任朝阳县人大常委会党组成员、综合办公室主任，被增选为县人大代表。2004 年 1 月，被选为朝阳县十五届人大常委会委员。2006 年 12 月，被补选为县人大常委会秘书长（兼）。

张志东　1960 年 1 月出生于贾家店农场一分场胜利二组，中共党员。乡镇人大主席退休。1985—1990 年任教师；1991—1995 年，任杨树湾乡武装部部长；1996—2000 年，任贾家店农场副场长。

第三节　先进个人

刘　芳　贾家店供销社职工。1978 年，被辽宁省革委会授予"劳动模范"称号。

鲍相清 贾家店农场总校教师。1985 年 9 月,被辽宁省人民政府授予"先进工作者"称号。

王恩祥 1932 年 3 月出生于贾家店农场三分场转转经组,中共党员。1988 年 2 月 5 日,朝阳市农牧业局授予"农垦事业"先进个人称号;1989 年 3 月,朝阳市人民政府授予"四化建设"劳动模范称号;1990 年 2 月 24 日,朝阳市水利局授予"水利工作站建设与管理"先进工作者称号;1991 年 9 月 20 日,辽宁省水利电力厅授予农建"大禹杯"竞赛先进工作者称号。(已去世)

王树国 朝阳县贾家店农场三分场转转经组,汉族,1964 年 5 月出生。1991 年 7 月加入中国共产党,大专文化。1984—1992 年 12 月,任贾家店农场水利水保站工作人员;1993 年 1 月—2005 年 12 月,任贾家店农场水利水保站站长;2006 年 1 月—6 月,任贾家店农场党委纪检委员兼水利水保站站长;2006 年 7 月—2007 年 12 月,任贾家店农场纪检委员;2008 年 1 月—2012 年 1 月 10 日,任贾家店农场纪检委员兼水利水保站站长;2012 年 1 月—6 月,任贾家店农场纪检委员;2012 年 7 月—2013 年 8 月 12 日,任贾家店农场纪检委员兼水利水保站站长;2013 年 8 月—2015 年 12 月,任贾家店农场组织委员;2016 年 1 月起任贾家店农场副场长,先后分管水利、环保、工业安监、招商引资等工作。至 2019 年末,由于年龄原因退出副场长职务,继续享受领导干部待遇,考虑本人特长,组织安排专门分管水利工作。1986—1990 年,连续 5 年被辽宁省水利电力厅授予水土保持工作先进工作者称号。1994 年 1 月 26 日,被朝阳市水利局授予水利工作先进工作者称号。1992—2005 年,被朝阳县水利局先后十余次授予先进工作者称号。2013—2015 年,被辽宁省人民政府授予辽宁省先进个人荣誉称号。2016 年 10 月,被辽宁省人民政府授予"2013—2015 年度全省农田基本建设大禹杯竞赛活动先进个人"称号。

郝淑丽 女,1975 年 9 月出生于贾家店农场三分场,中共党员。现居住地辽宁省朝阳市双塔区。贾家店农场宣传委员兼文化站站长,1997 年 7 月毕业于沈阳农业大学(本科),高级农艺师。1997 年 12 月—2008 年 7 月,在贾家店农场农业站工作;2008 年 7 月—2014 年 2 月,任贾家店农场维稳办主任、司法所助理员。2010 年 7 月毕业于吉林农业大学继续教育学院,农学成人大学学历。2014 年 2 月—2018 年 12 月,任贾家店农场文化站站长;2018 年 12 月—2020 年 12 月,任贾家店农场民政助理兼文化站站长;2020 年 12 月—2021 年 12 月,任贾家店农场宣传委员兼文化站站长。第十五届、十六届辽宁省朝阳市朝阳县党代表。2020—2021 年度,被朝阳市精神文明建设指导委员会授予朝阳市精神文明建设先进工作者称号;2021 年 11 月,被朝阳县委宣传部授予朝阳县优秀通讯员称号;2021 年 11 月,在朝阳县委宣传部组织的"凝心聚力高质量大发展宣讲大赛"中,荣获优秀奖；2021 年 12 月，被朝阳市文化旅游和广播电视局授予朝阳市乡镇文化工作先进个人称号；2022 年 5 月，被朝阳县总工会授予朝阳县五一劳动奖章；2022 年 5 月，被朝阳市精神文明建设指导委员会评为朝阳市精神文明建设先进工作者；2022 年 7 月 18 日，在朝阳县图书馆组织的"用青春之声向党献礼——青春之声·百年礼赞"线上朗读活动中（共251 件作品），荣获优秀奖。

程伟新 2016 年 3 月，被朝阳市妇女联合会授予朝阳市妇联系统先进工作者称号。

高雅君 2017 年 2 月，高雅君家庭被朝阳市精神文明建设指导委员会授予朝阳市文明家庭称号；2017 年 4 月，被中共朝阳市委授予朝阳市劳动模范称号；2019 年 8 月，被共青团辽宁省委员会授予"创新创业新时代向上向善辽宁好青年"称号；2020 年 3 月，被朝阳市妇女联合会授予朝阳市妇联系统先进工作者称号；2021 年 3 月，高雅君家庭被辽宁省妇女联合会授予"辽宁省最美家庭"称号。

白云芹 2017 年 9 月，被朝阳市精神文明建设指导委员会授予"第五届朝阳市道德模范"荣誉称号；2017 年 12 月，被中共辽宁省委宣传部、辽宁省精神文明建设指导委员会办公室授予"2017 年度辽宁好人，身边好人"称号。

齐桂文 2017 年 9 月，被朝阳市精神文明建设指导委员会授予"第五届朝阳市道德模范"荣誉称号；2017 年 12 月，被中共辽宁省委宣传部、辽宁省精神文明建设指导委员会办公室授予"2017 年度辽宁好人，身边好人"称号。

姜志龙 2018 年 5 月，被辽宁省水利厅授予 2016—2017 年度优秀水利员称号；2020 年 12 月，被辽宁省水利厅授予 2018—2019 年度优秀水利员称号。

程谟超 2018 年 6 月，被中共朝阳市委授予朝阳市优秀共产党员称号。

于德新 2021 年 3 月，于德新家庭被朝阳市精神文明建设指导委员会授予"2020 年度朝阳市文明家庭"称号。

第二章　农场人才录

重视教育是贾家店农场从领导到工人的优良传统，每年都有几十名学生考上大中院校，以中国科学院院士贾振元为代表的贾家店农场优秀学子，遍布祖国各地，在不同的领域贡献着自己的力量。

第一节　一分场人才录

窦廷军　原籍贾家店农场一分场梁营子组，现居住在辽宁省沈阳市。任辽宁省供销社办公室主任。

于广庆　原籍贾家店农场一分场南扎组，现居住地辽宁省朝阳市。曾任朝阳柴油机厂副厂长。

张维成　贾家店农场一分场胜利一组，中共党员。朝阳师范专科学校英语系书记。

张志远　原籍贾家店农场胜利二组，现居住地辽宁省盘锦市，辽河油田井控培训主任。

魏明东　贾家店农场一分场南扎组人，龙城区税务局，曾在贾家店农场地税所工作。

霍立军　贾家店农场一分场南扎组人，在朝阳县监察局工作。

霍晓军　女，贾家店农场一分场南扎组人，在龙城区财政局工作。

史富辉　贾家店农场一分场南扎组人，现居住地辽宁省大连市，在大连第二高中工作。

史富春　贾家店农场一分场南扎组人，现居住地辽宁省凌源市，在凌钢机电工作。

梁云坤　贾家店农场一分场梁营子组人，现居住地辽宁省朝阳市，在朝阳市政府综合科三科工作。

于得阳　贾家店农场一分场南扎组人，在朝阳县畜牧局工作。

贺兆鹏　贾家店农场一分场北扎一组人，在朝阳市司法局工作。

贺松年　贾家店农场一分场北扎二组人，原在朝阳市双塔区建设局工作，已去世。

张连环　贾家店农场一分场北扎二组人，原朝阳市副专员，现退休。

贾玉坤　1936年8月23日出生，贾家店农场一分场北扎二组人，原朝阳县农业技术推广中心副主任，曾任贾家店农场农业站站长，培育出沈杂五高粱种，并获得专利。2012年12月22日去世。

张明军　贾家店农场一分场胜利二组人，中共党员，曾任贾家店农场场长、北沟门乡乡长、书记。

史广文　1951年6月出生于贾家店农场一分场南扎组，中共党员。贾家店农场副科级干部退休。1987—1988年，任一分场书记；1989年，任农场组织委员。

于学富　1957年1月出生于贾家店农场一分场南扎组。有自己的建筑队，从1980年开始，在外包揽建筑工程，具有一定规模。带领大量的农民工外出务工，带动地方经济发展。

魏文有　1963年4月出生于贾家店农场一分场北扎二组。有自己的建筑队，从1985年开始，在外包揽建筑工程，具有一定规模。带领大量的农民工外出务工，带动地方经济发展。

于得新　1969年1月出生于贾家店农场一分场南扎组，中共党员。一分场副书记、会计，2020年度被评为朝阳市文明家庭。积极参与乡村振兴建设。曾任团支部书记、治保主任、会计。

于广泽　1979年1月出生于贾家店农场一分场南扎组，中共党员。朝阳兴农种业有限公司经理、一分场书记。2021年度，一分场被评为中国生态文化村。他带领一分场广大工人建设美丽乡村，促进乡村振兴。

第二节　二分场人才录

程绍福　1922年5月出生于贾家店农场二分场，中共党员。曾任朝阳县白云店区区长（赵营子），阜新市矿务局地测处处长，已去世。

程培祥　1941年8月出生于贾家店农场二分场西坎组，中共党员。曾任朝阳市柴油机厂经济师，现居住地辽宁省朝阳市，已退休。

程绍桐　1942年2月出生于贾家店农场二分场头道组，中共党员。曾任朝阳市柴油机厂总工程师，已去世。

程培广　1944年2月出生于贾家店农场二分场西坎组，中共党员。曾任朝阳市第四医院院长、主任医师，现居住地天津市，已退休。

李景阳　1950年5月出生于贾家店农场二分场二道组，中共党员。曾任朝阳市建筑设计院党委书记，现居住在辽宁省朝阳市，已退休。

程培国　1955年11月出生于贾家店农场二分场西坎组，中共党员。曾任朝阳县北沟门乡副乡长，朝阳县杨树湾镇人大主席。现居住地辽宁省朝阳市，已退休。

张义明　1957年9月出生于贾家店农场二分场西山组，中共党员。曾任沈阳铁路局北站派出所大队长，辽宁省武警总队沈阳支队参谋长，现居住地辽宁省沈阳市，已退休。

贾振达　1960年7月出生于贾家店农场二分场四新组，中共党员。曾任朝阳技工学校校长，朝阳市工校副校长，已退休。

程谟喜　1963年12月出生于贾家店农场二分场头道组，中共党员。中国人民银行朝阳市中心支行后勤科长。

第三节　三分场人才录

刘树丰　1941年2月出生于贾家店农场三分场，中共党员。1960年在西五家子乡政府工作，1988年在杨树湾乡政府工作，人大主席。现居住地辽宁省朝阳市，已退休。

李国强　1954年11月出生于贾家店农场三分场贾家店组，中共党员。现居住地辽宁省朝阳市。1984年3月在贾家店农场小学工作；1985—2002年任大庙镇财政所所长；2003—2021年12月，任朝阳县纪检委监察二室主任。省级财政厅先进个人，市政府先进个人。

柳雨清　1954年11月出生于贾家店农场三分场黄杖子组，中共党员。现居住地辽宁省朝阳市。1978年10月至2014年12月，在朝阳县农村信用社联社工作。朝阳县农行先进工作者；龙城区先进共产党员。

贾占斌　1960年6月出生于贾家店农场三分场贾家店组，中共党员。现居住地辽宁省朝阳市。1984年3月，贾家店小学老师；1985年6月在大庙乡政府工作。1994年在大庙乡地税所工作。2018年任大庙镇税务分局科员。1990—1992年荣获辽宁省财政厅农业税收工作先进个人称号。

柳旺杰　1960年9月出生于贾家店农场黄杖子组，中共党员。现居住地辽宁省盘锦市。1978年12月—2020年1月，盘锦市辽河油田消防支队支队长。2020年1月退休。荣立三等功三次，优秀共产党员。

尹占民　1963年9月出生于贾家店农场三分场敖汉组，中共党员。现居住地辽宁省朝阳市双塔区。双塔区审计局办公室主任。1982年11月至1987年1月，在黑龙江81697部队服役；1990年3月至2021年12月，在双塔区审计局工作，曾荣获双塔区优秀共产党员称号。

魏明东　1965 年 4 月出生于贾家店农场三分场，中共党员。现居住地辽宁省朝阳市双塔区。1998 年 1 月至 2016 年 12 月，任龙城区税务局科员。2017 年 1 月至 2021 年 12 月，任龙城区税务局科长。曾荣获龙城区税务系统先进工作者称号。

郭青山　1966 年 6 月出生于贾家店农场三分场，中共党员。现居住地辽宁省大连市。1999 年至 2021 年 12 月，任大连中信银行经理。曾荣获大连中信银行先进工作者称号。

张学峰　1968 年 7 月出生于贾家店农场三分场前进组，中共党员。现居住地辽宁省营口市。2015—2017 年，大石桥市教育局副局长。2017 年至 2021 年 12 月，任营口市大石桥市人社局副局长，曾荣获营口市优秀公务员称号。

郝诗生　1968 年 10 月出生于贾家店农场三分场敖汉组，中共党员。现居住地辽宁省盘锦市。盘锦市纪委监委住卫健局检查组组长。1997 年 7 月至 2007 年 1 月，先后任盘锦市消防支队科长、教导员、指挥长。2008 年 10 月至 2021 年 12 月，在盘锦市纪委监委工作。

梁云伟　1969 年 5 月出生于贾家店农场三分场转转经组，中共党员。朝阳兴农种业有限公司经理。

郭青伟　1970 年 7 月出生于贾家店农场三分场黄杖子组，中共党员。现居住地辽宁省朝阳市双塔区。朝阳市广播电视台主任。1994 年 9 月至 2010 年 4 月，任朝阳人民广播电台科员；2010 年 4 月至 2021 年 12 月，任朝阳广播电视台主任。辽宁省优秀新闻工作者，辽宁省宣传文化系统"四个一批"人才。

李连生　1971 年 10 月出生于贾家店农场三分场贾家店组，中共党员。现居住地四川省成都市。中国民航飞行学校正处级教练。1993 年 7 月至 2021 年 12 月，担任中国民航飞行学校教练，中国民用航空总局功勋飞行员。

王海娇　女，1981 年 10 月出生，转转经组人，研究生学历，法学硕士。朝阳市中级人民法院民事审判第二庭副庭长。

王润杰　1986 年 8 月出生，转转经组人，大学本科学历。朝阳市纪律检查委员会工作人员。

周殿富　贾家店农场三分场转转经组人，朝阳宏达冶金公司经理。

第四节　四分场人才录

包　忠　1925 年 3 月出生于贾家店农场四分场北德组，蒙古族，中共党员。1948 年任朝阳县十九区干部区长、区委书记。1958年任朝阳县波罗赤公社书记；1971年至1973年任大屯公社书记；1973年底至1976年任朝阳县五七大学副校长；1976年至1980年任朝阳县农业农村部部长。已去世。

边义臣　1927年2月出生于内蒙古白城市，中共党员。1947年2月参军，1951年至1953年在朝鲜抗美援朝，1954年在干部学校学习，1955年在农校工作到锦州锦西朝阳。1959年到贾家店农场工作任组织委员。1988年离休，在贾家店农场四分场赵营子颐养天年。2022年底去世。

白云凌　1928年7月出生于贾家店农场四分场赵营子组，中共党员。1948年在辽宁省朝阳市学习铸造，后来调往内蒙古自治区敖汉旗新惠镇职工业余学校工作。1956年毕业于内蒙古手工业管理局生产联社干部学校，在内蒙古自治区敖汉旗农电局任党委书记。1985年6月离休回到原籍。内蒙古中苏友好协会会员。已去世。

党佩金　1948年出生，四分场东湖组人。汉族，中共党员。他是贾家店农场最早具有医师资格证的医务人员，从1970年开始从业，主治内科、儿科、妇科，治愈上千人，获得患者一致好评。2000年经考试后颁发中专学历证书，2002年9月在辽宁省卫生厅学习考试合格发证，同年颁发辽宁乡村医生证。2002年被评为优秀乡村医生。2009年12月被评为优秀乡村医生。并颁发荣誉证书。2015年通过肺结核培训并发合格证。

包永安　1956年6月出生于贾家店农场四分场北德组，蒙古族，中共党员。曾任朝阳市人大司法委员会副主任。1964年在朝阳县波罗赤小学读书；1967年至1975年在朝阳县贾家店乡读书；1975年至1977年，波罗赤五七大学下乡青年；1977年至1980年在朝阳县汽修厂工作；1980年底至1985年在朝阳县检察院工作；1985年至1987年在中央民族学院读书；1987年至1988年任下洼乡副乡长；1991年在朝阳市政府法制办工作；1995年4月至2021年12月，在朝阳市人大工作。

李福林　1959年8月出生于贾家店农场四分场，中共党员。1977年9月至1981年11月，任朝阳县贾家店农场中学教师；1981年12月至1985年10月，任朝阳县贾家店农场统计员；1985年11月至1986年11月，借调朝阳市农业局农场科工作。在朝阳市农业局农场科工作期间，他为贾家店农场小型农田水利建设项目和厂办工业立项及争取省、市专项投资等做了一些有益的工作；1986年12月至1991年3月，在朝阳市农业局农场科工作；1991年4月至2000年4月，先后任朝阳市农业局科员、副主任科员、主任科员；2000年5月至2002年3月，任朝阳市农村经济发展局产业化科科长；2002年4月至2006年11月，任中共朝阳市纪律检查委员会信访室科级检查员；2006年12月至2017年4月，任中共朝阳市纪律检查委员会信访室副主任；2017年5月至2019年8月，任中共朝阳市纪律检查委员会副县级检查员、三级调研员。2019 年 9 月退休。

李福林 1982 年被原朝阳地区行署评为人口普查工作先进个人；1983 年被朝阳县统计局评为先进工作者；1989 年被辽宁省农垦局评为先进统计工作者；1992 年被朝阳市农业局、林业局、科委、文化局评为农林科教影片汇映活动先进个人；1994 年被中共朝阳市委、市人民政府评为精神文明建设活动先进个人；2000 年被朝阳市人大、市政府、市政协评为政协提案办理工作先进个人；2009 年被朝阳市纪委、市监察局评为纪检监察信访举报工作先进个人；2011 年被中共朝阳市委、市人民政府评为优秀信访工作者；2012 年被中共朝阳市委、市人民政府评为信访稳定工作先进个人；2012 年被中共朝阳市委、市人民政府评为党的十八大维稳安保工作先进个人。

高　升　1967 年 11 月出生于贾家店农场四分场北德组，蒙古族，中共党员。中共朝阳市委统战部副部长。1984 年 8 月在辽宁省蒙古族师范学校读书；1988 年 7 月任朝阳县木头城子高中教师；1990 年 2 月任朝阳市民委历任科员、副主任科员、办公室主任；2010 年 11 月任朝阳市公共行政服务中心纪检组长；2016 年 8 月任朝阳市关工委委员、纪工委书记；2018 年 2 月任朝阳市民委副主任；2018 年 12 月任中共朝阳市委统战部副部长。他先后为贾家店乡争取民族专项资金 200 多万元，用于新农村建设、旅游、国家民委乡村振兴试点等工程。

第五节　天南地北农场人

鲍荫扎布　贾家店农场北德立吉人，蒙古族，1921 年 4 月 28 日出生，大学文化。1945 年 9 月，到王爷庙（乌兰浩特）积极参与筹建内蒙古人民革命青年团，10 月 5 日正式成立内蒙古人民革命青年团，当选为执行委员，并任宣传部部长。1946 年 2 月，到骑兵一师二团任政治处主任。1946 年 7 月 1 日加入中国共产党。1947 年任骑兵一师二团副政委、政委等职。1949 年 6 月任骑兵一师政治部副主任。1950 年 11 月，调任内蒙古哲里木盟军分区政治部主任、军分区副政委。1953 年任内蒙古军区东部军事部副部长，主要负责民兵工作。1954 年任哲里木盟军分区副政委。1955 年授予上校军衔，并荣获中华人民共和国二级解放勋章。1957 年入中国人民解放军政治学院学习。1959 年 7 月，任内蒙古军区政治部副主任，正军职职务，分管宣传、文化、新闻、民兵工作。1961 年授予大校军衔。1976 年 8 月，任内蒙古军区政治部副主任，仍分管民兵工作。1978 年 5 月任内蒙古军区顾问、顾问组组长。1983 年 4 月离休。1988 年，荣获中国人民解放军胜利功勋荣誉奖章。

辛庭荣 1930 年 8 月出生于贾家店乡黄杖子村，1948 年 6 月入伍，同年 12 月加入中国共产党。参军后，历任战士、电话班班长、电器班班长、司务长、助理员、调度员、参谋、驻铁路分局军事代表办事处政治委员、副政治委员及军需仓库、军工厂政治委员。后调入原广州军区后勤部工厂管理局任副政治委员（正师级）。多次受各级表彰，荣获各种称号，多次参加原广州军区司政直属机关军事训练比武赛，曾荣获优秀射手称号。在学习毛主席著作活动中，荣获积极分子。在战争年代中，荣获东北解放、华北解放、中南解放纪念奖章和全国解放奖章。

苏永廷 1934 年出生于贾家店农场胜利村，曾任山西省军区后勤部部长。

郝诗德 1937 年 6 月 18 日出生于贾家店乡敖汉波罗村，中共党员，大专文化。家乡解放时当过儿童团长，后在敖汉波罗小学、朝阳中学读书。在校期间加入中国新民主主义青年团，曾任支委、支部书记。因协助政府抓过一个"特务"，受到学校和政府的表扬。1955 年初中毕业后到大连电机厂工作，先后当过工人和劳资科职员，并在大连进修学院学习。1965 年支援"三线"建设内迁到西安电机厂，继续从事劳资管理工作。1970 年调离电机厂，先后在西安市机械工业局、汽车制造工业公司、西安市体改委、西安市证券监督管理委员会办公室（证管办）、中国证券监督管理委员会（中国证监会）西安证管办工作，曾任一般干部、副处长、处长、市股份制试点领导小组办公室专职副主任、证管办筹备组副组长、日常工作负责人。1999 年 7 月退休离岗。

工作期间，曾出席李鹏主持、朱镕基参加小组讨论的全国证券市场试点座谈会。曾参加 1994—1997 年全国证券工作会议、证券交易与结算风险控制国际研讨会等重要会议。曾赴美国考察证监市场的发展与现状。是西安市乃至陕西省专职从事股份制、证券市场试点工作最早、时间最长（1999 年以前）的人士。参与指导西安市、陕西省乃至西北第一家上市公司"陕解放"上市的全部工作。筹备成立西北最早的证券业协会——西安证券业协会并担任顾问。筹创西安证券投资者协会并任筹备组组长。1992 年被评为西安市体改委优秀领导干部。

郝诗德积极参加劳动工资、金融、投资、证券改革等理论研究和学术活动。这是中国劳动学会会员、陕西省劳动学会理事、西安市劳动学会体改研究会常务理事、金融学会理事、投资学会理事。先后在报刊上发表论文 30 余篇，获奖 6 篇。

退休后，应中国证监会西安证管办的要求，负责筹建陕西上市公司协会；应邀当选为西安大实业股份有限公司、西安华通新能源股份有限公司独立董事。

郝诗德离乡 50 余年，热爱家乡，留恋故土。2007 年，曾率家人归桑梓，对辽宁省朝阳市朝阳县的史志工作十分关爱，曾向朝阳县史志办捐款 1 万元用于修志工作。

王洪民　1938 年 10 月 27 日出生于贾家店农场转转经村，中共党员，曾任大连金州区 81410 炮兵师政委。

郝忠贺　1956 年 4 月出生在贾家店农场敖汉波罗小南台。1966 年跟随父母支援西部地区建设迁往陕西西安。1974 年高中毕业上山下乡。1976 年被选招到陕西省航空运动学校从事滑翔牵引、宣传教育工作。1982 年考入广播电视大学汉语言文学专业并完成学业。1986 年被选调到陕西省体委机关从事体育史志编纂、体育文化宣传、体育社团管理等工作。曾担任陕西省体育文史工作委员会编辑、陕西省社会体育管理中心副主任、陕西省体育总会办公室主任及陕西省体育总会秘书长、陕西省航空运动协会副主席、陕西省体育文化艺术协会副主席兼秘书长、中国体育集邮收藏协会常务理事等职务。曾多次被有关部门借调参与 1990 年北京亚运会体育艺术展览、1993 年北京申办奥运体育美术展览、1994 年北京中国社会发展展览会、2008 年北京奥运会火炬传递等大型活动。曾获得全国体育文史先进工作者、中国体育新闻工作者协会贡献奖、北京奥运会火炬手、陕西省地方志系统先进个人、全省资深修志工作者等荣誉称号。

李红旗　1960 年 4 月出生于朝阳县贾家店四分场。1978 年 10 月入伍，1981 年 12 月加入中国共产党。1978 年 12 月，沈阳市公安消防支队战士。1987 年 2 月，沈阳市公安消防支队苏家屯中队指导员（正连职）。1992 年 12 月，辽宁省公安消防总队司令部办公室副主任（正营职）。1996 年 2 月，辽宁省公安消防总队司令部秘书处处长（副团职）。1999 年 11 月，辽宁省公安消防总队司令部警务处处长（副团职）。2001 年 3 月，阜新市公安消防支队支队长（正团职）。2003 年 2 月，辽宁省公安消防总队副参谋长（正团职）。2008 年 4 月，辽宁省公安消防总队参谋长（大校、副师职）。2014 年 3 月，辽宁省公安消防总队副总队长。2015 年 5 月退休。2018 年 9 月，在辽宁省消防协会工作。

郝宝莲　女，1962 年 10 月 10 日出生于贾家店农场敖汉波罗村，郝诗德之女。1965 年，随父母支援"三线"，由大连内迁到西安市上学、参军、工作。任中国人民解放军第四军医大学口腔医院党委委员、常委。副主任医师，大校军衔。

孙广武　1969 年 8 月出生于贾家店农场二分场齐台子组。1987 年 11 月入伍，1995 年 7 月毕业于石家庄陆军参谋学院（现国防大学联合作战学院），本科学历，中共党员，上校军衔。四次荣立三等功，多次被原总参、原沈阳军区和集团军评为优秀参谋和先进个人，曾任陆军第 39 集团军作训处副师职参谋、工程师。2017 年底退役，居住辽阳。先后在军团机关和基层部队工作，长期担任首长机关指挥所演练和部队实兵演习等大项联合演训任务，曾在总参作战部、军训部和海军南海舰队战役训练处工作，牵头制定了《中国人民解放军与外国军队联合训练暂行规定》下发全军试行，两次组织指导部队完成跨区基地训练实兵演训活动任务。先后在《军事》《东北军事学术》等刊物发表学术文章论文 30 余篇，11 个作战理论重点课题获全军和原沈阳军区理论研讨一、二、三等奖，被收入理论研究专集，撰写的军事工作要旨被军委、总参首长表扬。自幼酷爱书画，入伍后勤学苦练，作品多次参加省、市组织的展览活动。现为辽宁省美术家协会会员、辽阳市美术家协会会员、吉林省书法家协会会员、四平市书法家协会副主席。

侯振祥　朝阳县贾家店农场人，曾任阜新市人大常委会副主任。

王国贤　贾家店农场人，曾任喀左县人民武装部政委。

王洪富　贾家店农场人，曾任大连海军某团政委。

郭瑞卿　贾家店农场人，曾任旅大警备区团政委。

鲍湘甫　贾家店农场人，曾任内蒙古军区政治部主任。

任维刚　贾家店农场人，曾任内蒙古巴林右旗委书记。

王景富　贾家店农场人，曾任广东省廉江市市长。

魏振荣　贾家店农场南台子村人，曾任原沈阳军区盘锦石化厂处长。

第六节　农场籍高级职称人才

贾振元　1964 年出生于贾家店农场二分场二道村，中共党员。原大连工学院机械工程系工艺教研室博士，2019 年 11 月当选为中国科学院院士。中国科学院院士，是国家设立的科学技术方面的最高学术称呼，为终身荣誉。1996 年获宝钢优秀教师奖，2001 年 6 月享受国务院政府特殊津贴，2003 年获辽宁省青年科技奖，2003 年获中国机械工业青年科技成就奖，2005 年获国家技术发明奖二等奖，2007 年被选为新世纪百千万人才工程国家级人选，2007 年获教育部技术发明奖一等奖，2008 年获国家技术发明奖一等奖，2008 年成为教育部长江学者特聘教授，2009 年成为全国优秀教师，2010 年荣获辽宁省优秀科技工作者称号，2010 年被评为辽宁省领军人才，2012 年获中国机械工业科学技术奖一等奖，2012 年被评为大连市领军人才，2013 年被评为国家高层次人才特殊支持计划领军人才，2013 年获教育部技术发明奖一等奖，2013 年获辽宁省科学技术奖一等奖，2013 年获中国机械工业科学技术奖一等奖，2013 年进入科技部创新人才推进计划重点领域创新团队，2013 年获辽宁省教学成果奖一等奖，2013 年获大连市突出贡献奖，2014 年获国家技术发明奖二等奖，2016 年获教育部技术发明奖一等奖，2017 年获国家技术发明奖一等奖，2018 年获国家级教学成果奖二等奖，2018 年获辽宁省教学成果奖一等奖，2019 年被评为国家科技进步奖一等奖（创新团队奖），2019 年被评为辽宁省"兴辽英才计划"杰出人才，2021 年获首届全国教材建设奖全国优秀教材二等奖。

王恩旭　笔名"北斗"，1957 年 5 月 25 日出生，贾家店农场三分场转转经组人，大学学历。1979 年参加工作，曾在贾家店农场中学、总校工作。1992 年初，调入朝阳市林业局，曾任朝阳市林业局招待所所长、科教中心主任、朝阳市林业局林业技术推广站站长、朝阳市国有林场管理站站长、朝阳市青山局副局长等职务。教授研究员级工程师（国家三级）。2002 年被评为第七届朝阳市优秀科技工作者，2006 年被评为辽宁省科学技术先进工作者，2008 年被评为朝阳市优秀专家，2010 年被评为第七届辽宁省优秀科技工作者，2012 年被评为朝阳市第二届科技贡献奖获得者，同年被评为朝阳市自然科学学科带头人。

张玉春　女，1961 年出生，贾家店农场二分场西山组人，中学高级教师职称。

王福山　1964 年 4 月出生，国营贾家店农场人，中学高级教师职称，曾在大平房高中任教。

王树辉　1965 年 2 月出生，贾家店农场四分场人，中学高级教师职称，历任朝阳市育红小学副校长、党委副书记。

程培兴　1966 年 1 月出生，贾家店农场二道村人，中学高级教师职称，历任贾家店农场初级中学教师、教导主任、校长。

苏吉华　1966 年 2 月出生，贾家店农场北扎村人，中学高级教师职称，任贾家店农场初级中学教师。

程淑娟　女，1966 年 8 月出生，贾家店农场人，中学高级教师职称，任贾家店农场初级中学教师。

程漠阁　1966 年 12 月出生，贾家店农场二道村人，中学高级教师职称，任朝阳县蒙古族中学教师。

赵殿洲　1969 年 11 月出生，国营贾家店农场三分场人。1992 年 8 月至 1995 年 7 月，在沈阳农业大学林学院林学系学习。1995 年 8 月至 2004 年 12 月，在贾家店农场林业站工作。2004 年至 2021 年 12 月，在贾家店农场林果服务站任站长，林业高级工程师。2004 年度被辽宁省农垦系统评为林业先进工作者。2005 年 2 月，被辽宁省农垦局授予"辽宁农垦系统 2004 年度林业先进工作者"。2006—2007 年度，被评为县级林业系统先进个人。2009—2011 年度，被农场委员会评为农场优秀共产党员。2019 年 6 月被中共朝阳县委授予朝阳县优秀共产党员称号，曾任朝阳县两届党代表。荣获省部级科学技术成果 12 项，在国家级期刊上发表论文 16 篇，参与制定技术标准 7 项，主持参与国家、省、市、县科技成果推广及规划项目 27 项。

姜增辉　1972 年 9 月出生于朝阳县乌兰河硕乡八大孟克村。贾家店农场农业站站长，高级职称。获得"一种农用机械分苗装置"和"一种用于农业大棚的支撑骨架"两个专利。温室蔬菜生产施肥标准化技术研究与示范获得辽宁省科技成果奖。参加的温室黄瓜有害生物综合治理技术研究与推广，2012年6月获辽宁省农业科技贡献奖一等奖；保护地蔬菜主要有害生物综合治理技术研究与推广，2015年6月获辽宁省农业科技贡献奖一等奖；辽西半干旱地区低效果园绿色防控及提质增效模式化技术集成与推广，2015年6月获辽宁省农业科技贡献奖二等奖；朝阳地区玉米螟绿色综合防控技术研究与推广，2019年10月获辽宁省农业科学技术奖二等奖。

附　录

表1　集体荣誉

序号	级别	获奖时间	获奖情况	颁发单位
1	市级	1990年2月	水利站建设与管理先进单位	朝阳市水利局
2	省级	1986—1990年	1986—1990年水土保持工作先进单位	辽宁省水利厅
3	县级	1986—2008年	1986—2008年先后10余次 被授予先进单位称号	朝阳县水利局
4	市级	2014年3月	朝阳市先进妇女之家	朝阳市妇女联合会
5	省级	2014年4月	辽宁省文化先进乡镇	辽宁省文化和旅游厅
6	省级	2014年10月	辽宁省乡镇农民健身秧歌大赛一等奖	辽宁省农民体育协会
7	省级	2014年12月	辽宁省生态乡镇	辽宁省环境保护厅
8	国家级	2015年2月	全国文明村镇	中央精神文明建设指导委员会
9	省级	2015年2月	辽宁省文学艺术界联合会、 辽宁省舞蹈家协会辅导基地	—
10	市级	2015年3月	朝阳市示范妇女之家	朝阳市妇女联合会
11	省级	2015年9月	2015年辽宁省群众文化节 广场舞蹈展演铜奖	中共辽宁省委宣传部、辽宁省文化和旅游厅
12	市级	2015年10月	朝阳市文学艺术界联合会、 朝阳市舞蹈家协会、活动基地	—
13	省级	2015年10月	辽宁省乡镇农民健身秧歌大赛金奖	辽宁省农村政协经济委员会、 辽宁省体育局、辽宁省农民体育协会
14	国家级	2015年12月	第六届全国服务农民、 服务基层文化建设先进集体	中共中央宣传部、文化和旅游部、 国家广播电视总局
15	省级	2016年3月	辽宁省基层宣传 思想文化工作示范点	中共辽宁省委宣传部
16	省级	2016年9月	"大梨树杯"辽宁省乡镇农民 健身秧歌大赛优秀表演奖	辽宁省农村政协经济委员会、 辽宁省体育局、辽宁省农民体育协会
17	市级	2016年9月	朝阳市基层宣传 思想文化工作示范点	中共朝阳市委宣传部
18	省级	2016年11月	辽宁省"七个一百"基层群众 文化创建基层文化活动示范广场	辽宁省文化和旅游厅
19	省级	2017年2月	二分场被评为先进妇女之家	辽宁省妇女联合会
20	市级	2017年3月	朝阳市三八红旗集体	朝阳市妇女联合会
21	省级	2017年12月	二分场被评为2017年 辽宁省文明家园示范村	辽宁省精神文明建设指导委员会办公室
22	省级	2018年5月	辽宁省农民体育协会副主席 单位"农大杯"羽毛球赛第三名	辽宁省农民体育协会

（续）

序号	级别	获奖时间	获奖情况	颁发单位
23	省级	2018年5月	2016—2017年度优秀水利站	辽宁省水利厅
24	市级	2019年5月	社会主义核心价值观建设示范点	中共朝阳市委宣传部
25	省级	2020年6月	四好农村路省级示范乡镇	省交通运输厅、省农业农村厅、省扶贫办、省邮政管理局
26	省级	2020年12月	2018—2019年度辽宁省优秀水利站	辽宁省水利厅
27	国家级	2021年4月	一分场推动新时代生态文化村先进建设经验全国宣传推广	中国生态文化协会
28	市级	2021年12月	朝阳市先进综合文化站	朝阳市文化旅游和广播电视局
29	市级	—	二分场被评为2016年至2017年朝阳市文明村	中共朝阳市委员会、朝阳市人民政府
30	省级	2019—2021年	连续3年荣获优秀水利站称号	辽宁省水利厅
31	省级	—	辽宁省2012—2014年度文明村镇	中共辽宁省委、辽宁省人民政府
32	市级	2021年12月	朝阳市先进综合文化站	朝阳市文广新局
33	市级	2022年4月	朝阳市先进团委	共青团朝阳市委员会
34	国际级	2022年8月	中国零碳村镇	联合国开发计划署

表2　个人荣誉

序号	级别	表彰/获奖时间	姓名	表彰/获奖情况	颁发单位	备注
1	市级	1988年2月5日	王恩祥	发展农垦业先进个人	朝阳市农牧业局	去世
2	国家级	1988年10月	柳雨峰	长期坚持农牧渔业财务会计工作，作出成绩。颁发奖状	中华人民共和国农牧渔业部	—
3	国家级	1988年10月	王洪林	长期坚持农牧渔业财务会计工作，作出成绩。颁发奖状	中华人民共和国农牧渔业部	—
4	市级	1989年3月	王恩祥	"四化"建设市劳动模范称号	朝阳市人民政府	去世
5	市级	1990年2月24日	王恩祥	朝阳市水利工作站建设与管理工作先进工作者	朝阳市水利局	去世
6	市级	1990年5月	毕文瑞	朝阳市计划生育协会先进工作者	朝阳市计划生育协会	
7	省级	1991年9月20日	王恩祥	全省农田基本建设"大禹杯"竞赛先进工作者	辽宁省水利电力厅	去世
8	省级	1986—1990年	王树国	连续5年荣获水土保持工作省先进工作者	辽宁省水利电力厅	—
9	市级	1994年1月	王树国	先进水利工作者	朝阳市水利局	—
10	省级	1997年12月	贾振明	计划生育先进工作者	辽宁省计划生育委员会、辽宁省人事厅	—
11	省级	2005年2月	赵殿洲	辽宁农垦系统2004年度林业先进工作者	辽宁省农垦局	—
12	省级	2013—2015年	王树国	辽宁省先进个人	辽宁省人民政府	—
13	市级	2016年3月	程伟新	朝阳市妇联系统先进工作者	朝阳市妇联	—

（续）

序号	级别	表彰/获奖时间	姓名	表彰/获奖情况	颁发单位	备注
14	省级	2016 年 10 月	王树国	2013—2015 年度全省农田基本建设"大禹杯"竞赛活动先进个人	辽宁省人民政府	—
15	市级	2017 年 2 月	高雅君	高雅君家庭被评为全市文明家庭	朝阳市精神文明建设指导委员会	—
16	市级	2017 年 4 月	高雅君	朝阳市劳动模范	中共朝阳市委	—
17	市级	2017 年 9 月	白云芹	第五届朝阳市道德模范荣誉称号	朝阳市精神文明建设指导委员会	—
18	市级	2017 年 9 月	齐桂文	第五届朝阳市道德模范荣誉称号	朝阳市精神文明建设指导委员会	—
19	省级	2017 年 12 月	齐桂文	2017 年度"辽宁好人，身边好人"	中共辽宁省委宣传部、辽宁省精神文明建设指导委员会办公室	—
20	省级	2017 年 12 月	白云芹	2017 年度"辽宁好人，身边好人"	中共辽宁省委宣传部、辽宁省精神文明建设指导委员会办公室	—
21	市级	2018 年 3 月	杭百音	朝阳市妇联系统先进工作者	朝阳市妇女联合会	—
22	省级	2018 年 5 月 1 日	姜志龙	2016—2017 年度优秀水利员	辽宁省水利厅	—
23	市级	2018 年 6 月	程谟超	朝阳市优秀共产党员	中共朝阳市委	—
24	省级	2019 年 8 月	高雅君	创新创业"新时代向上向善辽宁好青年"	共青团辽宁省委员会	—
25	市级	2020 年 3 月	高雅君	朝阳市妇联系统先进工作者	朝阳市妇女联合会	—
26	市级	2020 年 10 月 30 日	杭百音	副科级优秀年轻干部培训班优秀学员	中共朝阳市委党校	—
27	省级	2020 年 12 月 25 日	姜志龙	2018—2019 年度辽宁省优秀水利员	辽宁省水利厅	—
28	市级	2021 年 3 月	于德新	2020 年度朝阳市文明家庭	朝阳市精神文明建设指导委员会	—
29	市级	2021 年 12 月	郝淑丽	朝阳市乡镇文化工作先进个人	朝阳市文化旅游和广播电视局	—
30	省级	—	高雅君	辽宁省最美家庭	辽宁省妇女联合会	—
31	市级	2022 年 5 月	郝淑丽	2020—2021 年度朝阳市精神文明建设先进工作者	朝阳市精神文明建设指导委员会	—

后 记

　　2021 年 10 月，朝阳龙翔文化传播有限公司出资，并经过请示朝阳市史志办郎井成主任和朝阳县史志办有关领导，开始启动编纂《辽宁贾家店农场志》，力求把《辽宁贾家店农场志》写成一部贾家店农场的"乡土教材"、一部反映贾家店农场发展历史的"百科全书"，更想把此志书写成贾家店农场甚至是朝阳县的一部"人才库"，为贾家店农场以及朝阳县的经济、社会发展献出微薄之力。2023 年 8 月，在农场志即将编纂完成之际，中国农业部农垦局在新疆乌鲁木齐市组织召开《中国农垦农场志》编纂培训会，贾家店农场委派副书记李新民、宣传委员郝淑丽、贾家店农场志执行主编刘喜鹏参加培训。按照《中国农垦农场志》编纂要求，对该志书进行了修改和补充。

　　《辽宁贾家店农场志》全书 18.2 万余字，共有 7 编、29 章，附录 2 个，表 10 余个，收录老照片、图片 30 余张。

　　该志书由李洪存先生亲自策划，高树彦、刘喜鹏多次到贾家店农场调查、搜集资料。编纂的整个过程，得到贾家店农场党委领导的倾力支持，并抽调得力干部王树国、郝淑丽具体配合志书编纂工作。时任贾家店农场的党委书记张延东、场长孙大亮、副书记李新民，多次组织召开会议，协调各分场、各站办所，齐心协力，搜集原始资料、老照片。组织原一分场党支部书记王国柱、原四分场主任程显福、三分场转转经组组长周殿文、原贾家店毛纺厂采购员程显贵、原朝阳市国有林场管理站站长王恩旭、原贾家店农场土地所所长尹凤来、原朝阳市林业局职工王树学、原贾家店农场文化站站长谢坤等几位老同志举行座谈会，入户走访了原农场综合商店经理尹占勇等，请老同志们回忆往昔，集思广益。在此，向关心、支持《辽宁贾家店农场志》编纂工作的各位领导、各位同仁表示最衷心的感谢！《辽宁贾家店农场志》出版工作也得到中国农业出版社的鼎力支持，在此一并表示感谢！

　　由于编者水平有限，加之各种客观因素的影响，在诸如高考录取考生及人物名录等方面，难免有所遗漏，志书的错误之处也在所难免，恳请各位领导和老师批评指正。

编 者

2023 年 9 月 12 日